古代氏族の研究⑪

秦氏・漢氏

渡来系の二大雄族

宝賀寿男

青垣出版

目次

はじめに……7
渡来系氏族についての概説／主な中国系諸氏族の概観／渡来系氏族一般についての研究と主な問題点

第一部　秦氏

一　序説……27
秦氏研究への取組み／秦氏の概観／秦氏族関係の系図史料／秦氏及び同族諸氏についての主な研究

二　秦氏の初期段階の動向と同族……41
弓月君と秦氏の始祖伝承／秦韓の滅亡と弓月君／雄略朝の秦酒君と一族／山城国葛野郡への遷住／茨田堤など築造の賦役／河内・和泉の秦氏一族／葛野大堰の築造と諸古墳／秦河勝の活動／秦大津父と大蔵秦造一族／簀秦画師の秦氏一族／大化頃以降の秦氏の動向／近江の秦氏諸族の分布／己知部の分布／高陵氏高穆後裔の諸氏

三　秦氏の起源と祭祀……78
秦韓の遺民の流れという伝承／百済同族説の是非／新羅系説などの説／秦韓と秦氏／韓国の秦氏と蘇氏の諸流／秦嬴姓という姓氏／燕の将軍・秦開の一族／鳥トーテムをもつ秦王室とその族裔／秦氏と稲荷信仰／秦氏と火神信仰／秦氏が関係した主な神社・寺院／松尾大社と月読神社

四　秦氏とその同族諸氏の地方分布　115
摂津国の秦氏一族／畿内周辺の秦氏一族／吉備の秦氏一族／『隋書』倭国伝に見える「秦王国」／東国の秦氏の分布

五　奈良・平安時代の秦一族の動向　126
長岡・平安遷都への貢献／奈良時代・平安前期の官人・僧侶・女官たち／平安期の惟宗朝臣と令宗朝臣／讃岐の秦氏一族／秦氏の同族諸氏の末裔

六　中世以降の秦氏一族の後裔諸氏　137
近衛府武官の秦一族諸氏／医家の惟宗氏一族／楽人と猿楽の秦氏一族／その他の秦氏族の後裔諸氏

まとめ　──秦氏についての一応の総括　148

第二部　漢氏

一　序説　……　153

漢氏についての序章／漢氏の概観／漢氏族関係の系図資料／主な漢氏及びその陪従諸氏族の研究

二　東漢氏の初期段階の動向　……　163

阿知使主親子なる人物像／阿知使主の渡来伝承と神牛／阿知使主随行の七姓漢人／『姓氏録』逸文記事にある村主姓諸氏／大化前代の東漢氏一族の動向／蘇我氏への隷従と崇峻天皇弑逆／東漢氏諸氏の分派／東漢氏一族の祭祀と考古遺跡

三　漢氏の先祖と韓地・漢土での漢一族の活動　……　183

東漢氏の先祖と原郷／後漢の霊帝とその子孫の伝承／石村村主・桑原村主の一族／楽浪王氏との関係／朝鮮・中国に残る劉氏

四　奈良・平安時代以降の東漢氏一族の動向 ……… 195
坂上氏の躍進と後裔／明法道などの坂上氏一族／畿内で坂上氏後裔を称する諸氏／陸奥・坂東の武士としての坂上氏／大宰府官の大蔵朝臣氏一族／医家丹波氏の系譜仮冒／近江の東漢氏同族や随従漢人系諸氏／紀伝道・算道の三善氏一族／中世以降の東漢氏系の地方武家
五　西文氏とその同族 ……… 216
西漢氏とは何か／王仁吉師の渡来と後裔の動向／西文氏の祖先と同族とみられる諸氏／行基とその一族／「西漢氏」概念の整理／魯国白竜王の後裔諸氏
まとめ―漢氏について一応の総括／秦氏・漢氏両氏族のとりまとめ ……… 230
おわりに ……… 234

資料編

1　第3図　中国諸王朝の遠祖の系譜　237
2　第4図　嬴姓秦氏系図（試案）　239
3　秦氏一族から出た姓氏と苗字　242
4　第5図　祁姓劉氏系図（試案）　247
5　東漢氏一族から出た姓氏と苗字　251

装幀／松田　晴夫（クリエイティブ・コンセプト）
見返し写真／伏見稲荷大社（京都市）

はじめに―渡来系氏族についての概説

五世紀初頭頃の応神天皇朝以降では、葛城氏や蘇我氏など武内宿祢の後裔という（と称する）諸氏の活動が目覚ましくなる。それとともに、渡来系の有力氏族もその活動が史料に次第に見えてくる。この辺を踏まえて、歴史の大きな動きを見ていく必要がある。

応神天皇の時代には、「秦《はた》造の祖、漢《あや》直の祖」の渡来があった、と『古事記』に記される。これら渡来系のなかの大族が秦氏と漢氏（なかでも東漢《やまとのあや》氏）であり、この二氏が関係者・属民や諸氏も多数引き連れ、集団的に日本列島に来たと伝承される。「倭五王」に代表される大和王権の活動・発展も、彼ら渡来者に負うところが多々あったろう。

それぞれ個別にこの両氏族の遠祖からの歴史を探究すれば大部な紙数となろうし、そうした書・誌もある。本書では、この「中国系」（『新撰姓氏録』の表現では「漢」系）と称する二大渡来氏族について、分量制約のもとで要点的なものを取り上げ、従来の研究の視点とは別の系譜や習俗・祭祀などの方面も含めて、総合的に検討して記述することにしたい。

ところで、かつての用語では「帰化人」という表記が多くなされた。戦後の学界では、古代国家の成立時期の見方（古代国家としての政治権力〔王権〕が何時、確立したのかという問題点で、戦後の学界では総じて時期を遅くみる傾向がある）や古代国家の戸籍登録について問題があるとか、「帰化」には自発的な意志があるのではないかという観点、さらには、用語に「中華思想」（ないし皇国史観的な「王化・皇化」の思想）、差別感的なものが背景にあるともみられて、表現の変更がおきてきた。総じて言えば、一九七〇年代頃から、次第に「渡来人」という表現に変わってきている。

「帰化」や「投化」の語が『日本書紀』には使われても（崇神・垂仁・応神に各一個所で、あとは推古朝以降が九例）、『古事記』や『風土記』には使われず、「参渡、渡来」あるいは「化来、来帰」などの語で史料に記される事情もある。この問題が起きていた頃に、飛鳥での高松塚古墳の壁画の発見などもあったので、従来のわが国古代史研究にあっては、朝鮮史や中国史という視点がかなり欠けていたことへの反省にもつながった。東アジアという広域の古代史の全体像から日本の古代を見直そうとする気運の高まりが生じたのも、同じく一九七〇年代とされる（これ自体は誠に結構なことで、国際的な面に関して視野狭窄な津田史学に対する反省や問いかけも実際にはあろう）。

一方、「渡来人」という語への言換えが必ずしも妥当ではない面もある。それは、日本列島に渡来してきた当人たちはともかく、その二世・三世など数世代後の子孫たちという人々には、帰化人のほうが概ね妥当そうであり、たんに「渡来人」という語にはイメージが乏しいからである。その意味で、上古の大和王権（大和朝廷）について、四世紀前葉の崇神天皇、ないし四世紀末頃の応神天皇の時代から実質的に国家的な歩み（国家組織的な活動）が始まったとして、これを「原始国家」（原始的王権国家）と認めた場合には、差別感抜きという前提で、従来の表現のほうがよさそうでもある（上古の制度などについて記紀の記事を否定し、王権確立と同様、総じて各種制度の制定時期を遅くみる戦後学界の傾向には疑問がある。律令国家だけが古代国家でもない。しかも、移遷時期等から見て渡来者に基本的に戦争遺民の性格が強ければ、たんなる「渡来」の人々ではない。上古の当時で、戸籍を問題にする感覚は疑問が大きい)。

平野邦雄氏が言うように、現代的な観念を古代史研究に持ち込むものだとの批判もかなりあり、従来の帰化人概念のほうが妥当そうでもある。遠山美都男氏も、帰化の用語の前提に「完成された法や国家機構の存在のみを強調するのは疑問であろう」とし、王権への臣従・奉仕の在り方は、「その出身・来歴からすれば、帰化として認識・表現するのが妥当である」とする。更にもう一つ、早く弥生時代に朝鮮半島から渡来してきたものとして、稲作・青銅器の技術を伝えた人々(タイ系の海神種族)や鉄器技術を伝えた人々(アルタイ・ツングース系の天孫種族)がおり、これらを「渡来人」と呼ばないのは論理的に符合するとは思われない(国家の存在が前提にあるとしても)。これら両種族の流れをひく諸氏が上古の倭国・大和朝廷の支配階層を占めた事情がある。

ともあれ、この用語問題では現在の多数説に対しあえて異を唱えることもないので、本書では、「帰化人」的な意味合いも込めて、主に三世紀代頃からの古墳時代以降に外地から日本列島に渡来してきた人々及びその後の数世代(ないしそれ以上の世代を経た)の子孫たちについて、基本的に「渡来人」あるいは「渡来系氏族」と表記する。この辺は、表現上の問題である。

平安前期に成立の『新撰姓氏録』(以下、主に『姓氏録』という)において用いられる「諸蕃」も、当時使われた用語である。これが、当時のわが国の中華思想の現れの一つだとしても、本書では、こうした思想色彩や差別的意味合いは含まずに、適宜、原典に応じてそのまま使うこととする。この場合は、神武天皇朝の前代頃（拙見〔本書シリーズ〕では、具体的に神武朝の時期を二世紀後葉頃とみるから、その前代は概ね二世紀中葉頃となる）から後の時期に、先祖が日本列島に渡来してきたという伝承をもつ氏（例えば、「諸蕃」の最古級では天日矛系の諸氏がある）について、この語が使用される。本書でも検討対象をこの範囲とする。

ところで、「諸蕃」とされる渡来系氏族とは、海外から日本列島に渡来した氏族の総称であり、『姓氏録』の所載合計で一一八二氏のうち、二七％強の三二六氏ほどを「諸蕃」の諸氏が占める。このほかにも、未定雑姓のなかに実質的な渡来系の諸氏が含まれるから、数的には畿内の有力者でかなりの割合を占めた。

大和王権において、渡来人をきわめて数多く吸収・編成できたのは、もとからの列島居住者とほとんど大差ない形で「姓（カバネ）」を与えるという仕組みによる（遠山美都男氏）、とみられている。私は、それ以上に、天皇家自体やそれを含む天孫族系諸氏、支配階級にあっては、遠い先祖がもとは韓地方面からの外来であったという事情に受入れの潜在的要因があるのではないか、それ故に列島外住民への受容度の大きさに影響したか、とみている。ともあれ、『姓氏録』が畿内の有力氏族を掲載するとの編纂方針に留意しておきたい（このほか、渡来系の氏族が系譜仮冒して皇別・神別に改変したとの指摘も加藤謙吉氏にあるが、この指摘例の多くは必ずしも系譜仮冒とはいえないものであり、これを大きく評価するのは疑問）。

しかも、大陸の先進的な文明・技術・知識等のわが国への伝播に彼らが大きな役割を果した（ただし、金錫亨氏のような「分国論」など政治的な活動での過大評価は避けるべき）。渡来系諸氏の殆どが、漢地・韓地の王侯支配者層ないし知識人等の上級階層の出自と称していた。その自称する系譜により、「諸蕃」は大別して中国系（中国起源）と朝鮮系（朝鮮半島起源）とに分けられる。『姓氏録』では、中国系を一括して「漢」と表示して諸蕃の半数の一六三氏があり、朝鮮系を「百済」、「高麗」、「新羅」、「任那」の四つに分類する。このほか、未定雑姓（先祖が列島内であるものも含めて、どの分類に属するか判じがたい氏）のなかにも、渡来系の氏がかなり混在する。

この「諸蕃」の場合、中国系といっても直接中国本土から渡来したものは、奈良時代の渡来者を除くとかなり少なく、大半がいったん朝鮮半島を経由しての渡来であって、明確にはこれらを定義・判別し難いものが多い。本書では、淵源を中国本土に有するとともに、朝鮮半島では朝鮮民族としての活動が顕著ではなかった模様の氏族・諸氏を、一応、中国渡来系氏族としておく。これら諸氏の朝鮮半島での足跡が意外に乏しい事情もある。

わが国の中国渡来系氏族のなかでは、秦系（「秦韓王家」の後裔という位置づけをもったので、朝鮮系としてもおかしくないのだが）と漢系が二大分流として存した。上田正昭氏は、渡来系の人々について、百済・伽耶系を漢人、新羅系を秦人と表記するが（『渡来の古代史』）、この定義もきわめて曖昧であって、しかもむしろ妥当ではない面も多々ある。そのため、本書ではこの用法を使わず、基本的には『姓氏録』に従って表記することもお断りする。

さて、秦系諸氏は山城国葛野郡を、漢系諸氏は大和国高市郡桧前を中心に、それぞれが、奥羽・南九州を除く列島主要部、全国各地で繁衍した。これらに次いで多い「魏系」と称する諸氏も中国系のなかにある。そのほかにも、呉王夫差の後裔、呉皇帝孫権の後裔、遼東の公孫氏の後裔、匈奴出身の漢王劉淵の後裔などが、各々の遠祖からの歴代の祖先系譜を保持して、これを列島内でも長く伝えており、その出身地は中国各地で多岐にわたる。これら渡来系の諸氏が日本列島でどのような活動をしたか、その祖系はどうだったかを本書で検討していきたい（スペースの問題があるので、主に秦系と漢系を取り上げざるを得ないが）。

以上の中国系氏族はその淵源が遥か遠い上古時代にあるものもあって、所伝の系譜を仔細に見ると数世代の欠落が考えられる個所もかなりある。しかし、これをもって、中国を淵源とする氏族伝承を後世の「造作」とか系譜仮冒とか、だと直ちに決めつけることもなかろう。流浪・移遷の過程での系譜喪失や歴代の欠落は、往々にしてあるからでもある。

所伝の系譜それ自体は仮冒・訛伝・誤記・欠落など問題点を多少とも含むのが、古代からの一般的傾向である。戦後の古代史学界を風靡した津田史学流の「造作」説の見方は、史実原型の探索にあたり、かえって妨げになる場合が多い。こうした事情から、厳密には「〇〇の後裔と称する氏族」と表記した方がよい氏族もなかにはあるが、これらについても、とりあえず「称」を省略して記したことが本書では多い。なお、改めて言うまでもないのだが、平安前期の遣唐使の廃止以降は、日本列島のなかで原住系・渡来系の人々の混合・融合がおおいに進み、それが永く続いて現在の日本人が次第に形成されていった（だから、本書での検討では差別助長の意味はまったくないことをお断りしておく）。

主な中国系諸氏族の概観

中国系と称する主な渡来氏族及びそれに属する主な姓氏を、まず概観してみると次の通り。本書の焦点が秦系・漢系の諸氏にあるものの、中国系の渡来人といっても多種多様で、範囲がきわめて広かったことに十分留意していただきたい。その意味で、最初に概略でかかげるものである（「諸蕃」は省略。古朝鮮や韓地系の流れとみられる氏は、ここではあげない）。

①**秦の恵文王駟の後裔**……嬴《えい》氏を本姓とし、主流の弓月《ゆづき》君後裔の秦造のほか、己智《こち》部、高陵氏と大きく三集団に分かれ、各々時期を違えて渡来してきた。これらを、広く「秦系氏族」として把握し、本書で検討するが、後の二集団については、これまでの研究では殆ど無視される傾向にあった。

②**漢の高祖劉邦の後裔**……本姓が劉氏（祁姓）であり、後漢系の阿智使主後裔の東漢直（倭漢直）が主流だが、支族や随従者関係では族外の諸氏も相当多く、一族と称する西文首もあり、これらを「漢系氏族」として把握し、本書で検討する。

③**魏の曹操の後裔**……本姓は曹氏で、「魏系氏族」として一括される。曹操の子の文帝丕《ひ》の流れ（高向村主、大岡忌寸など）とその弟・陳思王植《ち》の流れ（上村主など）と二流があるように伝えるが、実際には一系統なのかもしれず、系譜も実際には魏系が疑問かもしれない面もある（一に段姓とも伝え、その場合、姫姓ないし老子李耳の末流か）。この系統の諸氏は、特殊な技術・技能をもって活動した下級官人に多い。

なお、中国本土の曹氏の系譜では、遠祖は周文王の子の曹叔振鐸が曹に封じられたというから姫姓となるが、これには別系もあり、陸終の子の安が曹姓の祖ともいう。

④**魯王興の裔の阿直岐後裔**……後漢王朝が魏王朝に遷る時に百済に到り、王が良馬二匹とともに阿《あ》直岐《ちき》（阿知吉師）を遣わし応神朝に来朝した。後裔は阿直史が代表で、清根宿祢の賜姓もあり、『姓

氏録』には安勅連（安直連。右京）が掲載される。先祖の「魯王興」とは、光武帝の甥（長兄縯の次男で、太原王〔後に斉公〕章の弟）というから劉氏だが、東漢氏と同族という系譜では伝えなかった。一に阿智使主と同人という説もあるが、確認しがたい。近江国犬上郡の阿自岐神社（豊郷町安食西に鎮座）では阿直岐を祀るという。

⑤**呉王夫差の後裔**……春秋時代の呉王夫差の子という慶父忌《けいふき》（夫差の再従兄弟の慶忌のことか）の後裔と称し、九州に渡来してきて初め肥前、次に筑前の夜須郡等に住し、推古朝に山城国に遷したという。中国春秋時代の呉は、姫姓で周文王の祖父古公亶父《たんぽ》の長子太伯の後と称した。呉王族で夫差の叔父・夫概が北にはしり扶余の祖となったとの伝承もあるが、これは疑問か。『姓氏録』には松野連（右京）が掲載される。

系譜伝承では、先祖に熊襲や邪馬台国の関係者を掲げる不思議なものを持ったが、その辺の内容は疑問が大きい。按ずるに、邪馬台国王族末流で、神功皇后に征討された羽白熊鷲の族裔か、あるいは天目一箇命後裔という筑紫忌部の一族かという可能性あり。

⑥**呉帝孫権の後裔**……孫権の子の廃帝会稽王亮の後裔と称し、応神朝に阿知使主とともに投化した牟佐《むさ》村主の祖のほか、仁徳朝、雄略朝にも各々分かれて投化したという。中国の孫氏は春秋時代の陳王家の支族、田斉の王族の出という孫武（孫子）の後と称したが、陳王家は帝舜の後で嬀《ぎ》姓。『姓氏録』には牟佐村主（左京）、蜂田薬師《くすし》（和泉）、茨田勝《まんだのすぐり》（河内）などが掲載される。蜂田薬師の一族が白村江戦で捕虜となり、その子孫が韓地に居住して慶尚北道の一直（大邱市東区域）が本貫の孫氏となる（その末裔に孫正義氏）、とも伝える。

⑦**遼東大守燕王公孫淵の後裔**……魯の傾公の後裔という、遼東太守公孫氏は淵のときに自立して燕

王を名乗るが、魏将の派遣で滅ぼされ、子孫は百済に逃れ田燕氏（また燕氏）として百済に属し、「百済八姓」に数えられる重臣として長く続いた。聖明王の臣下であった燕比善那の子の真高兄弟が推古朝に投化し、河内国大県郡に住み大和・遠江・因幡などに一族が分れた。赤染造の一族で、『姓氏録』には常世《とこよ》連（左京、右京、河内）、伏丸《ふかわ》（河内。伏丸は新羅人の伏万呂〔名は飯万呂が正倉院文書に見える〕と同じか）が掲載される。

中国春秋時代の魯は山東半島にあり、姫姓で周文王の子、周公旦の長子伯禽《はくきん》の後である。

⑧北燕王馮弘の後裔……遼西の竜城（現・遼寧省朝陽県）に都した北燕の王族に出て、馮《ふう》弘の孫という馮安君が雄略朝に牟佐村主青に随い投化した。東漢の王族後裔のようにも称するのは疑問であり、馮氏で上党（山西省長治県の治）に出るものは、前漢末期の左将軍馮奉世の後と『姓氏詞典』にある。その先は姫姓で、周文王の第十五子畢公高《ひつこう》の後で畢万の後裔とされ、戦国時代の魏の王族と同族とされる。

『姓氏録』には「魯国白竜王の後」と記され、河内忌寸（几河内忌寸。河内）、山代忌寸（左京忌寸〔右京〕、台直（摂津）、凡人中家（和泉）が掲載される。これら諸氏が、後漢献帝の子、白竜王の後と同書に見えるが、疑問である（後漢献帝の子に白竜王はおらず、白竜王とは馮弘のことで、後述）。河内連や河内蔵人も同族か。

⑨周の宣王少子の尚父（長父）の裔、楊貴仁の後裔……楊貴仁は長安の人・楊雍の七世孫というが、この楊氏の投化時期は不明。先祖の楊雍は楊祚（公孫淵の将軍で、その滅亡時に降服し斬首される）の兄弟で、その娘は公孫淵の妻となり格（赤染造の祖）を生んで、公孫氏の没落時には百済に遷住したといい、楊一族はこれに同行したか。『書紀』崇峻元年条には、百済より献上された陽（正しく

は楊か）貴文が見え、この近親ないし後裔か。先祖は周王朝第十二代宣王の子・尚父で、「楊」は山西省洪洞県東北の地とされる。『姓氏録』には板茂《いたもち》連（板持連。河内）、伊吉《いき》連（伊岐連。左京、右京）が掲載され、同系のものに楊胡《やこ》史（陽侯史。左京）、楊侯忌寸（左京）もある。

⑩**周の霊王太子晋の裔、王昶の後裔**……王昶《えい》は太原晋陽（現山西省）の人で魏の司空となったが、その後裔という五経博士王柳貴が、欽明朝十五年二月に投化して河内国交野郡山田に住した。太原王氏の同族、琅邪《ろうや》王氏の一族が朝鮮北部に行って雄族・**楽浪王氏**となり、その後裔かともいい、このほうが地理的に妥当か。山田史の流れでは、『姓氏録』に山田造（右京、河内）、山田連（河内）、山田宿祢（右京、河内）、長野連（右京、河内）、志我閉《しがへ》連（右京、河内）、三宅史（河内）が掲載されており、山田御井宿祢など同族が多い。

⑪**漢王劉淵の後裔**……南匈奴単于《ぜんう》一族出身の劉氏で（漢王朝とは別族）、五胡前趙の初代皇帝劉淵の後裔とする智聡が欽明朝に大伴狭手彦連に随い投化した。『姓氏録』には和 薬《やまとのくすし》使主（左京）、田辺史（右京。毛野同族とは別系）が掲載される。

⑫**南梁人鞍部堅貴の後裔**……司馬氏であるが、先祖未詳。仁徳朝に阿智使主に随い投化した。鞍作ばかりでなく、古代日本の金工・仏師として活躍した。中国の司馬氏については、周の宣王の時の大臣・程伯休父（高陽氏の後、重黎の後裔という）が司馬となり、その子孫が称したものとされ（他にも諸流あるが）、『史記』の司馬遷もその後裔といわれる。鞍作村主（鞍部村主）、鞍部首が代表だが、『姓氏録』には不掲載である。

⑬**唐人沈惟岳らの系統**……沈惟岳は、遣唐使で唐の秘書監の藤原清河を迎えるために渡唐した高元度（高句麗王族系の渡来人で、従五位上三河守などを歴任）が帰国する際に、この一行を送って押水手

官（水手の長、船長）として天平宝字五年八月、大宰府に来た。沈惟岳ら九人は、唐国内の内乱のため帰国せず日本に留まって官人となり、左京に貫された。

このときの唐人たちの後としては、清海宿祢（左京。周の文王十男聃季載《ぜんきさい》の後裔、上記沈惟岳の後）、嵩山《すせ》忌寸（左京。戦国時代の韓の宰相、張開地の孫・留侯張良の後で、沈惟岳と共に投化した唐人張道光の後裔）、栄山忌寸（左京。唐人晏子欽及び唐人徐公卿の後裔）、長国忌寸（左京。唐人吾税児の後裔）、嵩山忌寸（左京。魯の孟軻〔孟子〕の後、唐人孟浩然の孫・恵芝の後裔）、清川忌寸（左京。斉の太公望の後、唐人盧如津の後裔）、清海忌寸（左京。唐人沈庭勗《ていぎょく》の後裔）、新長忌寸（左京。唐人馬清朝の後裔）。浄山忌寸（右京）の祖という唐人賜緑・沈清庭も、このときの関係者か。天平六年には漢の陳平の後裔、唐人陳懐玉に千代連を賜姓した。

⑭**漢人西姓令貴の後裔**……西姓は西門氏から出て鄭大夫が西門に居したことに由来するが、百済経由で後漢霊帝の後の麗王より出るとも称する。『姓氏録』には大原史（左京、右京、摂津）が掲載される。後に宿祢を賜姓する者がある。

⑮**漢の無錫侯多軍の後裔**……多軍は漢武帝のときの人で、越王後裔の多氏。郡望は丹陽とされ、高麗人の多高子使主の後裔の高田首（右京）、百済人の多夜加後裔の漢人（右京）。

⑯このほか、温義（摂津。北斉国皇帝後主温公高緯の後裔）、交野忌寸（河内。漢人庄員の後裔）、伯祢（河内。西漢の人、伯尼姓光金の後裔）、浄村宿祢（清村宿祢。左京。陳の胡公満の後、袁濤塗の裔、袁晋卿が唐より天平七年投化して賜姓）、清宗宿祢（左京。唐人李元環の後裔）、八清水連・楊津連（ともに右京。唐左衛郎将で熊津都督の王文度の後裔、百済系ともいう）、吉水連（左京。前漢・魏郡人の蓋寛饒の後裔）など。多種多様な出自をもつ姓氏が『姓氏録』や六国史に掲載される。また、中世以降に来朝の諸氏も

いくつかあるが、ここでは省略する。

以上に延々と多くの中国系の姓氏について『姓氏録』掲載の諸氏を中心に見てきたが、諸蕃各氏が自己の家系に誇りをもち、具体的な祖系を多様に伝えていた。そこには系譜仮冒をして、列島古来の大族に架上する形のものは殆どない（模様である）。こうした具体例に当たれば、新羅のハタから来たから秦氏、伽耶のアヤから来たから漢氏だという、津田史学亜流のいい加減な地名こじつけ論がおかしな見方だとすぐに分かる。戦後の古代史学主流派のように、これら渡来系の祖系伝承を簡単に後世の造作だと片づけられない事情（姓氏を簡単に詐称できない当時の事情でもある）が、ここに厳然と存在する。

渡来系氏族一般についての研究と主な問題点

戦後の古代史学主流となった津田博士などの見方に立って、大和王権の対外交渉や渡来人の研究を行おうとするとき、史料切捨てや造作論などで対応すると、種々の問題点はほとんど解明できないままとなる（一方、朝鮮半島系の歴史研究者の記事・著作には、総じて民族主義史観が多く、イデオロギー面、心情的な面が強く出るなど疑問な見解・論理が多々あり、本書では、基本的に李丙燾《へいとう》著『韓国古代史』〔金思燁《キムサヨ》訳。一九七九年刊〕などを踏まえて合理的に考えていきたい）。

他方で、ハタ（秦・幡多・波多など多種の表記）や高麗・高来などを、安易ないし素朴に中国・朝鮮に結びつける見方も問題が大きい。だから、なんでもかんでもハタ氏に結びつければよいというわけでもない。渡来系氏族という場合、四世紀後葉の大和王権による韓地出兵以降に日本列島に渡来した多くの人々や諸氏を具体的に取り上げなければ意味が乏しいということである。例えば、在日朝鮮人作家金達寿（キム・タルス）氏の大著『日本のなかの朝鮮文化』や『日本古代史と朝鮮』などは関係各地を足で歩いた労作で、示唆深い記事も多々あるが、それが学問的な研究・判断とは必ずしも言えない。この辺は個別に見て具体的で冷静・的確な分析・調査が必要だと言うことであり、ハタ氏や渡来系氏族関係の記事を鵜呑みするのは、かえって問題解明にはつながらない。宋潤奎氏の著『古代日本の渡来勢力』（二〇〇三年刊）などにも、上記のような問題点が多く見られる。

渡来系氏族の先祖については、まともに探究しようとする気運が、従来はあまり起きずにきた。広く朝鮮半島や一部に全国的な展開を見せる同族諸氏の総合的な動向まで研究を拡げると、諸問題の解明につながりそうでもあるが、こうした形の研究自体は、質的にも量的にも乏しさを否めない。多くの系図史料にあたったはずの太田亮博士の見解などを見ても、著作の基礎となる史料の収集範囲が割合狭いためか（例えば、東大史料編纂所や宮内庁書陵部の所蔵史料等は、太田博士の目に入っていない）、そもそも、それしか資料が手元になかったせいなのか、秦・漢両氏などについて多くの誤解がある。私自身も、本書で改めて検討してみて、現在の朝鮮半島に残るものを含め、総じて史料が乏しいと思っていたことでもあり、これまでに検討が足りなかった面を自認する。

だから、様々な意味で、秦・漢両氏研究にあっては、その祖系の原型ないし実態の探索は複雑で困難であり、研究の現状はその解明にはほど遠い。秦・漢両氏については、とくに産業活動面の大きさが言われるが、こうした面も必ずしも実態が解明されているとはいえない。このため、個別に秦・漢両氏を研究するにあたっても、様々な面で総合的な知識・史料が具体的な裏付けのなかで必要だということにつながる。

秦・漢を含む渡来系氏族全般についての著作・研究は、きわめて数が多いから、とても網羅しがたいが、管見に入ったところで主なものを順不同で次ぎにあげておく。

古くは幕末・明治期に活動した鈴木真年の『古代来朝人考』（一八四九年刊）がある。

戦後では、関晃氏の『帰化人』（一九五六年刊。後に講談社学術文庫や『関晃著作集』第三巻に所収）、上田正昭氏の『帰化人』（一九六五年刊）及び『渡来の古代史』（二〇一三年刊）、平野邦雄氏の『大化前代社会組織の研究』（一九六九年刊）、『帰化人と古代国家』（一九九三年刊）及び「畿内の帰化人」（『古代の日本　第5』所収。一九七〇年）、竹内理三氏の「古代帰化人の問題」（『古代から中世へ』上所収。一九七八年）、鈴木靖民氏の「渡来人と倭の発展」（『古代国家史研究の歩み』所収、一九八〇年。後に改訂版あり）、井上満郎氏の『渡来人』（一九八七年刊）、加藤謙吉氏の「渡来人」（『古代史研究の最前線』第一巻所収。一九八六年）、「東文氏とヤマトノフミヒト」（『日本歴史』第六〇七号所収。一九九八年十二月）及び『大和の豪族と渡来人』『大和政権とフミヒト制』（ともに二〇〇二年刊）、坂元義種氏の「渡来系の氏族」（『日本の古代十一巻　ウヂとイエ』所収。一九八七年）、請田正幸氏の「渡来人論・序章」（『歴史学研究』五八二所収。一九八八年）、田中清美氏の「五世紀における摂津・河内の開発と渡来人」（『ヒストリア』一二五号所収。一九八九年）、森浩一氏らの『古代豪族と朝鮮』（一九九一年刊）、堀田啓一氏の「渡来人―大和国を中心に」（『古墳時代の研究』十三所収。一九九三年）、遠山美都男氏の「日本古代の畿内と帰化氏族」（『ヤマト王権と交流の諸相』所収。一九九四年）、和田萃氏の「渡来人と日本文化」（岩波講座『日本通史』三所収。一九九四年）、笠井倭人氏の「分国論と渡来人」（『ゼミナール日本古代古代史下』所収。一九八〇年）及び「朝鮮語よりみた秦・漢両氏の始祖名」（『古代の日朝関係と日本書紀』所収。

二〇〇〇年)、司馬遼太郎等編の『日本の渡来文化』(一九七五年刊。後に中公文庫に所収)、直木孝次郎氏の『古代日本と朝鮮・中国』(講談社学術文庫、一九八八年刊)、大橋信弥氏の『古代豪族と渡来人』(二〇〇四年刊)や「蒲生郡の渡来氏族と文化」(『紀要』第十一号。一九九八年)など、大橋信弥氏等編の『ヤマト王権と渡来人』(二〇〇五年刊)、吉田晶氏の「地域文化と渡来人」(『吉備古代史の展開』所収。一九九五年)、佐伯有清氏の「雑戸の姓氏と造籍」(『日本古代氏族の研究』所収。一九八五年)及び『日本の古代国家とアジア』(一九八六年刊)、山尾幸久氏の『日本古代王権形成史論』(一九八三年刊)、『古代の日朝関係』(一九八九年刊)及び「河内飛鳥と渡来氏族」(『古代を考える　河内飛鳥』所収。一九八九年)、今井啓一氏の『帰化人の研究』の総説篇(一九七七年刊)、『帰化人と社寺』(一九六九年刊)などの帰化人の研究シリーズ(一九六八~七七年)及び「近江の帰化人」(上・中・下で『史迹と美術』二八三~二八五に所収。一九五八年)など多数、三品彰英氏の「帰化人の神話」(『日本文学の歴史1神と神を祭る者』所収。一九六七年)及び『日本書紀朝鮮関係記事考証』(上巻が一九六二年刊、下巻が二〇〇二年刊)、田中史生氏の「渡来人と王権・地域」(『倭国と東アジア』所収。二〇〇二年)、狩野久氏の「畿内の渡来人」など(『古代王権と列島社会』所収。二〇一〇年)、金在鵬氏の『日本古代国家と朝鮮』(一九七五年刊)、関川尚功氏の「古墳時代の渡来人」(『橿原考古学研究所論集』第九所収。一九八八年)、亀田修一氏の「考古学からみた渡来人」(『古文化談叢』第三〇集所収。一九九三年)、武光誠氏の『渡来人とは何者だったか』(二〇一六年刊)、など。

また、中世の中下級官人の動向については、中原俊章氏の著『中世公家と地下官人』(一九八七年刊)が秦氏・漢氏の一族の末裔の動向を通観する意味でも便利である。

渡来系氏族は、わが国では文化的・技術的には重要な役割を果たしたものの、政治的には表立った行動をあまりとらなかった。このため、記紀などの古代史料には殆ど現れない（裏舞台での活動とか、政治の「黒幕」とかいう見方もあるが、この辺の見方はやや行き過ぎか）。大族蘇我氏を渡来系氏族とする見方は、戦後に一部の研究者から強く唱えられたが、合理的な根拠がまったくない。加藤謙吉氏などから当時の社会・政治事情に合わないという的確な批判・反論があって、こちらが説得的であって、渡来系氏族説は成り立ちがたく、殆ど言及しない（蘇我氏の出自については、本シリーズ『阿倍氏』で触れたように、皇別の葛城氏の支流でもない）。このほかの大族の幾つかを安易に渡来系とするものも見られるが、疑問が大きいことは言うまでもなく、本書ではわざわざ言及しない。

渡来系諸氏の子孫たちでは、秦氏・漢氏も含め、総じて言えば武家化への対応が弱いこともあって、中世には大蔵氏など一部を除き、衰滅ないし他氏族に吸収されていった模様であって、総じて史料が乏しい。朝鮮半島には史料の残存が乏しいだけに惜しまれる。

したがって、本書で検討することになる秦氏・漢氏とその同族諸氏に関する主な問題点（順不同）も、ほぼ共通であって、おおむね次のようなものとなろう。これら列挙される問題点について、本書で取り組んで、どこまで解明できるかという課題があり、本書を読んでいただくうえでの問題意識にもなるものである。

主な問題点としては、いつ頃にどのような経緯・縁由で日本列島に来たのか、当該の氏の起源がどのようなもので、その祖先が居た海外の故地（中国、朝鮮半島）はどこで、どのような者・身分や氏族だったか、ということが先ずあげられる。日本列島においては、その本拠地にいつ頃にどのような契機で定住したか、一族諸氏がどのように分布したか、政治的、社会的文化的あるいは技術的にどのような役割を果たしたのか、本拠地などの移遷がある場合は何時どのような事情があったか、などがある。

なかでも、秦氏・漢氏という広範に分布して氏族のなかに多数の諸氏をもつ大規模なものについては、単一の血縁氏族（部族）か擬制同族か、日本列島及び韓地にどのような同族諸氏があったのか、本宗家はどの系統か、諸氏の分布・移遷や分岐の経緯はどうだったのか、という問題がある。秦氏については、とくに氏族の範囲が広かったということで、同一系統ではないとみる見方が強そうでもある。

このほか、日本列島でどのような神社・寺に関与したのか（渡来系氏族の神社祭祀はどのようなものか）、習俗・文化はどうか、考古遺物をどのように各関係地に残したのか、中世以降にはどのような後裔・諸氏が出て活動したのか、遠い先祖などの具体的な歴代の系譜はどこまで伝えられるのか、祖系探究はどこまで可能か、などという点も無視できない。

諸蕃諸氏については現存する史料・記録に乏しい面もあることを十分承知しつつ、これら諸問題の解明につとめたい。渡来系氏族の探究により、関連して、日本古来の氏族の動向などの探究にもつながることもある。こうした諸事情があるから、各種史料の丁寧で総合的な検討につとめていきたい。論拠のない勝手な史料切捨てや予断・想像を行わず、古い過去に対する妙な謝罪感・贖罪感をもたずに、できるだけ冷静に客観的合理的に史実原型の探究につとめていきたい。

第一部

秦氏

一　序説

秦氏研究への取組み

記紀等の古代史料に拠ると、秦氏・東漢氏を代表とする渡来系の豪族は、政治的に高い位置を占めたわけではないが、産業・経済、文化・技術などの面で大きな役割を果たした。秦氏の日本列島における始祖は、東漢氏とほぼ同様な時期、応神朝頃に到来したと伝える。まず大和に着き、そこから山城国葛野郡に遷住して、この地域一帯に永く勢力を保ち、関係社寺や考古遺跡もかなり残した。倭地の古代氏族のなかでは秦氏が最大規模というのは過大評価かとも思われるが、一族が全国的にも広く分布して、殖産部族として果たした役割は重要であった。

秦氏は遠祖を中国の秦・始皇帝とおき、その起源に因んで氏の名としたと伝えている。それだけに、祖系は遥か悠遠であり、歴史の長い期間にわたって活動したが、不明・疑問な点も多い。様々な意味で誤解を招きやすい氏族でもあり、総じて実態把握が難しい点も多く、史料もあまり多くない。そのわりに研究者が多いものの、実態解明が進んできたわけでは必ずしもない。これまでの体験からいうと、文献ばかりではなく、もっと掘り下げた形で、習俗・祭祀や同族研究などを含め、総合的に適切に組み合わせて行う必要がある。

かつて私は、「秦嬴姓という姓氏」という論考を『家系研究』誌に掲載したこともあり（第三二・三三号（一九九七・九八年）。その続篇を家系研究協議会の会報に「鳥トーテムをもつ秦王室とその族裔たち」として掲載）、改めて見直した総集編という意味合いも本書にはある。

秦氏に関する「系譜」の研究も乏しく、この関係の諸問題が適切に解決されていない。最近のめぼしい研究もあまりない事情ではあるが、それでも、秦氏は、それで済ませるような位置づけではない。これまで、本シリーズでは、中央で活動が顕著な国内系の主要古代雄族を合計で十氏の検討を加えてきた。既に取り上げた古代氏族によって、いわば横糸的に歴史動向を具体的にチェックし、上古代からの大きな流れのなかで、体系的に整合性をなすものとして見てきたところでもあって、渡来系の最大級の雄族、とくに秦氏、漢氏の活動と歴史について見ることも欠かせない。

秦氏の役割の大きさや重要性は研究者たちに、つとに認識されてきたから、この関係の研究論考がきわだって多い。その反面、専門的な研究者はかなり限定されるし、この氏の問題点がこれまで解明されたものでもない。秦氏は、韓地に遡る先祖の問題も含め、始祖以来の系譜などではたいへん難解な古代氏族である（大規模な職能集団であって、「擬制的血縁関係」で結びついたという見方の是非という問題もある）。総じて言えば、戦後の古代史学界では、応神天皇より前の時代の文献研究を切り捨て気味に等閑視してきたこともある。それに加え、応神朝以降でも、説明がつきにくい事案について後世の造作として簡単に切り捨てる傾向が、学界には多々見える。秦氏の先祖伝承ですら、そうした切捨対象にされていることが多い。しかし、そうした史料の切り捨てで済むような氏族では決してない。

本書では、史料等を総合的に適切に踏まえ新たな目で見直して、その検討結果を示すことにしたい。これまでの見方とはかなり異なるので、多少とも違和感を感じる面も読者にはあるかもしれないが、合理的な歴史体系と大きな歴史の流れのなかで、冷静に拙論をご理解され、必要に応じ適宜適切なご批判をいただけたらと思う次第でもある。

秦氏の概観

秦氏は渡来系の大氏族で同族諸氏が多く、秦部・秦人部などを配下にもった。日本での起源については、『日本書紀』（以下、『書紀』という）では、応神天皇十四年（その実年代は三九〇年代か）に百済より百二十県の民を率いて帰化したとされる弓月君《ゆづきのきみ》（別名は融通王）を祖とすると見える。『姓氏録』の左京諸蕃によれば、秦の始皇帝の末裔と伝える。

こうした先祖系譜や氏族伝承の史実性には、研究者からはこれまで疑問が多く提示されてきた。例えば、上田正昭氏は、「祖先を中国に求めて権威化する誇示意識による」とみている。だからといって、こうした見方が確たる証拠に基づいたかは疑問であり、所伝についての否定説が立証されたとはまったくいえない。韓地における渡来前の居地も、新羅説が強いものの、これも推測にすぎず、具体的な資料で確認されているわけではない。とりあえずは、その出自・系譜は不明としておいて、本書で検討していくこととする。

日本列島内の動きでは、大和西南部の葛城郡へまず入り、そこから山背国の葛野郡太秦（同、京都市右京区太秦）に遷ったのが本宗家とされる。葛野遷住までに紀伊郡深草（現在の京都市伏見区深草）を経由したかどうかは説が分かれるが、葛野と深草が山城における二大拠点であった。さらに、これらの分出支族や属民が河内国茨田《まんだ》郡（大阪府寝屋川市太秦で、近世以降は讃良《ささら》郡）、摂津国豊嶋《てしま》郡（同府豊中市など）や近江国の愛知《えち》郡（滋賀県彦根市）・浅井郡（同県長浜市・米原市）、丹波国桑田郡（京都府亀岡市）などに多くあった。主には美濃・遠江・伊勢あたりから以西、豊前・筑後などの北九州までの全国各地に広範囲に分布しており、各々の地で土木工事や養蚕・機織、製鉄、塩生産などの分野で技術力を発揮して栄え、地域開発にあたったといえよう。

『隋書』倭国伝に見える「秦王国」などの記事から、秦氏が初めは豊前か周防のあたりを拠点としたという見方もあるが、この辺を含め、列島への渡来から畿内に到る移動経路は定かではない。大和から山城までの経路でも、同様である。なお、「秦氏」については、狭義の範囲を「弓月君とその近親一族の後裔」に限定して考えていかないと、取り止めのないことにもなりそうであることに先ず留意したい。

　秦氏として史料に見えるのは、雄略天皇の時代に秦酒公《さけのきみ》（『書紀』では、「公」を使用。本書では適宜「君」も使用する）が最初で、秦氏の伴造として各地の秦部・秦人部の統率者となり、太秦公の「姓」（カバネではなく、称号の意味）を与えられた。欽明天皇朝には、秦大津父《おおつち》が朝廷の財政実務関係の伴造となって大蔵掾に任ぜられ、これ以降、大蔵の出納にも従事した一族もある。秦氏の氏

桂川（京都・嵐山付近）

人は造姓を称したが、一部は後世まで公姓を称したものもある。
山背国においては桂川の中流域、鴨川（淀川水系）の下流域を主勢力圏にして、この地域の発展に大きく寄与した。秦氏は、高度な技術力と豊富な経済力で桂川に灌漑用の大堰を作って嵯峨野一帯を開墾し、土木や養蚕・機織などの新しい技法を列島に伝え、この関係の伴造として朝廷に仕えた。近隣の愛宕郡（現・京都市左京区、北区）の鴨川上流域を本拠地とした鴨県主（賀茂氏）の一族とも関係が深かった。秦氏一族は伏見の稲荷大社、葛野の松尾大社などを氏神として祀ったが、それらは鴨氏が創建した賀茂神社とならび、山城では創建年代の古い神社であり、秦氏一族の末裔はこれらの社家となって長く続いた。

七世紀始め頃には、財力を蓄えた秦河勝《かわかつ》は、聖徳太子に仕え、太子から仏像を賜って太秦《うずまさ》に蜂岡寺（現・広隆寺。古縁起によると、元の地は北野あたりか）を建立したことで知られる。このような技術力や経済力をもった秦氏のなかには、大化前代から奈良時代にかけての時代では、大蔵・内蔵などの管理という職掌で朝廷に出仕したり、奈良時代には藤原氏など中央貴族と通婚したりするものも出た。天武天皇十四年（六八五）の八色の姓では、秦氏本宗は、漢氏と同様、忌寸の姓を賜与された（連から改姓）。

太秦《うずまさ》の広隆寺（蜂岡寺）

長岡京・平安京への遷都やその都城造成に際しては、葛野郡の秦氏一族の財力・技術力が重要な役割をはたした。平安遷都を担った藤原葛野麻呂は、母方の祖父が秦嶋麻呂であった。大内裏が秦河勝の宅地跡に建つといわれ、秦氏一族が平安京遷都に深く関わった。

平安京遷都後の秦氏一族は、主計寮・大蔵省・内蔵寮などの官人として名が残る。一族の本宗家は秦下から太秦《うずまさ》公となった系統とみられるが、これは割合早くに衰えてか、中世へは子孫を伝えない。多くの分支流が秦一族から出たものの、中央の朝廷ではあまり高位にあがる者を出さず、平安朝末期まで明法道、医業・典薬関係の官人や下級の武官・御随身として仕えた。元慶七年（八八三）に秦氏の有力支流で惟宗《これむね》朝臣に改姓したものがあり、この系統が中世まで明法家を輩出して長く続く。官人では御随身の家、三上氏が幕末まで永続したくらいである。楽家の東儀・林など太秦氏を名乗る家系も近世まで残る。伏見稲荷大社の社家の西大路家、大西家、松本家など、松尾大社の社家の東家、南家などもある。

全国各地にも秦姓を名乗る諸氏も多く見え、諸国の在庁官人や郡司などで史料にあらわれる。地方豪族としては、薩隅の島津氏、対馬の宗氏（平姓を仮冒）、越中等の神保氏（実は別系の可能性も強いか）などを出しており、太田亮博士の『姓氏家系大辞典』のハタ・コチとそれに関連する項目の記事も非常に多い。

なお、ハタはこれに通じる波多・羽田・幡多・八田・幡などの表記から後に訛伝して「秦」と表記される例も、全国的にかなりある。例えば、筑前国糟屋郡の筥崎宮の神主家田村氏は秦宿祢姓というが、系譜では、武内宿祢の子・波多八代宿祢あるいは波多隼男宿祢の後裔と称した。土佐の長曽我部氏も秦姓というが、元は古代の波多国造（土佐国幡多郡）の末流かとされる。波多国造のほか、海神族系の三輪氏一族にも大神波多君も見える。天孫族系でも、上記の波多臣（羽田臣）や出雲風土記に天降り記事が見られる「波多都美命」がある。波多都美命は天目一箇命（出雲国造や物部氏の祖神）と同神かとみられ、大和の波多祝はその後裔にあたりそうである。和泉の波太神社は、鳥取造氏が先祖・角凝命を祀るし、美作の久米郡の波多神社は山祇族系の祭祀という可能性がある。

だから、ハタ（ハダ）あるいは「秦」と書いても、その全てを韓地（「新羅」ないし秦韓）から渡来系の秦氏族とするのは問題が大きく、同じ渡来系でも天日矛系にかかわる秦もありそうで、この辺を個別によく吟味する必要がある。

秦氏族関係の系図史料

古代の秦氏については、『本朝月令』に「秦氏本系帳」で若干の系譜が引用されて見えるだけで、『姓氏録』でも概要的、断片的な系譜が知られる程度である。その詳細な系図はごく僅かしか伝わらない。『続群書類従』に所収の『惟宗系図』は医道を家業とする支流の断片的なものであり、『広隆寺来由記』に見える秦氏の系図も信頼性があまり高いとはいえない。管見に入ったものでは、秦氏の遠祖で始皇帝まで歴代が遡るような系図は、内容から見て惟宗氏後裔の島津氏系統に遺されたとみられる『惟宗系図』（東大史料編纂所蔵）や『諸系譜』第十冊に所載の長曽我部氏関係の系図にすぎない。

これらのうち『**惟宗系図**』については、利光三津夫氏（律令研究の大家で、もと慶応大学名誉教授・清和大学名誉学長。逝去）と松田和晃氏（現・杏林大学教授）とによる「古代における中級官人層の一系図について」という論考があり（上・下で慶應大学の『法学研究』五六―一・二所収。一九八三年）、系図紹介と詳細な考証がなされ、総じて当該系図の信憑性を論証するなど貴重な指摘が多い（ところが、なぜかこれまでの秦氏研究では無視されてきた）。利光・松田両氏には同系図の筆写者について具体的な認識がないが、実は当該系図は明治期の鈴木真年の直筆による（尾池誠氏が最初に指摘し、私もこれを確認した）。

『諸系譜』のほうは主に真年と同好の士の系図研究者、中田憲信の筆による系図であり、鈴木真年は『朝鮮歴代系図』（天理図書館蔵）、『列国諸侍伝』（静嘉堂文庫蔵）、『百家系図稿』巻六などにも、秦氏先祖の簡略な系譜やメモをいくつか遺している（本書で「系図」というときは、これら真年関係の秦氏関係系図を主にいうが、適宜、個別に表示する）。

秦氏同族の己知《こち》氏系統についても、系譜が山城の「長岡忌寸」の系統に残り、真年・憲信の著作史料に見える（『百家系図稿』巻九、『諸系譜』第一冊に記載）。これら秦氏・己知氏の系図は皆、出典が不明であり、後世的な要素がないともいえない面もある。

京都大学所蔵の『秦氏系図』は、下級武官で出仕した三上氏系統のもので、平安期はかなり詳細であり、その後裔官人は三上景文編『地下家伝』にも見える。東大史料編纂所には、平安後期以降の惟宗氏についての『惟宗系図』があり、国会図書館所蔵の三条西実隆自筆の『医陰系図』もあるが、後者は『続群書類従』系図部八二、巻一八七所収の惟宗氏系図と同じ。無窮会文庫所蔵の『祠官系図』には、京都の月読宮祠官系統の秦氏の系図も記載されるが、これは内容に混乱が大きい。『広隆寺来由記』に見える秦氏の系図（一四九二年成立）や『土佐諸家系図』第一冊所収の「嬴姓系図」は共に信頼性を欠く。中世系図の『尊卑分脈』にも、近世の『諸家系図纂』（同書を承けて、殆どが『群書類従』にも所収）にも、秦氏関係の系図が掲載されない。幕末頃の『系図纂要』には、惟宗朝臣姓の系図の一部が見える。

こうした事情のため、『六国史』『姓氏録』や各種史料などによって総合的に検討し、修補した系図を考えねばならない。松尾や伏見の祠官家で近代まで続いた家もいくつかあるものの、先祖の系譜は乏しいか、不十分で疑問も多々ある。

以上のほか、真年・憲信関係の系譜史料のなかに、秦氏一族やその後裔諸氏系図がかなりの数で見える。その殆どが中世武家のものであり、とくに薩隅の島津一族や対馬の宗氏一族などは、他にも種々系図が残っており数多いが、この辺は省略する。

古代につながるものについて言えば、近江の依智秦氏支流の「湯次誓願寺系譜伝」がある（鈴木真年の『鈴木叢書』第九冊、『百家系図』巻六三に記載）。『百家系図』巻五〇には、弓月王に始まる朝原忌寸、時原宿祢や伏見稲荷社祠官の秦大蔵造・秦中家忌寸の系図が見え、『百家系図稿』巻九には「簀秦《すはた》画師《えし》系図」がある。

羽倉敬尚編の『伏見稲荷社祠官系譜』もあり、稲荷社祠官の荷田氏の系図は、羽倉敬尚編の上記書のほか、『百家系図稿』巻三の「磐城村主系図」、『諸系譜』第廿八の「荷田宿祢系図」に見える。秦氏同族の高丘宿祢氏については、『百家系図稿』巻九及び『諸系譜』第一に所載の「高丘宿祢系図」などにある。

これらが古代及び中世の部分に関する主要な秦氏一族後裔諸氏（後裔と称する氏も含む）について管見に入ったもののほぼ全てである。しかし、太田亮博士の『姓氏家系大辞典』では、これら系図の存在を殆ど認識なかった模様で、ごく簡単な系図しか記されない。これら系譜や所伝が内容的にかなりマチマチでもあるので、記紀や『新撰姓氏録』、各種文献資料などと比較検討しつつ、全体として整合性のある合理的理解が求められる。

本書の流れや記事を理解していただくために、初期の秦氏について比較的通行する系図の概略（主に『姓氏家系大辞典』に拠る）を先ずあげておく。この第1図が従来の所伝系図の一応の目安であって、秦氏の史実原型を考えればかなり疑問がある。本書での検討の叩き台であり、巻末に秦氏族を検討後の系譜（推定を含む試案。第2図）もあげることにする。

第1図　秦氏の概略系図（『姓氏家系大辞典』等に拠る）

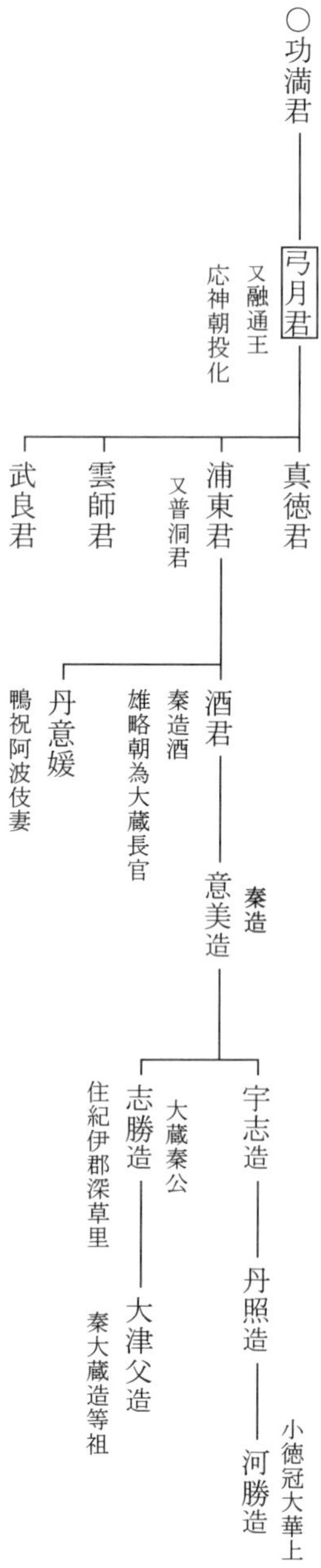

秦氏及び同族諸氏についての主な研究

秦氏や中国史書に見える日本列島内の「秦王国」についていえば、この氏族が全国的に広く分布し、活動をした事情もあって、学究から大きな関心が向けられてきた。関係の研究者や論考は、アマチュアも含めてかなり多い。秦氏に限定した学究の代表的な研究としては、最近まで精力的に渡来人関係全般に取り組んできた加藤謙吉氏の著作もあげられる。渡来人や渡来系氏族というテーマの著作には、一般的な書名も含めて、秦氏がほぼ中心的に取り上げられることが多いし、なかで秦氏に言及するものも数多い。こうした主流派から出されてきた学説・見解が妥当かどうかも別途、十分に検討する必要がある。これらも含め、広く渡来系諸氏同族を総合的に検討しないと、秦氏の的確な把握に結びつかない。

秦氏や稲荷信仰の研究を管見に入った主なところで見ていくと、次のとおり（順不同）。

まず氏族研究でいうと、太田亮博士『姓氏家系大辞典』のハタ・ウヅマサとコチなどの一族・諸氏の条や「稲荷の神威（秦氏族の研究）」一〜四（『系譜と伝記』二七〜二九号、『国史と系譜』一号。一九二七年）、佐伯有清氏の『新撰姓氏録の研究』の関係記事などがあり、祭祀・社寺関係では『式内社調査報告』『日本の神々』などがある。

個別の著作・論考、刊行物としては数多く、ここで網羅しきれないが、主なものはおおむね次のとおり（順不同）。渡来系一般に見えるものは、先にあげたからここでは除いた。

平野邦雄氏の「秦氏の研究」（『史学雑誌』第七〇編第三・四号、一九六一年。後に『大化前代社会組織の研究』に所収）、大和岩雄氏の大著『秦氏の研究』（一九九三年刊）、『続・秦氏の研究―日本の産業と信仰に深く関与した渡来集団の研究』（二〇一三年刊）及び『日本にあった朝鮮王国―謎の「秦王国」と古代信仰』（一九九三年刊）、「秦氏・葛城氏・蘇我氏」（『東アジアの古代文化』三六号。一九八三年）、「秦氏・秦王国・八幡信仰」（『東アジアの古代文化』九五号。一九九八年）、「秦氏と波多氏」（『日本古代王権試論』所収。一九八一年）など数多く、中村修也氏の『秦氏とカモ氏―平安京以前の京都』（一九九四年刊）及び「奈良時代秦氏の研究」（『日本古代の人と文化』所収。一九九三年）や「秦氏」（『古代豪族のルーツと末裔たち』所収。二〇一一年）、今井啓一氏の『秦河勝』（一九六八年刊）及び「秦氏とその遺跡・伝承」（『芸林』九巻六号。一九五八年）、「秦河勝とその先後」（『神道史研究七巻三号』。一九五九年）、洲浜昌利氏の「秦氏の性格」（『法政史学』十一号。一九五八年）、井上秀雄氏の「秦氏の秦之亡人説について」（『古代文化』九巻五・六号。一九六二年）、和田萃氏の「山背秦氏の一考察」（『嵯峨野の古墳時代』所収。一九七一年）、堅田修氏の「古代帰化氏族と仏教―鞍作氏と秦氏について―」、田中勝蔵氏の「秦氏私考」（ともに同上書。当初は『古代文化』九の六所収）及び「秦氏帰化年代考」（『徳島大学学芸紀要』社会科学十二号。一九六三年）、上田正昭氏の「伊奈利社と秦氏の活躍」（『朱』四〇号。一九九七年）、日野昭氏の「秦氏の伝承の性格」（『日本古代氏族伝承の研究』続篇に所収。一九八二年）及び「弓月君の伝承」（『龍谷史壇』七六号。一九七八年）、山尾幸久氏の「古代豪族秦氏の足跡」（『朱』四〇号。一九九七年）及び「秦氏と漢氏」（『地方文化の日本史』二所収。一九七八年）、加藤謙吉氏の『秦氏とその民』（一九九八年刊）、井上満郎氏の「平安京と秦氏」（『日本文化と朝鮮』所収。一九七五年）及び『秦河勝』（人物叢書。二〇一一年刊）、鈴木英夫氏の「京都盆地の開発者―秦造」（歴史読本臨時増刊『古代豪族総覧』一九九〇年三月号、通巻五二一号所収）、葛原克人氏の「備中秦氏の造寺活動について」（『日本古代国家の展開』下巻所収。一九九五年）、室田卓雄氏の「織り姫伝承と秦氏」（『民俗の歴史的世界』所収。一九九四年）、森本美恵氏の「秦氏系楽家「秦河勝楽祖伝承」の成立一考」（『芸能史研究』一三二号。一九九五年）、薬師寺慎一氏の「古代備中国の中枢部と秦氏」（『東アジアの古代文化』九五号。一九九八年）、大橋信弥氏の「息長氏と渡来文化」（『東アジアの古代文化』九五号。一九九八年）、阿部桂司氏の「古代豊前の秦氏とその末裔」（『東アジアの古代文化』四号。一九七五年）、松前健氏の『稲荷明神』（一九八八年刊）、大森恵子氏の『稲荷信仰と宗教民俗』（一九九五年刊）及び『稲荷信仰の世界』（二〇一一年刊）、などがある。

最近でも、牧野登氏の『「秦王国」と後裔たち―日本列島秦氏族史―』（二〇〇一年刊）、植野加代子氏の『秦氏と妙見信仰』（二〇一〇年刊）、「能勢妙見と秦氏」（『久里』第十号所収。二〇〇一年）及び「秦氏にとっての猪名川の役割」(『久里』第十六・十七合併号所収。二〇〇五年)、谷川健一氏の『四天王寺の鷹―謎の秦氏と物部氏を追って―』(二〇〇六年刊)、前田速夫等著『渡来の原郷―白山・巫女・秦氏の謎を追って―』(二〇一〇年刊)、水谷千秋氏の『謎の渡来人　秦氏』(二〇〇九年刊)、上井久義氏の「秦氏と鴨氏の関係」(『日本古代の親族と祭祀』所収。一九八八年)及び「秦氏と鴨氏の連繫」(『琉球の宗教と古代の親族』所収。二〇〇五年)、関裕二氏の『伏見稲荷の暗号　秦氏の謎』(二〇一二年刊)、近藤浩一氏の「最大規模の渡来系氏族「秦氏」の正体」(『古代氏族』所収。二〇一五年)、『エチ(依知)秦氏―渡来文化の興隆―』(愛荘町立歴史文化博物館編の特別展図録で、大橋信弥・三井義勝両氏が執筆。二〇一五年)、中根千絵氏の「惟宗家の系譜」(『医談抄』所収。二〇〇六年)、東昌夫氏の『葛野大堰築造と松尾遺跡』、など数多い。渡来系氏族のなかでは、とくに秦氏が幅広い範囲から終始、関心がもたれてきたが、あまりに多くのことに秦氏が結びつけられる感がないでもない。

以上のなかで、例えば大和岩雄氏の正・続の膨大な大著や水谷千秋氏の整理された著作を見ると、有益な示唆をうけることが多い。それでも、各種史料をもとに書かれていても、秦氏の具体的な系譜や同族諸氏までの広い範囲に対する研究は、なぜか殆ど無視されており、その結果、バランスを欠いた感が残る。

秦氏の悠遠なる歴史を総合的に大きな流れのなかで見ることが必要であり、そのためにも、足元の京都とその付近の地方史にも十分、参考にする必要がある。秦氏祖先の出身について、遠く中国や朝鮮半島の上古史も十分考慮すべきである。中国・満鮮関係では、白川静氏の『中国の神話』(一九七五年刊。後に中公文庫に所収)などの諸著作を含む中国関係の各種資料があり、各種の朝鮮族譜（東大の東洋文化研究所にデータベースがあり、ネットでも一部利用可能）や李丙燾氏の『韓国古代史』（金思燁氏訳、一九七九年刊）、坂元義種氏の『古代東アジアの日本と朝鮮』（一九七八年刊）なども参考になる。その他の中国・朝鮮半島関係や神社各社の史料・文献の掲載は省略するが、必要に応じ適宜、本書で取り上げる。

（これら著作・論考の出版元・所収の書など詳細情報は、最近では図書館等でのネット検索が可能であり、ここでは省略する。上記の年は、論考初出の年というよりは、主に所収本の刊行年を記した）

二　秦氏の初期段階の動向と同族

弓月君と秦氏の始祖伝承

上古の日本列島には大陸・朝鮮半島から断続的に様々な渡来があった。これが著しくなるのは、倭の韓地との交渉・出兵が動きだした四世紀後葉頃からである。そのすこし前の頃から高句麗の南進も始まり、好太王（国岡上広開土境平安好太王。永楽大王、広開土王の名も使われる）の治世とほぼ重なる四世紀末の三九〇年代始めからの約二十年間、倭では応神天皇が同時期に在位しており、両国間に猛烈な交戦状態が続いて、朝鮮半島は戦乱の場であった。そんなとき、日本列島に渡来してきた人々が、大陸関係の高度な技術や知識の伝播など大きな役割を様々に果たした。そのなかでも、秦氏関係は著しい。

応神朝には韓地からの集中的な渡来があった、と記紀などに記される。この時期に渡来してきた弓月君（融通王）の一派は、来朝後はまず大和国葛城郡朝津間《あさづま》の腋上《わきがみ》（奈良県御所市域の朝妻・三室等の一帯）に土地を与えられ居住した。これは、葛城氏本拠地のなかにあるから、葛城襲津彦とともに渡来してきたとの所伝を傍証する。これをすら疑問視ないし否定する見解もあるが、古代大和における秦氏分布が少ないくらいでは、十分な否定論拠があるとは思われず（むしろ秦氏本拠地の移遷伝承につながる)、学界の多数説はこの所伝を認める。後の雄略朝にも、衣縫の渡来伝承等があっても、こちらが現実で、応神朝がそれに基づく架空の所伝とするのは無理がある（熊谷公男氏『大王から天皇へ』も、半島の大規模な戦乱を避けて集団移住がなされ、渡来人の第一波のピークが五世紀前半にあったとみる)。

秦氏本宗は、後に大和から山城国葛野郡太秦へと遷り、この地に繁栄した。『姓氏録』の記事（山城諸蕃、秦忌寸条）によると、功智王（功満王の誤記か）・弓月王が百廿七県の百姓を率いて帰化し、種々の宝物を献じたので、これを応神天皇が嘉でて、「大和の朝津間の腋上に地を賜いて居らしめた」とある。秦氏の族人・隷属民は、上古代ではきわだって多く、渡来系のなかでは最も多くの人口を擁した氏族（部族）とみられてきた。

金剛・葛城山のふもとに広がる葛城の地。朝津間や腋上の地名を残す（御所市）

秦氏渡来については、『記・紀』『姓氏録』『古語拾遺』に記事が見える。『書紀』によれば、渡来の経緯は、応神天皇十四年に弓月君が百済から来朝して自らの部族の窮状を上奏した。それによると、弓月君は百二十県（『姓氏録』には百廿七県）の民を率いて本朝への帰化を希望していたが、それが新羅の妨害によって叶わず、葛城襲津彦の助けで弓月君の民は「加羅」の地（広義では伽耶全体だが、ここでは文脈から見ても、具体的に大伽耶〔高霊〕のこと。神功皇后紀四九年条に平定七国のうちに「加羅」があげられ、古典文学大系の上註等でも「狭義とすれば高霊の加羅か」と記され、これが妥当）にあった。ところが、足かけ三年が経過しても、葛城襲津彦が弓月君の民を連れて帰還しえなかったので、渡来の実現のため、応神十六年夏には平群木菟宿祢と的《いくは》戸田宿祢が率いる精鋭軍が「加羅」に派遣された。これが新羅国境に展開して軍事活動したことで、新羅への牽制が功を奏し、弓月君の民が渡来してきたとある。上記史料に共通する応神朝の渡来時期を否定する論拠はない。

『書紀』のいう応神十六年は、実年代換算をすると紀元三九〇年代半ば頃に当たるとみられ、この辺りがほぼ妥当であろう（当時の『書紀』の紀年法が「倍数年暦」とみられるからいって、具体的に四〇六年頃に比定するのは疑問。太田亮博士は、論考「稲荷の神威」等で、新羅の勃興時期とほぼ同時期として、応神朝の三八二年に秦氏が来朝とみるが、これも少し早くて疑問）。ともあれ、三九〇～四一〇年頃（とくに三九五からの十年間ほど）という期間は、好太王碑文などから見ると、倭・百済と高句麗・新羅が各々連合して激しく戦を繰り広げていた。こうした戦乱と天災をのがれて、安住の地として日本列島に渡来してきた可能性がある（大和岩雄氏）。秦氏の

好太王碑（広開土王碑）

来朝時期を勝手に五世紀半ば頃とか後半まで引き下げる見方もあるが、その移遷の契機もなく、疑問が大きい。山背の秦氏本拠での古墳築造などが五世紀後葉ごろから現れるとして、それ以前に秦氏が日本列島にあったことを疑問視する立場につながるが、その段階では列島に既に来ていても、山背にはまだ到達しなかっただけである。

これに先立つ、仲哀朝八年には、融通王の父の功満王がまず来朝したという記事も、『姓氏録』（左京諸蕃、太秦公宿祢条）に見える。多数の属民をかかえた大部族集団であれば、何段階かにわたって数次で列島に渡来してきたこともありえよう。この所伝は、秦氏本宗の太秦公宿祢に伝わるものだから、『書紀』に功満王の名が見えなくとも、無視しがたい（六国史で功満王の名が見えるのは、『三代実録』元慶七年〔八八三〕条の惟宗朝臣永原等の言上が初めてであり、「秦始皇帝十二世孫、功満王子、融通王之苗裔」といい、功満とは「占星之意」であって、聖朝〔倭国〕の状況を調べ、新羅の妨害をおさえて遂に来朝した旨がいわれる）。

おりしも、仲哀朝前代の神功皇后の摂政時（記紀には後世の記事改変があり、この女性は実際には成務天皇の皇后で、治世時期は仲哀天皇の前代になる。拙著『神功皇后と天日矛の伝承』参照）に大和王権が韓地に勢力を伸ばした事情がある。百済で閉塞していた秦韓遺民の集団が日本列島の様子を見て、遷住の方向性を探っていたとしたら、渡来の下見が応神前代にあって不思議ではない。『姓氏録』では、功満王を初祖としてあげる氏がほかに五氏あり（右京・秦忌寸、同・秦忌寸、同・秦忌寸、大和・秦忌寸、摂津・秦忌寸）、数は少ないが現実にある。

日本渡来後の弓月君や近親一族の活動は、すぐには史料に見えない。このため、これら来朝の史実性を疑う見方もあるが、時期が実際にはこれより多少とも遅れたとか、大和葛城から他地への移動の動きが早くもあったとしても、史実性の否定は根拠がない。弓月王について、融通王と別人とする見方や、秦氏の渡来伝承の成立にあわせて造作された人物だとする見方は、まるで根拠がなく、戦後の津田史学的思考の悪影響にすぎない。

秦韓の滅亡と弓月君

ところで、韓地での故地、秦韓国が滅亡した時の王と伝えられるのが竺達王なる王であり、この者の実在性と活動時期が問題になる。秦韓の名が中国文献に出る最後が三世紀後葉の西暦二八六年とされるから、その少し後くらいに滅亡したとみるのが自然であろう。

同族後裔の山村己知部の系図等から遡上させて時期を推しても、竺達王が三世紀後葉（ないし四世紀初頭）の頃に活動したとみられるから、その四世孫とされる弓月君が四世紀末～五世紀初頭頃の人とするのは、両者の間の世代・年代の対応がほぼ適切である。一方、鈴木真年の『朝鮮歴代系図』には、竺達王が朴赫居世により滅ぼされたと記事が見え、その時期が漢の成帝の鴻嘉四年（前一七年）とされるが、これは年代などで疑問が大きい。『三国史記』などに見える新羅初代の王、赫居世の遡上された治世年紀に合わせた記事とみられる（実際には、赫居世の治世は二世紀後葉頃と考えられる）。しかも、赫居世に滅ぼされたのではなく、那提巨旦が新羅に服属したとも伝える。以上の諸事情から、秦韓の滅亡は三世紀後葉頃とするのが一応、妥当であろう。

その場合、秦韓王については、漢の武帝の頃という孝武王から諸歯王、あるいはその子の那提巨旦までの歴代がきちんと伝えられていない。現存の系図では、世代数がかなり少ないものの、この辺の歴代欠落は国の没落状況を考えると、大目にみてよいかもしれない。だから、世代数の少ない系譜をとりたてて疑問視ないし否定することもないと思われる。

『姓氏録』山城諸蕃の秦忌寸条には、弓月君の子の真徳王、次（弟）の普洞王（浦東君）が仁徳天皇の御世に姓を賜って「波陁」（ハタ）という、今の秦の字の訓なり、と見える。諸書には、秦氏が貢る絹・綿は肌膚《はだ》に柔らかで、これに因むというが、機織りの「ハタ」（『古語拾遺』）と同様にコジツケ風である。

ともあれ、これらの所伝が正しければ、仁徳朝になって初めて秦氏を名乗ったということになる。この記事に注目する人は殆どいない模様であるが、韓地にあったときの氏の名乗りは秦氏の所伝からは具体的に知られない。仮に別の名乗りや氏を韓地でもっていたとすると、秦氏は、秦韓という地域よりも、祖先が出た秦王室に由来したとも考えられる。

雄略朝の秦酒君と一族

秦氏の日本での具体的な活動事績が史料に見えるのは、五世紀後葉の雄略朝の秦酒君からである。『日本書紀』雄略十五年（比定時期は四八〇年頃か）の条には、全国各地に分散して置かれ、他氏の配下に繰り込まれていた秦氏の部民、百八十種の勝部《すぐり》（部族）を、天皇の後援で族長の秦酒公（「君」を適宜使用）のもとに再結集することができたという。

また、酒君が沢山の絹織物を調・庸として朝廷に貢納したので「禹豆麻佐」の姓（ウヅマサ、太秦で、これは「姓」ではなく、美称か。佐伯有清氏は族長の義という）を賜ったとある。太秦の地名もこれに由来する。同十六年秋には、桑の生育に好適な国県に桑を植え、秦の民（秦氏の統括する秦部、秦人部や一族）を分置して庸・調を献上させた、とも見える。この辺は、『古語拾遺』にもほぼ同様に見える。

秦氏の養蚕・機織に関しては、太秦の広隆寺の近く、木島《このしま》坐天照御魂神社（木島神社）の本殿東に養蚕《こかい》神社（いわゆる蚕ノ社）が祀られる。この社の「三柱鳥居」は著名である（同種の鳥居をもつのが東京都墨田区向島に三囲《みめぐり》神社で、その祭神は宇迦御魂之命（稲荷神））。なお、蚕は、東漢氏の祖・阿智使主に随行して来朝した努利使主《ぬりのおみ》（名は服牟大で、調連・白鳥村主等の祖）も飼育技術を伝え、山背の筒木に居た。『古事記』仁徳段には、韓人（韓地とくに百済からの渡来人）の「奴理能美《ぬりのみ》」が飼育する奇しい虫（蚕のこと）を仁徳皇后の磐之媛に献上した逸話が見える。

㊤木島神社。養蚕神社も祀られる
㊦木島神社境内にある三柱鳥居（京都市右京区太秦森ケ東町）

これらの伝承からも、この雄略朝の時点で既に秦氏が多くの属民をもったことが知られるし、このことや秦氏関係者の再統合、再結集を否定することもない。『姓氏録』には、酒君の一代前の普洞王（浦東君）のときに殆ど散失した全国の秦民が集められ、「九十二部、一万八千六百七十人」もいるのが酒君に与えられたという。この酒君の当時の居住地は不明だが、後世に残る太秦の地名から見て、河内国（茨田・讃良郡のあたり）か山背国葛野郡かとみられる。この数字といい、到来伝承に見える「百二十県」人民といい、これらが実数であるかは確認できないが、秦氏が大部族であったことは認められよう。

更に、雄略天皇十二年十月条には、木工の闘鶏《つげ》御田が楼閣を造るのを見ていた伊勢の采女が驚き、庭に倒れて膳に入れた捧げ物をひっくり返した。これを、雄略天皇は闘鶏御田がその采女を犯したのかと疑って、御田を殺そうと思い刑吏に引き渡した。このとき、秦酒公は側に侍っていて、琴歌で天皇を悟らせようと思い、琴を横にして弾き歌ったところ、これで、天皇は悟って、その罪を許したと見える。この木工は猪名部ともいい、土木工事に技術をもった秦氏との所縁が知られる。

上記のような具体的な行動がしられる「酒君」について、秦氏の中興の祖と評価される。これを、秦氏の治水・灌漑事業を神格化した大辟神《おおさけ》（大裂神）から造形された人物だと推察する見方（山尾幸久氏など）もあるが、簡単な切捨て論に立って根拠のない想像論・造作論を展開する手法は疑問が大きい。「酒」が「辟、裂」の意に当たるかどうかも確認できず、実在性を認めるのなら、そのまの酒の意でもよい（通称という可能性もないでもないが）。当時の酒君の居地は山城とは限らず、無理に大辟神に結びつけることもない。

「酒君」なる人物は、別途、仁徳紀に百済王族と見える者がおり、『書紀』に説話が二つあげられる。その最初のもの（仁徳四一年条）が、日本に無礼を働いて日本に連れてこられた百済王族「酒君」のものだとしても、二番目（仁徳四三年条）の鷹飼の伝承のほうは、鷹に因むことからみて、前者とは同名の別人で、秦氏先祖の「酒君」のほうかもしれない（同じ名前で書紀編纂時に混乱が生じた可能性もあろうか）。百済王家関係の系図を見ると、酒君が昆有王（在位四二七～四五五）の兄弟として記載があるから、酒君に関わる伝承は仁徳朝より遅い履中～允恭朝の事件だったのかもしれず、この辺にも混乱があろう。

『姓氏録』を見ると、右京諸蕃の刑部に「百済国の酒王より出る」、和泉諸蕃の百済公・六人部連にも同趣旨が記されるから、百済王族の酒王なる者が日本に来て子孫を残したことは認めてよい。鷹飼伝承は、依網屯倉で捕えられた「異しき鳥」を、百済に多くある鳥類で「グチ」（今の鷹）といい、訓練により諸鳥をとると酒君が説明したので、これを酒君に授けて養馴せしめ、天皇の百舌鳥野（堺市域）での狩において数十の雉を獲つ成果を得て、鷹甘部《たかかい》を定め、その鷹養の場所を鷹甘邑というとある。『令集解』に拠ると、大和・河内・摂津に鷹養戸十七戸があると記され、鷹甘邑は、『摂津志』に住吉郡鷹飼部が鷹合村（大阪市東住吉区鷹合町）に在り、と見える。

秦氏一族から出た武官（三上氏の系統）が中世まで鷹飼の職掌をもったことは、史料に知られる。秦氏遠祖が百済から来たことと併せ考えると、後ろの酒君を秦氏のほうとみるものである。こうした見方も現実にある。

六世紀前後の欽明朝に「大蔵」を管掌した山背国深草里の秦大津父《おおつち》が大和王権に仕えた初めだとみる見方もあるが、これに先立つ秦酒公の事績を否定する根拠がない。

山城国葛野郡への遷住

秦氏の本拠地は、すくなくとも推古朝の河勝以降では山背国葛野郡太秦にあったと分かる。ところが、同じ「太秦」の地名が河内国讃良郡太秦にもあり、京都の秦氏関係の遺跡などからみて、何時から山城に移遷したのかが問題になる。山城に秦氏が来住したのは、一般に考古遺跡（後述）などから五世紀後半頃とみられている。この時期は、応神天皇朝に来朝してから約半世紀が経過していた。

大和葛城から山背葛野への移遷は、鴨県主一族にも例がある。これを、秦氏と同様に、五世紀末頃に雄族葛城氏が衰退したことが契機だとみる見方もある。こうした事情から、秦氏が実際は五世紀中頃に新羅から渡来した氏族集団だとみる見方も出てくるが、これは妥当とは思われない。そもそも、鴨氏と秦氏とは移遷の時期も別で、氏族系統も大きく異なる。鴨氏族の山背移遷は早く、崇神前代のことであり、一方、秦氏の大和葛城退転は仁徳朝ごろではないかとみられるから、両者を混同してはならない。

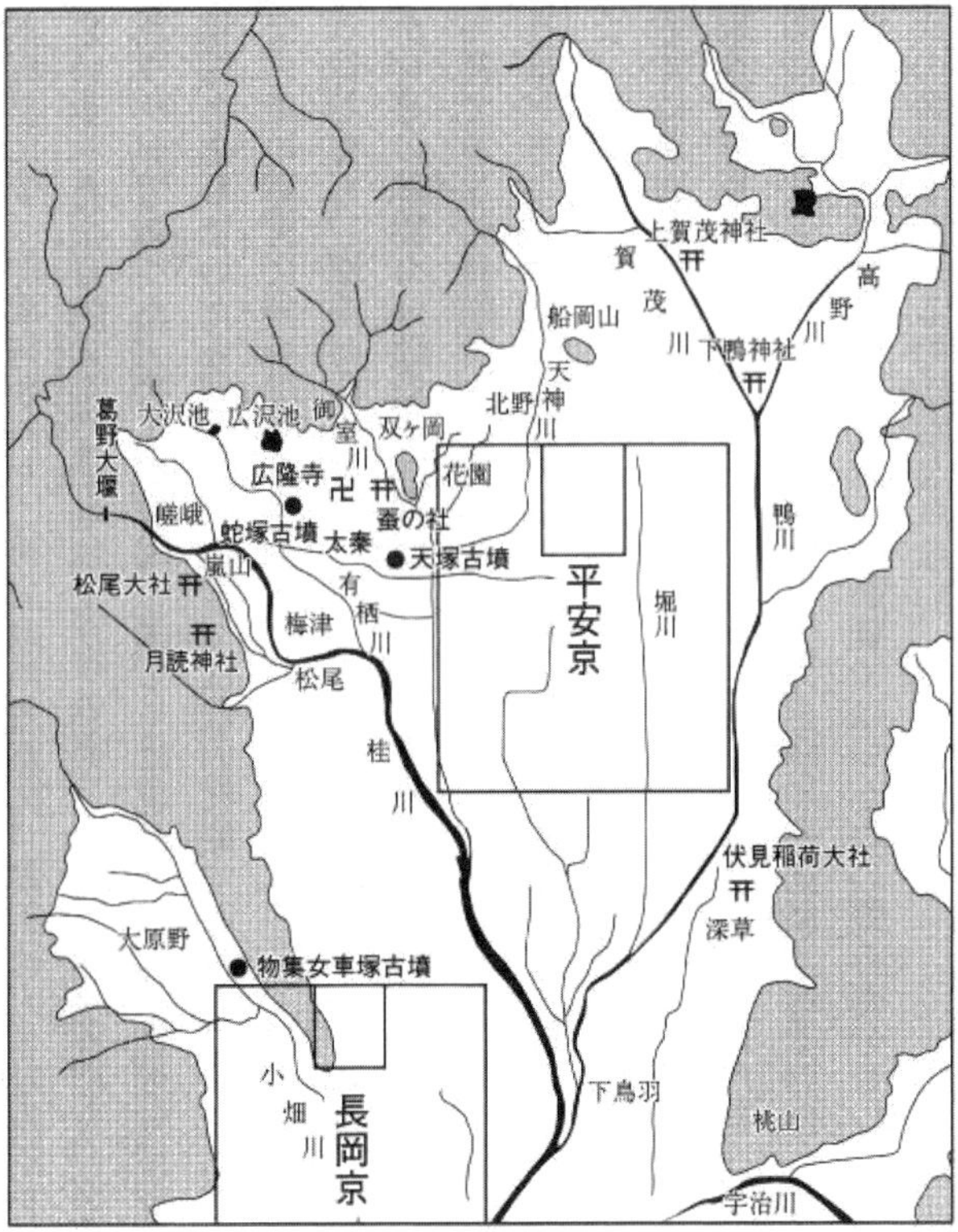

秦氏関係地図（水谷千秋氏作成による）

酒君の子の意美《おみ》には、外祖父の

鴨祝大伊乃伎《おおいのき》県主（意美の母・丹意媛は大山基命の子、大角の妹ともいい、年代的にこのほうが妥当か）から山背国葛野郡の地を譲られて、その本拠地を葛野に遷したという所伝がある。そうであるならば、紀伊郡深草を経由する必要性はないといえよう（この場合、山背では当初、深草に定着とみる説は、和田萃・平林章仁・大和岩雄氏などにあるが、疑問だということ）。後で見るように、秦氏は葛野大堰を築造して嵯峨野開拓に貢献したが、その前には河内で茨田堤の築造に当たっており、この河内での活動・分布が無視されている。葛城の腋上と河内国茨田郡には縁由があり、「腋上」の範囲となる蛇穴《さらぎ》（御所市域）の野口大明神の縁起には、この地を茨田と称し、茨田連の子孫が移住してきた由が記され（『奈良県の地名』）、山城国乙訓郡には式内社の茨田神社があって、「大和・河内・山城の秦と茨田は重なっている」と大和岩雄氏が指摘する（「秦氏・葛城氏・蘇我氏」）。秦・茨田両氏とも築堤に関わる氏族によるものかとみている。

山城では、秦氏一族や配下の属民が葛野・紀伊両郡や愛宕郡を中心に、宇治・久世・相楽・乙訓の諸郡に分布した。これが、『大日本史料』など各種史料から知られる。「正倉院文書」の天平五年の「国郡未詳計帳」は山城国の計帳断簡とみられ、秦人広幡、秦倉人、秦が多いほか、秦小宅、秦佐比佐、秦高橋、秦常、秦栗栖野、秦川辺などの秦氏が見える。

茨田堤など築造の賦役

『書紀』の仁徳十一年是歳条の記事に拠ると、新羅人がこの年に朝貢してきたので、茨田堤築造の労役に従事させたとあり、『古事記』は仁徳段に「秦人を役《えだ》ちて茨田堤また茨田三宅（屯倉）を作った」と見えるから、「新羅人」とは秦氏関係者を指すが、この労役に従事させられたのは確かであった（これら記事を、後世からの遡上とする見方は根拠薄弱）。

近隣の寝屋川市秦町には、大恩寺という寺がある。僧慈忍（一六七五年寂）の起草と伝える「秦河勝広隆卿伝」によると、大恩寺は大和国十市郡秦楽寺村の秦楽寺（現・磯城郡田原本町秦庄）、山城国葛野郡太秦村の広隆寺、河内国高安郡教興寺村の教興寺とともに、秦河勝が創建した寺といわれる。太秦広隆寺の「末寺並別院記」（広隆寺文書）には河内秦寺が見え、その比定地には諸説あるが、幡多郷の地にあったことは違いない。現在の熱田神社（寝屋川市域）が河内秦寺（廃寺）の跡だったとする調査結果もある（後述）。

こうした事情から見て、秦氏一族は来朝後まもなく茨田堤などの造成にかりだされ、その本拠を河内国茨田郡に移すことになったとみられる。仁徳記によると、茨田堤の後も丸邇池・依網池、難波の堀江や小椅江《おばしのえ》、さらには墨江《すみのえ》の港も造成したとあるので、これら河内・摂津の大土木工事の課役に秦民は追いまくられ、「弓月君の率いてきた人々は四散してしまったことになる。雄略朝の酒君のときには、秦民が渡来者の

茨田堤の一部（大阪府門真市宮野町）

十分の一以下になっていたのも、このように理解できよう。

山城国葛野郡への遷住が酒君の子・意美君のときという上記所伝もあるので、雄略朝の酒君の居住地は主に河内の幡多郷とするのが自然である（酒の晩年頃に葛野移遷という可能性もあろうが）。だからこそ、この地・寝屋川市域には太秦・秦という地名も遺った。ここには、「太秦」を冠する氏が居住した痕跡がないことからいって、山城葛野の太秦に先立つ原初的な太秦の地ということができよう。

旧秦村とこれに北隣する旧国松村（寝屋川市国松町）との境界にある秦山は、墓山ともいわれ、頂上近くにある五輪塔は秦河勝の墓と伝えられる。河勝は太秦と呼ばれたが（『書紀』皇極三年条）、同じ太秦と呼ばれた酒君に関係するのかもしれない。同市の大字秦には、秦河勝の後裔と称する家が西島（もと大津父）、茨木、平田の三家あって、旧村社八幡神社の宮衆をつとめた。今は廃絶しているが、「広隆寺末寺別院記」に記載の「河内秦寺」（もしくは秦興寺、薬師寺）と呼ばれた秦氏の氏寺もあったとされ、古瓦が出土し礎石とみられる巨石が多くある太秦中町の熱田神社の境内地が太秦廃寺跡と呼ばれる。

河内・和泉の秦氏一族

『姓氏録』で京・山城・大和以外の摂河泉三国の秦氏一族（未定雑姓を除く）の掲載を見ると、摂津諸蕃が二氏（秦忌寸、秦人）、河内諸蕃が七氏（秦宿祢、秦忌寸、秦人、秦公、秦姓、高尾忌寸、大里史）、和泉諸蕃が二氏（秦忌寸、秦勝）、あげられる。六国史を見ても、河内の秦氏が多い。このため、河内に焦点を当てて、秦氏の動向を考える必要がある。

先に触れたが、河内には「太秦」の地名がある。同国茨田堤の推定地に近接して現存し、いま大阪府寝屋川市太秦・秦町などの一帯として残る。旧名が太秦村・秦村であり、『和名抄』の茨田郡幡多郷の地であった。

今井啓一氏は、上記河内諸蕃のうち秦を名乗る五氏が、この寝屋川市域一帯に居住したものと推定する（『帰化人』）。五氏のうち、秦姓が「秦始皇帝の十三世孫、然能解公の後」とあるから、融通王（弓月君）より前に分かれた支流であり（然能解公は弓月君の従弟）、秦宿祢・秦忌寸・秦人の三氏が『姓氏録』には融通王の後と見えることと対比される。残る秦公は、孝徳王の後と記事にあるが、この遠祖とは別に、河内の秦人・秦公は酒君の子の忍公の後だと系図に見える。

河内の大里史及び高尾忌寸は、融通王の後とあっても秦氏の初期分岐であり、融通王の子の浦東君が秦氏本宗の流れとなるが、その兄弟の真徳君の後が高尾忌寸、雲師君の後が大里史だと系図に見える。高尾忌寸はもと寺といい、宝亀十一年（七八〇）に高安郡人の寺津麻呂が賜姓したと『続紀』に見える。高安郡にも秦氏一族が多く、現・八尾市の教興寺は高安寺または秦寺と称され、秦河勝が創建した寺とされることは先に触れた。高尾は同郡高尾邑（柏原市大県高尾山）に因み、その近隣の大県

教興寺（大阪府八尾市）

郡大里郷（八尾市神宮寺から柏原市大県にかけての地）に起こるのが大里史である。高尾忌寸の本姓の寺は、『姓氏録』未定雑姓右京の弖良《てら》公と同族かとみられる。その記事には、「百済国主意里都解の四世孫、秦羅君の後」とあって、秦氏との関係を示唆する。「意里都解」なる者は系図には見えないが、弓月君近親の「肋解、然能解」との近縁も思わせる。丹比郡黒山郷には秦羸姓なる氏が史料に見えるが、これは若干の説明を要するから後述する。なお、『続日本後紀』承和十五年三月条には、河内郡人秦宿祢が朝原宿祢を賜ったが、これは茨田郡の支族であろう。

河内の太秦、現・寝屋川市東部（太秦高塚町、国守町あたり）の丘陵上には**太秦古墳群**があって、五～六世紀にかけての渡来人関係の遺物（三環鈴、金環、銅鏃、子持勾玉・勾玉、紡錘車など）が出土する。古墳時代中期から後期にかけての群集墳とみられてい

細屋神社（大阪府寝屋川市太秦桜ヶ丘）

機物神社（大阪府交野市倉治）

る。同古墳群では墳丘が完全に残る古墳は、太秦高塚古墳（直径三七メートルの円墳）が唯一である

茨田郡幡多郷にあたる寝屋川市太秦桜ヶ丘に式内の細屋神社があり、その東北近隣の交野郡の茨田三宅がおかれた交野市倉治に機物《はたもの》神社（七夕に関する伝説で知られる。細屋から六キロ余。交野忌寸の祖・漢人庄員と関係ともいう）があって、両社ともに**星辰信仰**が見られる。前者の祭神は不明であるが、西島家文書など古い記録に「天神」、「星天宮」や「星屋」と記される事情があって、天や星（星辰）を祀る神社とみられている。この東方近隣には、七曜の星（北斗七星）が降って来たといわれる星田の地名（交野市域。機物神社の南方）もあり、妙見山もある。星田妙見宮の神体の大岩は、古くから「織女石《おりめいし》」と呼ばれた。

河内から山城に秦氏が移遷したことで、その本流は二系統に分かれる。河内に残った一族は意美の兄の忍公の流れで「秦上」を号し（『姓氏録』河内諸蕃の秦宿祢などを出す）、山城に遷った意美の後の一族は「秦下」を号して、同国内におおいに支族を分出して最も栄える。秦下の流れの本宗が太秦公宿祢、秦上の本宗が秦宿祢となり、『姓氏録』編纂時点ではこの二氏のみが宿祢姓で、残りが秦忌寸などの姓氏であることに留意される。こうした分岐経緯から見て、「秦下」の表記にとらわれて、これを傍流・庶流とみるべきではない。

和泉にも、『姓氏録』和泉諸蕃に秦忌寸、秦勝の二氏が掲載され、系図では、簀秦絵師・辟秦と同様に弓月君の子の武良君の後と見える。和泉国大鳥郡土師郷には大野寺があり、ここの土塔から「秦玉女」「秦公色夫智」銘をもつ瓦が出土している。和泉主体の行基教団のなかでその十大弟子のうちに秦氏の延豊があげられる（『大僧正記』）。

和泉の旧泉南郡半田村（貝塚市半田）はもと秦に作る（「旧作秦」）と『和泉志』に見え、その後の現在の半田《はんだ》地区（和泉郡木島郷）である。その西方近隣には神前《こうざき》地区（日根郡日根里近木郷内）があって、ここに神前船息《ふなどまり》（船の停泊地で、貝塚港）が行基により造営されたが、輸送業に関連の商業施設として秦氏も造営に関与した、と吉田靖雄氏（「行基集団と和泉国」、『新版古代の日本6　近畿Ⅱ』所収）が指摘する。珍努県主後裔の珍則安は、日根郡近義里の故父相伝の土地一段（四坪のうち）を長承三年（一一三四）五月に秦恒松に売却している（『平安遺文』珍則安田地売券）。

半田村には、京都太秦広隆寺末寺であったという秦廃寺跡がある。村内に道教寺があり、秦河勝の子孫という郷士秦右兵部が本願寺第三世覚如に帰依して開基したという。江戸時代の岸和田藩では領内に大庄屋七人衆が世襲的に定められ、それに次いで代理となるべき七人格のなかに半田村の秦八右衛門家が列した（以上は『大阪府の地名』に拠る）。

大野寺の土塔（堺市中区）

葛野大堰の築造と諸古墳

秦氏の葛野遷住は、西京区渡月橋の上流あたりにあった葛野大堰《おおい》と呼ばれる堰でも示される。桂川（古くは葛野川）はもともと洪水を繰り返す暴れ川であったが、秦氏が灌漑工事として大堰を造ったことで川が安定し、大堰川とも呼ばれる。秦氏は、最新の土木技術を用いて川を治め、堰を築き水路を引き、沼地であった付近一帯を穀倉地帯に変えたという。『秦家本系帳』には、葛野大堰の築造が「例を見ない大事業」であり、昔に秦の昭王（始皇帝の曾祖父で昭襄王。在位が前三〇六～前二五一）が岷江をせき止め、用水路でおおいに田を開いたことに習うものだと記される。すなわち、昭王は李冰を蜀郡の郡守に任じ、都《と》江堰《こうえん》を建造せしめた史実がある。これが前三世紀の中頃で、中国最古の水利施設とされる（都江堰と葛野大堰の構造が類似だと森浩一氏が指摘するが、そこまでいえるのだろうか）。

葛野大堰の古い遺構は、現在、地上には見られず（地下に確認されたともいうが）、それが何時造られたのかも不明であるが、秦氏による最初の堰は五世紀後半ないし六世紀頃ではないかとする見方もある。聖徳太子が秦河勝の先導で「楓野大堰」に臨みて宿

桂川の渡月橋付近。「葛野大堰」はこのあたりにあったと伝える（京都市西区）

したと『聖徳太子伝暦』に見えるが、これも史実の確認はできない。後に延暦十九年（八〇〇）には、山城・大和・丹波など六国から民一万人を動員して修復したほどの巨大施設とされる。

五世紀後半頃になると、それまで古墳が全く築造されなかった嵯峨野丘陵に、首長墓が後期古墳として突然出現する。最古級の首長墓は、段ノ山古墳（右京区梅津段町にあった中期古墳で推定七五㍍超ともいうが、消滅。一に酒公の墓といい、年代的には妥当か。）や、清水山古墳（全長約六〇㍍で、これも消滅）あたりで、これらが五世紀後半ないし末頃（あるいは五世紀末頃ないし六世紀初頭頃）の築造とされる。

それに続いて、天塚《あまつか》古墳（全長約七一㍍の前方後円墳。鉄轡や鉄製馬具の破片、銅鏡、勾玉等が出土）、垂箕山《たるみやま》古墳（片平大塚。仲野親王高畠陵として宮内庁管理。全長約七五㍍で、六世紀中葉頃か）、太秦馬塚古墳（消滅）、**蛇塚古墳**（太秦面影町にあり、全長約七五㍍の前方後円墳で巨大な横穴式石室をもつ）の諸古墳が続けて造られた。

ある見方では、最古を段ノ山古墳として四七〇年頃築造（被葬者が秦公酒）、次が清水山古墳（四九〇年頃で酒の子の意美の墳墓）、さらに天塚古墳、垂箕山古墳の順で六世紀前半の築造が続くとみている（東昌夫氏の所説という）。この辺は、妥当な線かもしれない。

蛇塚古墳（京都市右京区太秦面影町）

蛇塚古墳は、その墳丘封土が既に消失して、巨石により造られた石室が露出するが、石室規模では石舞台古墳に匹敵し（京都府下で最大、全国で第四位という）、秦河勝の墓に比定する見方もある。最後に、嵯峨野の双ケ丘の一ノ丘の頂上に円墳（一ノ丘古墳で、双ケ丘一号墳ともいう。径四四㍍で、蛇塚古墳に匹敵する巨石を用いた横穴式石室）が築かれた。その築造時期は蛇塚古墳より若干新しく、七世紀前半とされる。玄室の規模も蛇塚古墳より幾分小さめで、墳形も、前方後円墳から円墳に変わる。蛇塚と一ノ丘古墳とが、親子二代の秦氏族長の墓とみることもできそうで、後者の被葬者を河勝と仮定するなら、蛇塚はその父の墳墓とみる見方も出てこよう。

このように五世紀後半あるいは六世紀代初頭以降（時期には諸説あるが、確実なところでは六世紀以降とされる）、嵯峨野に大型首長墓を築き続けたのは、葛野大堰の建設によって桂川の治水に成功し、盆地の最も肥沃な一帯を支配下においたことに因るとみられている。この場合、四九〇年代になって初めて秦氏が列島渡来したとみることができなくなる。

ちなみに、古墳時代前期の四世紀代に、葛野川右岸あたりを支配した豪族が、京都盆地で最も古い首長墓群（五塚原・元稲荷・寺戸大塚など）を向日《むこう》市向日町付近に築造した。これは上記の河川状況を反映したもので、初期古墳群は山城に入部段階の鴨県主一族による。

秦河勝の活動

秦氏一の著名人、秦河勝が山城国葛野郡の嵯峨野太秦《うずまさ》あたりに居て、当地に広隆寺を遺した。推古十一年（六〇三）には聖徳太子より弥勒菩薩半跏思惟像を賜り、広隆寺を建ててそれを安置した。聖徳太子没後に新羅・任那から仏像や舎利などの仏具が送られてきたときに、仏像は「葛野の秦寺」

たる広隆寺に納め、仏具は難波の四天王寺に納めたと『書紀』に見えるから、これらは聖徳太子の供養のための贈物だとみられている。河勝は、葛野への移遷伝承がある意美の曾孫にあたる。

推古十八年（六一〇）に新羅・任那の使節を迎えたとき、秦造河勝は、土部《はじ》連菟とともに新羅使を朝廷内で案内する任に当たった。このときの応対関係者には、渡来系氏族として唯一、秦氏があげられる。なお、聖徳太子・秦河勝が新羅仏教派、蘇我氏・倭漢氏を百済仏教派として対立の構図でみることについて、水谷千秋氏が疑問を呈しており（『謎の渡来人　秦氏』）、これは肯ける。

皇極天皇の三年（六四四）七月には、駿河国の富士川の周辺の人、大生部《おおふべ》多を中心に「常世神」を崇める宗教集団があって、これを河勝が懲らしめた、と『書紀』に記される。大生部多や巫覡たちは、「常世の神を祭る人は、富と長寿が得られる」といい、常世の神と称する虫の祭りを勧め、おおいに宣伝した。このために信仰は広まり、都でも田舎でも常世の虫を安置し、財宝を喜捨したが利益がなく、民の損害が大きかった。このように、民衆が惑わされ騙されるのを憎んで、秦河勝は大生部多を捕えて打ち懲らしめたので、民衆から勇断を褒めそやされた。常世神とされた虫は蚕に似た虫というから、河勝にはその実体がよく分かっていたのであろう。道教的な新興宗教に対峙する姿をみる見方もある。

平安時代中期頃にできたとみられている聖徳太子の伝記『上宮聖徳太子伝補闕記』『聖徳太子伝暦』には、用明天皇崩御後の蘇我・物部戦争において、河勝が聖徳太子の側近（軍政人）として戦い、大活躍したと記されるが、これは年齢的に見て疑問が大きい（葛野大堰の話といい、『伝暦』には後世の造作的な記事が見えることに留意）。河勝が小徳の冠位（冠位十二階の第二番目）に任じたという記事も両書にある。この冠位は巨勢臣徳太・大伴連馬飼など中央の有力者に与えられており、記事が史実だとしたら、河勝が高く評価されていたと窺われるが、ほかに確認できない（河勝の冠位で、「大花上」という所伝も同様）。

ところで、伝承からみても、秦氏が五世紀中頃に渡来してきて、すぐ山城に落ち着いたという見方があるとしたら、その両方とも間違っている。同じ山城の深草を経由してから葛野に来たとみる説もあるが、深草には河内のように「太秦」の地名がないから、疑問が大きい。秦氏の系図を見ても、深草はむしろ葛野のほうから分かれたと記される。

秦大津父と大蔵秦造一族

五世紀後半ごろに、山背国紀伊郡深草里（京都市伏見区深草）に秦大津父なる者が居た。欽明天皇が即位する以前に、この者を優遇すれば成人後には必ず天下を治めることができるとの夢のお告げがあったので、これを探し求めたところ、深草里で夢の通りの者を見い出した。これは何事か問うたところ、大津父は若い頃、商業に携わり、伊勢からの帰りの山道で二匹の狼が血まみれで争うのをやめさせ、共に命を永らえさせた経験を話した。欽明はこれを聞いて、夢がこの善行の報いだと思い、大津父を近侍させて寵愛したところ、おおいに富が増えたので、即位すると大蔵省の管理者に任じた、という。

この説話の意味については、安閑・宣化と欽明の朝廷対立を暗示するものとの見方もある。秦氏の勢力の過大評価にもつながるから、これは深読みすぎであるが、そうであっても、秦氏一族が商業活動を活発に行い、財政技能があったと確認される。「狼」の意味については、稲荷信仰に関して取り上げる。

秦大津父の欽明朝より早く、秦氏が大蔵に関与したことが『古語拾遺』に見える。同書では、雄略朝に諸国からの貢調が増えたので、更に大蔵をたてて、三蔵（斎蔵・内蔵・大蔵）を蘇我満智宿祢に管掌させ、秦氏をしてその物品出納をさせ、東西の文氏にその記録をとらせた。これが、今に秦・漢の二氏を内蔵・大蔵の主鎰《しゆやく》・蔵部《くらひと》とする由縁である、と記される。これに対応して、酒公を初めて置いた大蔵長官に任じたと『姓氏録』に見える（山城諸蕃・秦忌寸条）。酒公が大蔵長官になったかどうかは、大津父の記事から見て疑問でもあるが、三蔵ができたときに何らかの形で秦氏一族も関与したことは考えられよう。

深草には深草屯倉が置かれており、これが山背大兄王一族と縁が深かったことも、この上宮王家滅亡についての『書紀』の記事（皇極紀二年条）から分かる。深草から東国への逃亡の道があったことが側近・三輪文屋君の言で示されるが、深草の秦氏が皇極朝当時、どの程度、軍事力をもっていたかは不明であり、秦一族が山背大兄王を見捨てたとまでみるのは行き過ぎではなかろうか（上宮王家との親密さは、職務の一環にすぎなかったとの見方もある）。系図によると、大津父の父の志勝が深草に住んで大蔵秦公の祖となるとされるから、これが妥当であれば、大和から深草↓葛野という移遷ルートを考える見方も当たらない。『姓氏録』左京諸蕃の秦忌寸条には、融通王の四世孫大蔵秦公志勝の後也と記される。

大津父に関連して、『書紀』欽明元年八月条には、秦人・漢人などの諸蕃の投化者を諸国に置いたが、戸籍に登録したところ、秦人の戸数は合計で七百五十三戸あり、これを大蔵掾（大津父のこと）をもって秦伴造としたとも見える。とはいえ、大津父は傍系の深草支族の長であっても、秦氏全体の族長ではなかったし、太秦も深草には関係しない。

その後に大蔵関係で見える秦氏一族は多く、『書紀』斉明四年条の秦大蔵造万里や、奈良時代の秦大蔵連弥智・喜達親子（『大日本古文書』天平十四年、右京の人。『姓氏録』左京諸蕃に掲載の秦長蔵連の祖か）、平安時代には、従八位上内蔵秦忌寸広足（延暦十九年）、大蔵省史生の秦忌寸永岑（貞観十八年）、大蔵少録の秦広瀧（仁和元年）、大蔵省大主鎰の秦忌寸雪持、大蔵省掌の従七位上秦忌寸奥世、大蔵少録の秦前広橋、内蔵属や大蔵史生・大録の太秦宿祢連雅、大蔵大典鎰の秦忠雄などが平安中期頃までの『平安遺文』に見える。

寛弘六年（一〇〇九）に正六位上主税権少允で大秦宿祢連理も見える（『御堂関白記』など。上記の連雅の兄弟か同人）。この頃には大秦宿祢とも表記するようになっており、寛弘二年（一〇〇五）に故父連雅の子、公信は明経生で見える（「東文書」。連雅・公信親子については、多少後述する）。寛弘八年に大蔵属で三条天皇即位礼の賛者をつとめた大秦善信は、公信の兄弟か。長和三年（一〇一四）には大秦良信の名で後院蔵人、大膳少属で見える（『類聚符宣抄』巻七）。長久八年（一〇四七）十一月の「東南院文書」には右史生大秦（欠名）が見えるが、平安後期頃からは大秦氏の名も官人に殆ど見えなくなる（薩摩の牛屎一族くらいが称した）。

簀秦画師の秦氏一族

聖徳太子とほぼ同時代には、その没後に作られた中宮寺の「天寿国曼陀羅繍帳」の製作監督者として椋部《くらべ》の**秦久麻**がいたと銘文に見える。『太子伝暦』には、推古一三年（六〇五）の冬十月に「黄文画師《えし》・簀秦《すはた》画師・河内画師・楢《なら》画師」等を定むと見える。

系図（『百家系図稿』巻九の簀秦画師）によると、久麻は簀秦画師の先祖にあげられるから、このときに定められたのだろう。この系統は、弓月王の子の武良王の後裔とされ、鎌倉前期頃の人々まで記載がある。そのなかに、秦致貞も見えており、平安時代後期の延久元年（一〇六九）に法隆寺東院の絵殿に『聖徳太子絵伝』（東京国立博物館蔵）を描いた摂津国大波郷の画家として知られる。致貞の子の心康も仏画師で比叡山の法橋と系図に見える。

簀秦画師の系統は、久麻の後も多くの画師を輩出しており、興福寺の阿修羅像製作に関与した天平頃の画師秦牛養や、天平勝宝四年（七五二）閏三月の「充厨子彩色帳」の第二厨子の簀秦麻呂・秦稲村・簀秦大市、第三厨子の秦堅魚、第五厨子の簀秦豊敷、天平勝宝九年（七五七）四月の「画工師未選申送解案帳」に近江国犬上郡斐田郷（火田郷。現・滋賀県犬上郡多賀町）の簀秦画師道足（簀秦大嶋〔イ画師千嶋〕の戸口）、天平宝字二年（七五八）二月の中務省の「画工司移」に近江国犬上郡の簀秦豊次・簀秦君万呂が見える。八世紀には簀秦画師も含めて十八人もの秦氏関係の画工が知られる。これは、平野邦雄氏の調査による（『大化前代社会組織の研究』）。

このほか、久麻の七世孫にあたる簀秦画師笠麻呂は、弘仁三年（八一二）に外従五位下に叙せられ、同六年には西市正に任じられたと『日本後紀』に見える。

大化頃以降の秦氏の動向

大化頃から朴市《えちの》秦造田来津《たくつ》が『書紀』に現れる。まず大化元年（六四五）九月の条の記事に朴市秦造田来津が見えて、古人大兄皇子に随って謀反を企てたとある。この罪は後に許されたらしいから、陰謀加担ということで冤罪の唆し役を演じた可能性もあろう。天智天皇の即位前記には、小山下秦造田来津の名前が出る。この時は、百済の王子扶余豊璋を百済に衛送したが、その後に遠征の将軍となって百済再興のため渡海し、天智天皇二年（六六三）の白村江の戦いで、倭・百済連合軍の劣勢をはね返そうと奮戦し、唐軍に破れて敵兵数十人を道連れに戦死した。近江国愛智《えち》郡の居住に因み、朴市秦と名乗ったとされる。

大化五年（六四九）三月には、同族の秦吾寺が蘇我倉山田石川麻呂の謀反計画に加担したとして、田口筑紫・高田醜雄らとともに連座し処刑された。田口筑紫は蘇我一族であるが、秦氏が当時の蘇我氏本流と密接な間柄を匂わせる形で登場したことに留意される。

次ぎに『書紀』斉明四年（六五八）十月条に秦大蔵造万里が見える。天皇は紀伊の温泉で孫の建王を追憶して悲しみ、歌を詠んだが、これを万里に命じて世に伝えさせたとある。系図によると、この者は大津父の曾孫で、稲荷伝承に見える伊呂具の父とされる。

壬申の乱にあっては、秦氏一族は双方に分かれて参陣した。大友皇子方には秦造友足が参加し鳥籠山で斬られたが、大海人皇子方には秦造熊が加担し、天武九年（六八〇）五月の記事には小錦下の**秦造綱手**が大錦上の位を賜り、忌寸姓を追贈されたから、乱に際しておおいに功績があったと分かる。系図によると、河勝嫡流が綱手で、その従兄弟が熊（河勝の甥）であり、彼らの再従兄弟が友足と見える。大錦上の位は大臣歴任の蘇我赤兄・中臣金、壬申の功臣では秦綱手のほか紀訶多麻呂・舎人糠虫・土師真敷が贈位されている。

天武十二年（六八三）九月、秦氏はそれまでの造姓から連姓を賜ることになり、その二年後には忌寸姓となって、これで落ち着いたが、その後に宿祢姓を賜るものも出た。これらに先立ち、天武六年（六七七）六月に、同じ渡来系の東漢氏一族に対して、糾弾と朝廷への忠誠を求める詔勅が出ている。これとは異なるが、奈良時代に入ると秦氏の動きはあまり見えなくなるものの、武力集団として認識されていた。天平十二年（七四〇）の藤原広嗣の乱の直後の聖武天皇の伊勢行幸では、秦氏が東漢氏などと共に騎兵等で動員され、秦前大魚に官位昇叙があった。次いで、天平宝字元年（七五七）の橘奈良麻呂の乱では、秦一族で橘氏側に雇われた者たちがいて、遠流にするとの詔勅が出た。天平神護元年（七六四）二月の恵美押勝の乱でも、秦忌寸の卅一人が宮廷北門を守衛した功績で爵一級を進められた。このとき、東漢氏一族（桧前忌寸と総称）二百卅六人も内裏に宿衛し、賊と戦ったと見えるから、朝廷に対して動員できた武力の差が大きい。

『万葉集』に見える一族では、弁正の子の秦朝元（この親子については後述）のほか、秦石竹《いわたけ》、秦田麻呂、秦八千島、秦許遍麻呂、秦間満の名が見える。天平十八年（七四六）に、越中大目秦忌寸八千島の館で、国守として大伴家持が赴任の歓迎宴が開かれ、そのときの歌が巻十七に見える。天平感宝元年（七四九）五月の少目秦伊美吉石竹の館の宴でも、守大伴家持が作った歌が巻十八にある。田麻呂のほうは、遣新羅使団の一員で、天平八年（七三六）に肥前国松浦郡狛島（長崎県）でよんだ歌が巻十五に収められる。天平十年に橘奈良麻呂の宴に参席した秦許遍麻呂（「秦許」が姓氏か）の歌も巻八にある。これらのうち、石竹は伊波太気とも書き、主計頭秦宿祢足長の父と系図に見えており、後に宝亀五年（七七四）に飛騨守、同七年には播磨介に任じた（『続紀』）。このように、奈良時代の族人は、葛野郡領や諸国の国司などに任じていた。

秦氏一族が多かったことは、天平二十年（七四八）に右大史正六位上秦老など千二百余烟に「伊美吉」の姓を賜り、宝亀七年（七七六）には山背国葛野郡人の秦忌寸箕造など九七人に朝原忌寸の姓が賜与されたことでも分かる（ともに『続日本紀』の記事）。

平安前期、九世紀初めに成立した『新撰姓氏録』には、左右京及び五畿内に本貫をもつ秦氏一族が合計で三四氏あげられる。とくに繁衍した山城では、葛野・紀伊両郡を中心に、愛宕・久世・宇治・相楽の諸郡に分布があった。このほか、乙訓郡物集村（向日市物集女町）に起る物集連《もずめ》（『姓氏録』左京未定雑姓）、物集（山城未定雑姓）、系譜不明として『姓氏録』の「未定雑姓」の部に掲載の秦氏関係諸氏もある。そうした例では、弖良《てら》公（右京未定雑姓）、国背宍《くぜ》人（山城未定雑姓）、広幡公（山城未定雑姓）・広幡造・秦人広幡などある。

近江の秦氏諸族の分布

近江では、愛智郡に先に見た**依知秦公**（朴市秦公）氏が居て有力であった。系図では田来津に始まるといい、古代の郡領家として長く続き、平安期までの郡司をほぼ独占し、中央政府にも出仕した。先端的な土木技術で愛知川・宇曽川の治水にあたり、その流域にある扇状地開発につとめた。上記の白村江戦死の秦造田来津の後裔と称する系図をもっており、その支流で浅井郡にあった一族の系図が、鈴木真年篇の『鈴木叢書』第九冊に「湯次誓願寺系譜伝」（秦信賢本で、『百家系図』巻六三にも所収）として伝わる。

同書は、始祖を秦造河勝として、その子にあげる田来津から誓願寺第廿一世の了忍までの系図であり、明治四年（一八七〇）に鈴木真年が了忍の叔父・秦信賢（筑波山月輪坊住職の僧・卓慎のことで、権大僧都法印）から採集したと見える。誓願寺は、長浜市内保町（もと東浅井郡浅井町内保《うちぼ》）にあり、もと天台宗の弓月寺で、今は浄土真宗であるが、住職は現在も湯次家が担っている。秀吉に仕えた田中吉政は、母の葬儀に際して、浅井郡内保村の誓願寺住職明乗をわざわざ岡崎まで呼び寄せたことがある。明乗は誓願寺第十二世で、妻は秀吉の孫娘（姫君妙薫尼の娘）だといい、明乗の父・了乗には大坂籠城とも系図に見える。内保の西隣の湯次には、式内社の湯次神社（祭神は弓月君か。誓願寺の西方八百メートルの地）があり、その近隣の大井・宮部には秦人が奉祀した大酒神社もある。

上記の系図に拠ると、河勝の子の田来津は、淡海愛智を賜り、近江に祖霊を祀ったが、それが「近江国栗太郡曽束邑の御霊大権現」だと見える。この神社が現在につながり、大津市南端部の大石曽束町の守護神として鎮座してきた貴船神社が、古くから相殿であった御霊神社と合祀され、貴船御霊神社となっている。祭神は罔象女命・秦武智麿公などとされ、社伝には、この地は古、秦川勝の裔・武智麿の食邑であったため祭神とするという。大石村は秦氏の遠い同族の大石村主氏の本拠であり、秦氏がこの地とも縁由をもったと分かる。罔象女は稲荷神の別名だから、秦氏と稲荷との縁はここでも認められる。

浅井郡のほうの依知秦公氏の流れは、同郡郡領を世襲するとともに、京に出仕する者も出し、なかでも十世紀中葉頃の依智秦宿祢永時（永頼も同人か）は、右大史・伊豆守などを歴任した。永時の一族には、依智秦公広範が『越中国官倉納穀交替記』の延喜十年（九一〇）に越中国医師大初下、『朝野群載』巻廿二等の天暦十年に紀伊権大掾で見えるほか、『山槐記』寛弘五年（一〇〇八）に算博士依智秦厚範などが見えるが、その後はめぼしい官人が出ていない。ちなみに、上記交替記には、越中国砺波郡の郡司として擬主帳秦人部古綿（天長四年）、擬少領秦人部益継（天長七年）、擬大領秦忌寸常岡（寛平三年）が見える。

浅井郡の一族で陰陽権允となった安宗の系統は、その後もしばらく陰陽寮官人を出したが、やがて十世紀中葉頃に湯次《ゆすき》郷に戻って武家化し、湯次庄司として湯次氏を号して、後世につづいた。誓願寺の現住職家はこの流れである。

田来津の孫の国万呂が浅井郡支流の祖というから、依知秦公氏の本宗のほうは、その兄の流れとみられるが、上記の系図では分岐過程や本宗系図は記載がない。依知秦公の本宗一族のほうは、愛智郡の大国郷・蚊野郷あたり（愛知郡愛荘町西南部から東近江市中央北部にかけての地域）に繁衍した。とくに、愛荘町豊満《とよみつ》にある愛知郡崇廟の豊満神社の前から馬場にかけての小字が「大国」とされる。

当地で依知秦氏は永く愛智郡領を勤めており、『平安遺文』等所収の各種史料には、奈良後期・平安前期の同郡郡領を大領以下の殆どを占拠する形で見える。古いところでは、「愛智郡司解」に見える天平宝字六年（七六二）四月の大領従七位上依知秦公門守とその一族がいる。延暦年間（七八二～八〇六）の「依知秦公」と記された木簡も発見された。その後裔は、延喜二年（九〇二）十一月の前擬大領正六位上の依知秦又雄・依知秦春□や正六位上の依知秦房雄、目代・勾当・郡老などに依知秦公一族が見える（『平安遺文』）。

同郡内の繁衍は平安後期まで史料に確認され、東近江市〔旧愛知郡湖東町〕横溝町の善明寺《ぜんみょうじ》の所蔵の長承二年（一一三三）に完成された阿弥陀如来像（従来は釈迦如来像）の銘には、依智秦則重など依智秦・秦を名乗る十数名の男女の名が記載される（『平安遺文』金石文編二三九）。天暦十年（九五六）六月には権大掾依知秦公広範が見え、承暦二年（一〇七八）十二月に「従五位下依智秦宿祢有茂」も史料に見える（『平安遺文』一八五一号、一一六一号）。

同郡には大蔵秦公、秦人、秦前などという秦一族も見える。長治三年（一一〇六）三月の文書に見える犬上郡川原御庄庄長清水庄下司秦吉則は、これら秦一族の末流とみられる。こうした長い期間にわたる秦一族の郡領世襲にもかかわらず、そして十世紀中葉の近江の追捕使に依知秦公の名が見えるものの（『朝野群載』）、武士化が本格的にはなされず、歴史の舞台から秦氏は次第に姿を消していく。愛智郡へは、佐々木氏一族（佐々貴山公氏の後裔。宇多源氏の出というのは系譜仮冒）が伸びてきて愛智、平井、高野瀬などの諸氏を出した。

依智秦氏の居住地域には、勝堂古墳群（東近江市〔旧湖東町〕勝堂町）や、上蚊野古墳群（同郡愛荘町〔旧秦荘町〕上蚊野）・蚊野外《かのと》古墳群を含む金剛寺野古墳群もあって、古墳時代後期における渡来系氏族の居住が契機で、本格的な群集墳などが造営された。金剛寺野古墳群は、戦前には三百基弱もあった群集墳だが、現在は、上蚊野の「依智秦氏の里古墳公園」のなかに十基だけが整備される。

上蚊野の西方近隣に位置するのが東近江市北部の**勝堂古墳群**で、もとは約五十基近い数があった群集墳だが、現在は八基が残る。そのうち主要五基の円墳は、山上塚、行者塚、おから山、赤塚、弁天塚（後ろの四基が後期古墳として傑出した規模で、県史跡に最近指定）の順で、六世紀後半から七世紀中頃まで四、五世代ほどで依智秦氏により順次構築されたとみられている。このなかで、おから山古墳は直径四〇メートル級（一に約三〇メートル）と最大級であり、赤塚は石室の構成が石舞台古墳類似とされて七世紀前半頃の築造とみられている。最後の弁天塚古墳は直径二〇メートルだが、終末期古墳では県内有数の規模をもち、周濠・外堤地帯で墳丘規模を大きく見せる手法（その場合、径が約六〇メートルにもなる）がとられるなどの点から、大化の薄葬令（六四五年）以降に築造されたと推測されており、これら諸事情から被葬者が朴市秦造田来津の可能性もいわれる。

ところで、上記五墳の築造年代が妥当とする場合（異説もあるが）、依智秦氏の分岐は系図に伝える形（河勝の子の田来津が始祖という。一に河勝の甥とも）よりは数世代早かったことも考えられる。カバネが当初、公姓で見えることや居住地に深草（愛荘町北部の大字）の地名があるなどの事情も併せ考えると、山背国紀伊郡深草里に住んだという志勝大蔵秦公（欽明朝頃の人か。大津父の父）の子あたりの世代が近江に分かれた可能性が十分考えられる。上記天平宝字六年や翌七年六月の「愛智郡司解」には、大領依知秦公門守の一族とともに少領外従八位下の秦大蔵忌寸広男、使秦忌寸足人が見えることとも符合する。

愛荘町の大字松尾寺には湖東三山の一、金剛輪寺がある。別名を松尾寺といい、旧蔵の金銅聖観音像の銘文からも依知秦氏の氏寺とされる。大国荘の産土神、豊満神社（愛荘町豊満）は本来、依知秦公氏が祭祀したとみられるが、いまは祭神も転訛して大国主命と八幡関係三神を祀るとされ（八幡関係神は仲哀・応神両天皇、神功皇后とされるが、本来の祭神は例えば遠祖の功満王か）、式内社にもなってない。

愛荘町大字長野の大隴《だいろう》神社は、もと大領社（『近江輿地志略』）、大領大権現（長野大領堂『大般若経』奥書）と呼ばれたが、中村の大領社は依智秦公氏の祀りしものかという（『姓氏家系大辞典』）。同社は伊邪那美命・須佐之男命などを祀るとされる。長野の西隣の大字が川原であり、長野・川原が氏子地域であった。川原御庄庄長に秦吉則が見えることは先にあげたが、吉則が下司をつとめた清水庄は大国郷域にあった（清水・豊満などは豊満神社の氏子地域）。中世の近江守護佐々木氏の家人となったもののなかに長野の中村氏も見え、土豪の中村掃部は同社を篤く崇敬したと伝えるから、これが秦一族の末流か。『江州佐々木南北諸士帳』（掲

金剛輪寺（滋賀県愛荘町松尾寺）

載者は戦国武士か）には長野中村の中村掃部介があげられる。

浅井郡に近い坂田郡でも、大原郷・長岡郷などに秦氏の存在が知られ、犬上郡でも画工司の画師として活躍する簀秦画師が居住した。

こうして見ると、近江国では栗太・愛智・神前・犬上・蒲生・浅井・坂田・高嶋など琵琶湖東側の諸郡に、秦氏ないしその同族諸氏の居住があった。これが、北陸道にもつながって、若狭国の遠敷・三方郡、越前国の敦賀・足羽・坂井・大野・丹生の諸郡、加賀国加賀・江沼郡、越中国の射水・砺波の諸郡までの分布となっている。

己知部の分布

秦氏本体よりはるか遅い時期、欽明元年（西暦五四〇年にあたるか）二月に投化して、大和国添上郡の山村郷・楢中郷（現在の奈良市山町・田中町から天理市楢町にかけての地域）等に居住したのが己知《こち》部であり、『書紀』には百済人と見える。太田亮博士は、己知部の投化は紀臣族の珍勲臣（曰佐《おさ》氏の祖）に従ったものとみるが、居住地・職掌などからみて、その指摘の通りという可能性が大きい。奈良市山町には、山村廃寺や狐塚古墳（直径十メートル超の円墳か。心葉形杏葉などを出土し、六世紀末頃の築造。嵯峨野にも秦氏の同名古墳あり）がある。

『姓氏録』大和諸蕃の己智条には、「秦太子胡亥より出る」と見えるが、胡亥とは二世皇帝のことで若死したのだから、別本に見える「胡苑」のほうが祖先の名として妥当なのかもしれない（「太子」というのは疑問も、始皇帝の太子扶蘇の子に胡苑を置き、その子孫に日本の秦氏をつなげる系図もある。「扶蘇の子」というのも実態として疑問）。大和諸蕃には己智の同族諸氏が三林公・長岡忌寸・山村忌寸・桜田連とあげられ、総じて言うと諸歯王の後とされる。同族には楢《なら》曰佐（奈羅訳語）、磐城村主（石城村主。伏見稲荷に関して後出）もあった。一族から賜姓した紀朝臣、巨智臣、巨智宿祢があり、長岡忌寸は中世まで山城国南部で一族が繁衍した。添上郡山村郷の仕《つかえ》己知も同族かとみられる。

山村忌寸は後に宿祢姓を賜って、衛府官人・楽人で史料に活動が見える。平安後期には、山村宿祢吉貞・正連（正貫）による多資忠殺害の事件があった（『体源抄』など）。『楽所補任』に助高・時高親子も見える。時高は、保延三年（一一三七）条に楽人等の訴があって、その後仕えずとされる。これらの事件以降は、山村一族の名が次第に見えなくなる。

用語などを考えると、「己知・己智」（さらに巨智、許智とも記）とは韓地の君長・王族の意味だと知られる。「魏志韓伝」のなかには、馬韓各国には長帥がいて、大国の君主は「臣智」、小国の君主は「邑借」というとの記事がある。「臣智」は、『書紀』垂仁二年条に見える任那人の「蘇那曷叱智《ソナカ》」の「叱智」が相当するとの見方がある。臣智は巨智でもあって、この辺は誤記か転訛の可能性もある。同書の神功皇后・仲哀関係記事にも、新羅の「微叱己知波珍干岐、微叱許智伐旱」が見える。この者は、倭に人質とされた新羅の奈勿王の王子・未斯欣《みしきん》と同一人とみられている。

己知一族と秦氏との同族性については、東大寺写経所経生として天平勝宝元年（七四九）前後に見える己知在石《ありし》が秦在磯、秦在石、秦荒磯とも表記されて見える（「許知・己智・許智」＋「荒石・蟻磯・蟻石」）として、大和岩雄氏が裏付ける。同人は、天平十九年（七四七）～天平勝宝四年の時期に秦在磯、秦在石、天平十八年に秦荒磯と表記され、天平二十年～天平勝宝二年頃には己知在石と表記される（『大日本史料』）。

己知一族は、播磨にもあって、それが『播磨国風土記』の飾磨郡の韓室里・巨智里（姫路市の山吹・

御立一帯。夢前川中流東岸域）の条に見え、韓人山村らの上祖の柞《なら》巨智賀那が開発者とされる。巨智郷戸主の巨智田主もいた（正倉院文書）。これらの末流は『峰相記』等に見えており、安室郷の昌楽寺（姫路市東今宿）は十世紀後葉に巨智大夫延昌の建てるものだとされる。付近に勝吉稲荷神社・高綱稲荷神社、安室神社（同市上手野）や高岳神社（同市西今宿）、高岡の地名があり、姫路城の西北近隣にあたる。播磨には少宅《おやけ》秦氏も居た。

高陵氏高穆後裔の諸氏

この一統の祖・高陵高穆（『姓氏録』に広陵高穆）が後漢末期、献帝の建安年間に兵乱を避け（系図に建安廿二年〈西暦二一七〉と記載も、高句麗本紀に同二年〈西暦一九七〉に中国大乱とあり、こちらが妥当か）、漢土から遷じて百済に入って大夫となったという。高陵高穆は、秦の恵文王の子、高陵君参（『史記』には「悝」と見える）の後という系譜を持った（一方、恵文王の子の昭王の曾孫が始皇帝）。高陵は陝西省西安市北東の高陵県の地名に因むとされる。高穆の百済移遷時期は後漢の献帝劉協の治世末期で、その三年後には曹魏に替わる。この子孫はのちに二派に分れ、一派は享の子孫が東漢直掬とともに日本に投化して大石村主（左京諸蕃の大石。これは村主姓の脱漏か。漢氏のほうで後述）・大山忌寸（右京諸蕃）の祖となる。もう一派は高陵氏として韓地に残ったが、天智朝に沙門詠が投化して楽浪《さざなみ》氏といい、高丘連・高丘宿祢（河内諸蕃）の祖となった。

百済にあってはなかなかの雄族で、内頭恩率高軌の娘・真華姫は、百済蓋鹵王妃となり（百済第二五代武寧王〈生没が四六二～五二三〉の母という）、その兄弟の兵官恩率烏蒙の子の恩率雲羅の後裔・詠が百済滅亡の時に日本に来た。沙門詠の子、楽浪河内が河内国古市郡に住み、正五位下大学頭にもなって高丘連を賜り、その子の**高丘比良麻呂**（枚麻呂）が従四位下内蔵頭・大外記となって宿祢姓を賜った。藤原仲麻呂の乱に際して、比良麻呂はこの情報密告の功労により、外従五位下から一挙に内位の従四位下に叙せられ、翌天平神護元年（七六五）には勲四等の叙勲を受けた。

その子孫には、承和頃の遣唐准録事の百興や仁和頃の大外記五常などを出し、外記・史官などの中下級官人を永くつとめた（『類聚符宣抄』や『外記補任』等に見える）。室町期には将軍家に仕えて室町末期頃まであったという。江戸期には、摂津国河辺郡梶ヶ島村（現・尼崎市梶ヶ島。同市東南部で神崎川支流の左門殿川左岸）に帰農して名主となって、明治初期まで同地に居住した。この家が遠い秦国の先祖以来の系図を伝える。

大石村主（生石村主）も後に宿祢姓を賜り、衛府・楽人などの官人（後に紀姓となる。醍醐家諸大夫の堀川など）として続いた。奈良時代にも史生などの下級官人で見えるが、平安中期に右衛門府に勤務の大石峯良（峰吉）が篳篥《ひちりき》をやり、その子で左衛門尉富門が笛・篳篥の名手で村上天皇の笛の師になって大石宿祢姓を賜り（『体源抄』など）、一条天皇などにも仕えた。この親子は博雅三位（醍醐天皇の孫、源博雅）の笛・篳篥の師でもあった。『二中歴』には、名人として富門のほか、弟の富真（笙）、富秀（笛、笙）もあげる。

子孫は雅楽の官人をつとめるとともに（『楽所補任』参照）、衛府の番長・将曹などや近衛府庁頭にも任じ、『小右記』『権記』『兵範記』などに見える。後に鎌倉中期頃に男系が絶えており、十四世紀前葉頃に紀朝臣氏から跡を継ぐ者（藤弘。紀朝臣業弘の子）がでて大石宿祢姓（または紀姓）が名乗られた。江戸期に検非違使で見える大石姓の堀川・姉小路は、この流れである（『尊卑分脈』や『歴名土代』『地下家伝』等に系図が見える）。

近江国栗太郡大石村を本拠とした大石党は、秀郷流藤原氏の裔と称するも、太田亮博士の指摘のように、実際には大石村主の後裔だったか。大名家赤穂藩主の浅野氏に仕えた大石内蔵助良雄一族もこれと同流とみられる。百済人木貴の後という大石林（録・右京）、百済人庭姓蚊爾の後という大石椅立（録・右京）も大石宿祢の同族かと推される。これが妥当なら、秦氏の祖先一族が百済にあったという所伝とも符合する。こうして見ると、大和諸蕃に掲載の波多造が百済国人の佐布利智使主に出るというのも、秦氏と早くに分かれた同族一派なのかもしれない。

三　秦氏の起源と祭祀

秦氏の氏の名の由来については諸説あり、古朝鮮語のパタ（海）やハタ（大、巨）に求める説、朝鮮東南部で慶尚北道の古地名の「波旦」と結びつける説も見られるが、この辺の問題と秦氏の故地とは密接に関連するので、秦氏にまつわるいくつかの起源伝承をまず検討し、祭祀や習俗も考えてみる。

秦韓の遺民の流れという伝承

秦系の諸氏・諸族は、いずれもその遠祖の系譜を中国の秦王朝王室にもとめている。この人々が単一の血族ではないとか擬制血族の結合とみる見方も、戦後の学界にはかなりあるが、そうとは決めつけないで、ここでは秦氏の本宗家の伝承を中心に見ていく。

秦の始皇帝（名は政、生没が紀元前二五九～前二一〇とされる）の孫、胡苑《こえん》が漢の恵帝元年丁未（前一九四年）に苦役を避けて韓地に来て逗まったが、これに対して、韓王がその東界百里の地を割き与えたという。この地が「秦韓（辰韓）」とされる。ほぼ同様な伝承であるが、秦での趙高の乱（紀元前二一〇から数年）を避けて濊貊《わいはく》の地に遷るともいう。この『姓氏録』等に見える所伝だと、秦氏は秦始皇一族の後で、秦の遺民が朝鮮半島に逃れてきて、そこに建てた秦韓という国の王族の系統ということになる。

こうした伝承をもう少し敷衍して記すと、秦滅亡後に流浪した秦人の末裔（秦関係者か、あるいは広く秦ないし秦シンパの漢人系統ということか）が中国本土の混乱により韓地に来る者がますます多くなり、土地が稍広く、辰韓（秦韓）という地域を形成していった。漢武帝の元封二年（紀元前一〇九）には孝武王なる者が辰韓の王となり、馬韓に属し十二か国（斯盧、己祇、不斯などの諸国）を三十余年、統治した。この辰韓国が竺達君という王の時に滅ぼされ、その支配階級は百済の地に遷った、という。

秦の亡民に東界の地を割き与えたという馬韓王は、朝鮮王箕準の後裔と伝える。箕準の後裔が韓地にあってなんらかの勢力を保持したとされる。これ自体は確かであっても、辰韓という国の成立に関与したかどうかは不明である。全羅北道の益山には、古来馬韓王宮址と伝える土城があり、その近くにある弥勒山上の山城が箕準山城といわれるという（関野貞博士）。この箕準系統は、後に馬韓が百済の温祚《おんそ》王（時期的に見て、この名は疑問か）により滅ぼされてのち、答本山の麓に居住して、子孫が韓氏・答本氏を号したという。後の李氏朝鮮の時代にも、**清州韓氏**という一族があって、先祖の箕準王以来の系譜を伝え、その後代の第三子友諒の後裔の韓蘭の後裔と称しており、韓国では第十位ほどの氏族集団とされる（忠清北道に多く、同族に奇氏、鮮于氏がある）。朝鮮史上の稀有の女傑とされる仁粋大妃（李氏朝鮮第九代王の成宗の生母）なども一族から出た。

箕準の一族の流れがわが国にもあり、百済滅亡時に到来した答本氏などとされ、奈良時代にも答本忠節、答本陽春《やす》などが六国史や『万葉集』などに見える。これら一族が、『姓氏録』に見える広海連・麻田連（ともに右京諸蕃に掲載）であり、上記の答本陽春が麻田連を賜姓した（尾池誠氏は、著『埋もれた古代氏族系図』で、鈴木真年が確かに蒐集したにもかかわらず、その後散失した系図のなかに「箕氏裔麻田氏系図」があると記す）。

秦氏の秦王朝末裔説を疑う見解は、わが国の研究者には多い。例えば、全浩天氏（在日の研究者）は、「事実、秦氏や漢氏の祖先が中国の秦、漢時代の皇帝の後裔が朝鮮半島に定着し、そこから日本列島に渡ったという説話、伝承はまったく無く、それを反映した史書、地誌の類も朝鮮にはありません」として、「みずからの出自を隠し、美化し、権威づけるために、大国の秦、漢の王朝に祖先を求めたもの」とみる（『古代朝鮮の考古と歴史』二〇〇二年）。しかし、こうした系譜虚飾との見方でよいのだろうか。そもそも、朝鮮半島には上古の史料は系図類も含めて皆無に近いほど残存していない（朝鮮族譜も古いものはなく、その上古に遡る記事は概して信頼性に乏しい事情にもある）。本書で取り上げる秦氏や漢氏に限らず、朝鮮半島に祖先が活動した痕跡・伝承を残す氏が殆どない事情にある。

たしかに、秦氏を名乗って秦王朝末裔を称した朝鮮（高麗、李朝）の有力名門はなかった。日本にも伝えられる朝鮮族譜の記事のなかにその辺は見えないが、晋州秦氏など、いくつかの秦氏は高麗時代以降に活動が見える。現代でも、慶尚南道や済州島には秦氏はかなりあり（これらは別族の模様だが）、宗族や大族が残らなかっただけであろう。あるいは形を変えて、別の姓氏で中世・現在の朝鮮半島に遺る可能性はないだろうか（この辺は後述）。そこで、この疑問説ないし否定説の側のほうからの諸説についても、主なものを見ておく。

百済同族説の是非

秦氏を「百済系」の渡来氏族とみるものであり、これは中国系とはとらえないということでもある。始祖とされる「弓月」の朝鮮語の音訓が、百済の和訓である「くだら」と同じく、「大」の意義であることに因むという見方である。笠井倭人氏が「朝鮮語より見た秦・漢両氏の始祖名」で説く見方で、『書紀』には弓月君が百済の一二〇県の人民を率いて投化したとの記事もあって、この百済同族説を補強するとされる。

百済や高句麗の王家は、ツングース系の夫余王族の解氏から出たという系譜をもった。夫余国王の解夫婁《ふろ》や、朱蒙の父という解慕漱《ぼそう》（へ・モソ）などに共通する氏の名の「解《へ》」は、太陽・日輪を意味する古朝鮮語を転写したものと推測されている（鮎貝房之進《ふさのしん》『朝鮮姓氏・族制考』）。解氏は、同じ扶余系王族の流れを汲む高句麗、百済や渤海において、それぞれ高位の有力な貴族のなかにあった。渤海王家も、大祚栄・大武芸という国王の名で知られて、「大」という氏とされる（『新唐書』に渤海王家の姓は大氏と見える）。

そこで、百済の大姓とされる有力氏族の動向をまず見ておこう。百済には有力貴族として大姓八族が中心にあって、王家の余氏、王族の出自（ないし同族）という解氏・真（姐弥）氏や、沙（沙宅）氏、燕（田燕）氏、木（木素、あるいは木劦）氏、国氏、苩氏などが知られる。これら大族は、佐平などの重要官職を占め、一部は王族とも通婚した。

とくに百済衰退期の三斤王《さんきん》（百済の第二三代の王で、在位期間は西暦四七七〜四七九年とされる）のころには、これら大族の跋扈が甚だしかった。『三国史記』に拠ると、その先代の文周王《もんす》は兵官佐平の解仇《ヘグ》の刺客によって暗殺され、幼少の三斤王のもと、解仇が軍事・政治の一切の権限を握った。

翌四七八年に、解仇は恩率の燕信とともに大豆城（忠清北道清州市）に拠って反乱を起こしたので、王は佐平の真男などを遣し討伐させた。この結果、解仇は殺され、燕信は高句麗に亡命した。当時の百済が貴族連合的な体制にあって、その頂点に解仇がいたとみられ、解仇の反乱・討滅は、貴族連合体制の中での権力闘争で、これを機に解氏は権勢を失い、権力の中心が真氏へと移った。

『三国史記』の「百済本紀」や中国の『北史』『隋書』などを見ても、百済の建国事情には解明されないものが多く残る。建国者が高句麗王族から出た温祚《おんそ》とか沸流、あるいは扶余から出た「仇台」かといわれ、これら諸伝もあって問題が大きい。こうしたなか、韓地の表の歴史舞台から消えてしまう者の末裔に日本列島の天皇家の遠祖をみようとする見方が、韓国などにはある。上記の真氏に注目し、『姓氏録』序文に「真人は是、皇別の上氏なり」との記事から、天皇の姓は真氏で皇族出自の姓「真人」もこれに因むという見方もるが、コジツケである。百済の王・王族がそのまま日本の大王（天皇）になったとみる妄想すら、かなり見える。これらは史料に基づかず、歴史学から遠く離れたものである。

ここまでの記事では、秦氏の出自よりも天皇家の祖系の問題でもありそうだが、秦氏がどのように百済の大族ないしは王家に結びつくかはまったく不明である。多くの満鮮史関係史料に当たってみても、秦氏の百済同族説は、王族との関係で言えばつながるものがなく、まったくの妄想だと思われる。だからといって、百済あたりを経由して秦氏が列島に渡来してきたという伝承は、直ちに否定できるものではない。『書紀』に弓月君が百済から渡来すると記され（応神十四年是歳条）、『姓氏録』の弓良公条（未定雑姓右京）には「百済国主意里都解の四世孫、秦羅君之後也」、広幡公条（未定雑姓山城）にも「百済国津王之後也」とある記事もあって、この辺は秦氏の百済地域への遷住ないし経由の伝承はほぼ符合するのかもしれない。

古代の日本に入ってきた百済の王家・大族を見ると、王族の余氏（百済王氏、扶余氏など）・鬼室氏や重臣の燕氏などの子孫は、奈良時代にも官人で続いた。女官なども含め、『続日本紀』など六国史の史料にはその族人の活動がかなり見える。それでも、秦氏のような広範囲で大規模な展開が見られないのだから、古く朝鮮半島にあった時代において当初から多くの属民をもった部族の長を秦氏の先祖に考えるほうがよい。なお、大族蘇我氏が百済に由来がある木満致の後裔だとみる説はいまだ何人かの支持者がいるようだが、当時の倭（大和王権）の国情・政治組織などを基礎として、加藤謙吉氏などが厳しい批判・論述をしており、否定説が妥当である。これも、根拠のない妄説というほかない。

新羅系説などの説

秦氏が新羅に関係するという説が有力になってきている模様だが、論者によりその内容に差異があるほか、論拠がしっかりしたものかどうかは疑問も大きい。

秦の氏の名が古代辰韓（新羅）の領域内にあった出身地「波旦」（ハタ、パタン）に因むとみることや、聖徳太子に仕えた秦河勝が新羅仏教系統を信奉したとみること（蘇我氏と漢氏が百済仏教を信奉していたのと対照的だとする）などから、この見方がでている（平野邦雄氏の「秦氏の研究」など）。古の三韓の一つ、辰韓（秦韓）は馬韓の東に位置し、その民は種を植え、養蚕を知り、綿布を作るという中国の『後漢書』『三国志』などの記事も立論の念頭にあるようである。

すなわち、辰韓の位置論は後の新羅地域にほぼ当たるとして、秦氏が列島に渡来してきた当時は仏教を伴っていなかったが、秦氏の族的な性格には新羅的要素が強いという判断があり、ハタやウヅマサの名義から、慶尚北道の蔚珍《ウルチン》郡海曲県の古名「波旦」の地の起源とし、この地が辰韓十二国の一つ優由《ウユ》国とみて、辰韓（秦韓）の名に因んで、氏族名を「秦」で表したとみることができるとの立場である（鮎貝房之進、山尾幸久氏などの説）。これに、『魏志』韓伝以降の中国史書に見える辰韓人を秦の亡人と伝える説を根拠とし、倭漢氏の所伝への対抗関係から、出自を秦の始皇帝まで架上したとまで考えられている。

上田正昭氏は、一九八八年に発見の甲辰年（西暦五二四年に当たる）の鳳坪新羅古碑に「波旦」の地名も見えるとして、これに賛意を示す。しかし、「波旦」と秦との関係はまるっきり憶測にすぎず、確かではない（こうしたコジツケが戦後の歴史学界には多すぎる）。ハタが朝鮮語で「海」を意味するパダから来たとするのも、それ以上に疑問である。秦氏のみが海外から渡来の人の意味を占める理由がないからである。

谷川健一氏も、秦氏が「実際には古い新羅の文化をもつ韓人であった」とみる（『四天王寺の鷹』）。秦氏新羅系説は、これら有名な学究が支持するなど、支持者がかなり多い。だからといって、根拠が強いとも合理的だとも、とても言えるものではない。ハタの名の起源についての前掲の地名説は、いかにもコジツケ的であり、渡来人（渡来系諸氏）が朝鮮半島における個別出身地域を氏の名としたという具体的例証も殆どない（もともと朝鮮の地名を氏としていたものを除くと、こうした類例は皆無にちかいのではないか。東漢氏のアヤ・安羅出自説も同様に疑問が大きい）。

問題の蔚珍は、慶尚北道の北端に位置する郡で、現在でも人口が五万余ほどの地方小都市である。長い間、高句麗の支配をうけ、新羅の領域となったのは六世紀初めごろではないかとみられている。

このような辺地において（あるいは辺地を基盤に）、有力国や大部族が成立・発展したとか、秦氏祖先が来朝のときに率いた百二十余県民が集中していたはずはない。大和岩雄氏は、伽耶の「秦の民」を遠く離れた地域のウヅマサ氏が何故統括したのかという説明が必要だと批判する。太秦公は秦氏の族長を示す尊称の名・号と考え、「太秦」を蔚珍の地名とする説（蔚珍本貫説）は語呂合わせで、無理だとみる（『秦氏の研究』など）。

古代朝鮮諸国の位置

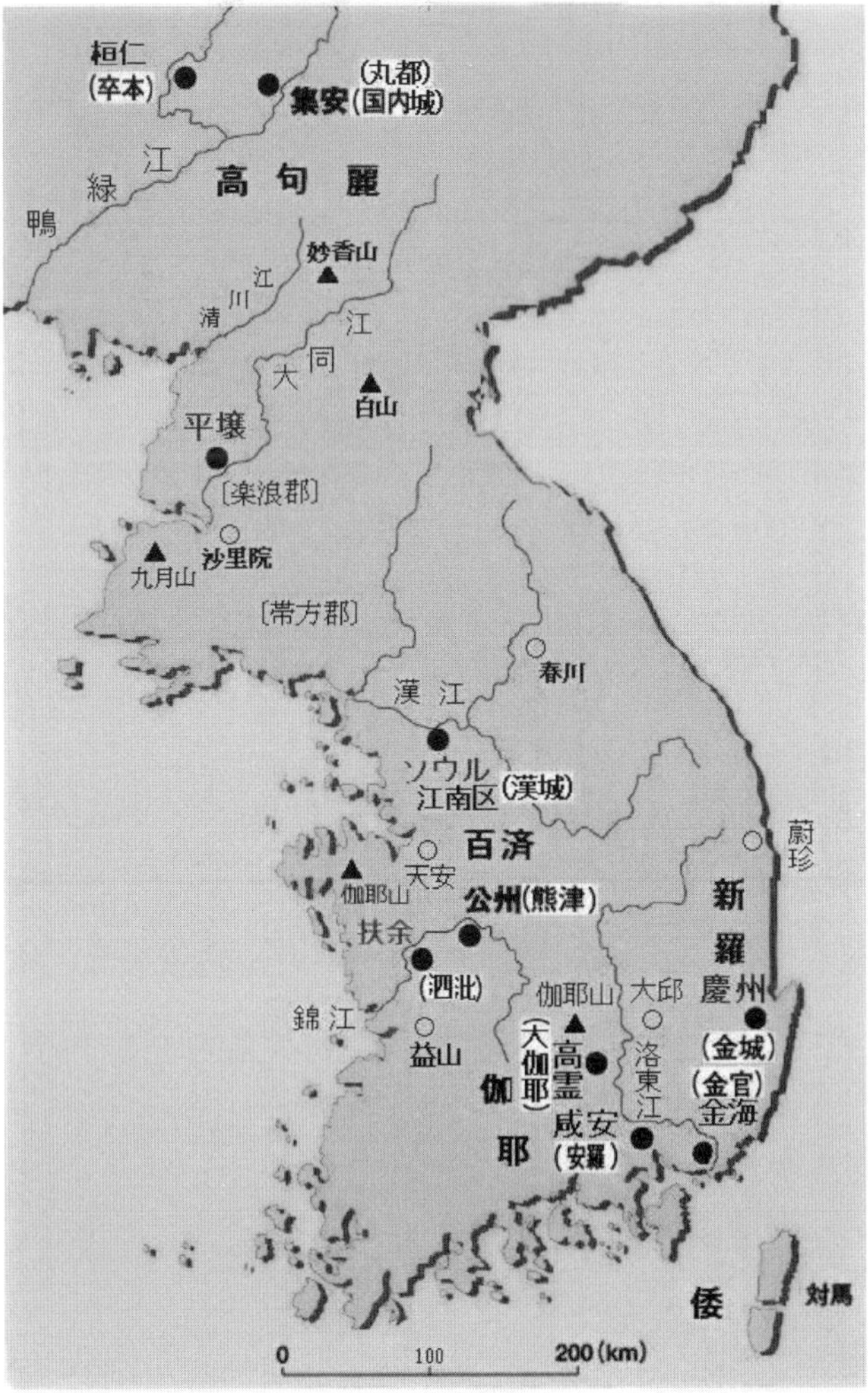

大族秦氏の出身地を、朝鮮半島内の特定の小国に求めることには問題がある（加藤謙吉氏など）。これが正常なバランス感覚である。「波旦」という小地域のかわりに、出身地が金官

伽耶国だとしても、ほぼ同様な批判があろう。その場合には、金官伽耶王族の出自でもないのに、どのような形で大集団がこの国に在ったというのだろうか。これら現実離れした説がいまだ横行するところに、歴史学界の大きな問題点がある。

ただ、辰韓人を秦の亡人とする『三国志』韓伝の所伝は、ありうる話である。現実に使う言語が周囲の地域と異なるということで、これを認める所説もある（新井白石、太田亮など）。しかし、秦氏が倭漢氏に対抗してその系譜・出自を架上し、漢王室に先行する秦王室の起源としたという説（津田左右吉博士など）は、これもまた、いかにも憶測的であって、何ら具体的な根拠がない。そもそも、倭漢氏が秦氏に先立って漢を称したということ自体がまるで証明されていない。辰韓が後の新羅の国のどこかにつながるにしても、秦氏の先祖が居住した地域が実際に現在の慶尚道の内か、慶州近隣かどうかの問題もあり、この確認もされていない（李丙燾氏の著『韓国古代史』における三韓配置の見地から言うと、「秦韓＝三国時代の新羅地域」とみることには、そもそも疑問が大きい）。だから、秦氏を新羅系とみる説にも疑問がある（新羅が成立して後に、その領域から出て渡来してきたという証拠がない）。

とはいえ、新羅の建設者が秦韓（その支配階層）の流れから出たのは十分ありうるものであり、秦氏が秦韓系とみてよい可能性があるので、次項で検討を加える。

ほかにも、中国・五胡十六国時代の羌族が興した後秦に由来するとか、景教（キリスト教異端のネストリウス派）の教徒のユダヤ人の後だという説まで様々に言われるが、いずれも根拠が弱い妄説くらいの評価とされよう。従って、新羅説のなかでも本命的存在ともいうべき秦韓末裔説を、歴史的な経緯を含めて総合的に見ていくことにする。

秦韓と秦氏

韓の地は帯方郡の南方に位置して在り、東西は海で、南では倭と接し、地積は全体で四千里余り四方と記される（『後漢書』韓伝、『三国志』魏書韓伝）。韓は大別して三地域に分れ、一に馬韓（慕韓）、二に辰韓（秦韓）、三に弁韓（弁辰）とされる。辰韓は、馬韓の東に位置したとされており（後の新羅とほぼ重なるかどうかが、ここで問題となる）、もとの六国が後には分かれて十二国となった。辰韓の民は穀物と稲を育て、養蚕を知り、綿布を作る。各邑落には長帥（邑落の長）がおり、勢力が大なる者は自らを臣智と称し、その次が邑借で、山海の間に散在していて城郭はない、とする記事が「魏書韓伝」にある。

辰韓が古代三韓の中で史的意義をもつのは、辰韓十二国の一つとされる「斯盧《しろ》」が中核になって後年の新羅に発展したとされているからである。国の起こりは、『三国志』魏書辰韓伝などによると、古老が言うには、秦からの逃亡者、すなわち秦（始皇帝）の苦役から逃亡してきた秦人がいたので、馬韓はその東の地を割いて与え住まわせたという。その地の言葉には秦の言語（陝西方言）が混じっており、それ故、秦韓とも書いた。秦韓人は王にはならず、王族は馬韓人であったという。

秦韓の言語が周辺地域と異なり、古風であったことで、こうした移民による辰韓起源説は、森博達氏（「辰韓の言語について」、『東アジアの古代文化』最終一三七号所収。二〇〇九年）や水谷千秋氏が認めている。『梁書』東夷伝百済条でも、百済の言語・服章はほぼ高驪と同じと言いながら、言語が「秦韓の遺俗」と記しており、一般の中国語とは異なる古風な漢語だと森氏が指摘する。このことは、秦韓を統合したのが百済だと示唆するものとなろう。

『三国志』魏書弁辰伝によると、弁辰（＝弁韓）は馬韓人とは言語が異なるが、辰韓人とは互いに雑居し、風俗や言語は似通っていた。一方、『後漢書』弁辰伝では、辰韓とは城郭や衣服などは同じだが、言語と風俗は異なり（国が倭に近い故に刺青をする者もかなりいるとの記事もある）、内容が異なる。辰韓人と弁韓人とが互いに雑居したという点だけが共通だと認められる。

ところで、秦韓の地理的位置については、『後漢書』などの記事を踏まえて考え、後年の百済に発展する馬韓の東側に位置する日本海側の地域であって、この地域から後年の新羅が出た、と多くみられてきた。しかし、これには強い異論もある。李丙燾著『韓国古代史』では、従来の研究者に誤解があり、秦韓の領域は北方のほう（帯方郡の南側）まで伸びていて、いまのソウルなどの京畿道は勿論のこと、春川など江原道の南部も含むとみる。この辺は、年代により「秦韓」という地域の変遷があった可能性も考えておきたい（後の新羅をそのまま秦韓と重ねて見ることには、問題が大きい）。秦韓の王がどこに居たかは、李丙燾説でも不明である（下記の＜備考＞参照）。

辰韓の滅亡時期については、鈴木真年は、晋の太康年間（西暦二八一〜二八九年）の後に、辰韓の朝貢絶えたりとする時期を想定した。四世紀中葉の滅亡説もあるが、中国の文献には、辰韓の名が最後に現れるのは二八六年とされており、この頃の後だとみる説を妥当と考える。太田亮博士も、「秦氏は秦韓（辰韓）国の遺民にして、その十二国中の一国たる斯盧国、即ち新羅国の勃興と共に次第に衰へ、遂に滅亡の悲運に遭遇し、その王者、並に上流階級人は、相率ゐて我が国に投ぜしに外ならず」とみた。この辺がほぼ妥当であろう。

わが国秦氏の先祖が秦韓の王族であったかについては、確認できる史料はない。率いて来朝した集団規模から見て、秦韓の有力支配層の出だと認めてよかろう。そうすると、秦韓の上記起源も併せると、秦朝王族の末裔という説はあながち否定できるものではない。

とはいえ、現在に伝えるわが国秦氏の歴代系譜には世代数がかなり少ないなど、問題点もいくつかある。例えば、『三代実録』元慶七年（八八三）十二月条には、惟宗朝臣の賜姓に際して、秦宿祢永原・秦公直宗らの奏上では、わが国での祖の功満王が秦始皇帝十二世孫である旨（従って、子の弓月君は十三世孫となる）、を述べるが、一般には三、四世代ほどの人でそれら活動期間の合計が約百年となるという期間計算から見れば、これでは歴代の世代数がいかにも少ない。このため、実際に秦始皇の近親一族の後とするのは疑問かという見方も出てくる。おそらく、長い期間、満鮮地方をさまよう路程や没落・沈滞期などを挟むことで、歴代の名前をきちんと伝えられなかった可能性もある。現在に伝える秦氏歴代には、移遷・流浪の時期を経たことで、かなりの世代欠落があるということでもある。

＜備考・試案＞　秦韓王の居地　秦韓王がどこに居たのかという問題について、李丙燾著『韓国古代史』を踏まえて、もう少し突っ込んで考えてみる。

　同書に掲載される三韓時代の諸国地図や記事でも、手がかりが少ないが、中国本土の秦王朝が太陽祭祀に関係した事情などから考えると、高句麗時代の沙伏忽国（伏は赤の義で、火神の赤帝祝融とか太陽に通じるか）、新羅時代に「赤城」の名をもつ「臣濆活国」が候補に近そうでもある。この国は上古の韓地ではかなり有力で、三世紀の中頃には同国が中心となって起こした韓の反乱で、帯方郡守弓遵が戦死した事情も伝えられる。一般には、馬韓の領域のなかにみられているが、李丙燾氏の見方はこれとは違って、辰韓のなかにみている。

　更に、『三国志』の魏書韓伝には興味深い記事がある。馬韓・弁韓を治める「辰王」に関し、月支国（天安、牙山あたりか）に居て統治をしており、諸国の長（有権力者）たる臣智の優待的呼称として、①臣雲の遣支報、

②安邪の踧支、③濆臣離児の不例、④拘邪の**秦支廉**が記される。この有力な四国が、①馬韓の臣雲新国、②弁韓の安羅国、③馬韓の臣濆活国、④弁韓の狗邪韓国に当たるとされる（この比定は井上秀雄氏も同じ）。②安羅は後に任那日本府が置かれた地で、④が金海の地で後に金官伽耶国であるから、③の臣濆活国の重要性も知られる。この四国と治所の月支国の合計五国が当時の三韓諸国の頂点にあった、と田中俊明氏が重要な指摘をする（「『魏志』東夷伝の韓人と倭人」、『古代を考える　日本と朝鮮』）。

ところで、上記「臣濆活国」は、伯済国（京畿道広州地方）の南西に近隣する京畿道の陽城地方（現・安城市域の北西部）だと李丙燾氏は比定する。陽城の名も太陽に通じるか。そうすると、この地にあった秦韓を滅ぼしたのは、遠く離れた慶州の新羅ではなく、近隣の百済とするのが自然である。それならば、秦氏配下の大集団が日本列島渡来の前の時期に百済にあったとする所伝とも符合する。安城からは、大田ないし忠州を経て南下すると、高霊が倭地への道筋になる。

三世紀後葉は、『三国史記』では百済王が第八代の古爾《こに》王の時期にあたり（同書での在位は、二三四～二八六年の五二年間）、李丙燾氏は、官制など様々な国家体制を確立・整備した百済の実質的な建国王（中国史書の「仇台」に当たる者）とみるから、古爾王は漢江流域の近隣諸国を統合し、百済王国を確立した実質初代王（日本でいえば、崇神天皇と同様な位置づけか）だったのかもしれない。同書には、度々新羅とも交戦し、和親をはかったとも見える。なお、『三国史記』記載の百済王の治世時期については、年代延長・同遡上など種々の問題点があるが（これは年代偽造ではなく、当時用いられた暦法が違うこと〔倍数年暦法〕に因るとみられる）、私見では、紀元二九〇年から二六年間ほどの時期が古爾王の実際の治世期間とみており（詳細は拙著『神功皇后と天日矛の伝承』を参照）、やはり古爾王治世の頃に秦韓滅亡という事件が起きたことになる。

韓国の秦氏と蘇氏の諸流

秦の始皇帝の家は嬴姓趙氏とされており（『百度百科』）、始皇帝の実名も嬴政と記されることが多い。始皇帝の治世時期には秦氏が名乗られることはなかった模様である（一族が秦氏を名乗るのは、子嬰滅亡の後か）。

朝鮮半島には秦氏を名乗る人々が高麗・李氏朝鮮の時代からあった。その代表的なものが**晋州秦氏**（慶尚南道西部の晋州を本貫とする秦氏）である。孔子の弟子の秦商を遠祖と伝えるが、その七六世孫という高麗の功臣で博士の**秦郁**が実質的な初代として歴代の系図が始まる。秦郁より前の系譜は伝承であって、信頼し難く、日本の秦氏とも異なる。

高麗末期の第三〇代恭愍王（在位一三五一～七四）に仕えた秦季伯（秦郁の次男）のときに王朝内の陰謀を避けて済州島に逃れ、その曾孫の代に一族が板浦派・明月派・納邑派の三系統にわかれた。一方、豊基秦氏（慶尚北道の栄州市）のほうは、まったくの別系で、唐からの帰化とし、始祖の秦弼明が唐高宗（在位六四九～八三）に兵部侍郎で仕え、新羅武烈王のとき西暦六六〇年に唐新羅連合軍が百済を滅した後に帰化したという。このほか、三陟、竜仁、永春、平康、南原を本貫とする秦氏もある。現代の秦氏後裔たちは、慶尚南道や済州島に多いとされる。上記の秦郁から先は具体的な系譜が知られず、先祖は不明だが、山東省にあった魯国王族で伯禽の後裔から出た姫姓秦氏の流れも中国にはあるから（『姓氏詞典』）、そうした出自の可能性も地域的にありえないわけではない。

日本に来た秦氏とその同族は、朝鮮半島に現存の上記流派とは大きく異なるようである。古代に大きく三波に分かれて、韓地から倭地へ渡来してきたこともあり、百済に所属した秦系の各氏族は、百済が滅亡して統一新羅の時代以降は衰滅したことも自然であり、それ故に後世に血脈が伝わらなかったものか。

秦韓王族の流れで弁辰、伽耶方面に先に分岐したものも考えられ、それが金官の王家（金海金氏への流れ）や新羅・金氏王家につながる可能性もある。これら金氏は少昊金天氏の末裔と称しており（「金庾信碑」）、『魏志』韓伝に狗邪韓国の族長級の名称が「秦支廉」とあって気にかかる。この一族は金氏の前には朝鮮語で金属を意味する「蘇」を氏の名としたようだが（金閼智の曾祖父を蘇伐公とする所伝もある）、金氏王家の閼智より前の先祖が、閼智の捨て子の故に『三国史記』や族譜には記載されないことと相まって、こうした可能性も念頭におきたい。そう思って探索したところ、次ぎのような興味深い事情が出てきた。

朝鮮南部に**晋州蘇氏**があり、いまに伝える族譜では他の本貫の南原、鎮江などで合計十二本の流れがある（晋州・南原の本貫という点は秦氏と同じ）。今、全羅北道の益山市・南原市・高敞郡（旧馬韓の領域）に同姓の人口が集中する。族譜によると、東九夷のうち風夷の赤帝祝融（あるいは赤帝の後の昆吾）の子孫といい、辰公「蘇伯孫」（河伯蘇豊〔下記〕の六九世孫という）が辰韓を建国したと伝え（実際には新羅前身の地域の周辺を治めたくらいか）、その四世孫（朝鮮半島の数え方では「五世孫」と表現。以下、同様）が**蘇伐都利**（蘇伐公。新羅初代王の朴赫居世を見出し養育したと『三国史記』等に記載）だという。この辺の紀年観も遡上しすぎであって、疑問が大きい。

蘇伐公の二四世孫が慶（閼川《アルチョン》）とされ、この**蘇慶**が新羅・真徳女王の時（在位六四七～六五四）に大将軍、角干などを経て、最高官職の上大等となり、次の太宗武烈王（金春秋）のとき晋州（慶尚南道の西部。安羅のあった咸安の南西方近隣）に居住し、晋州蘇氏の始祖になった。高麗時代には、蘇氏一族から多数の将軍など著名人を輩出した（遠祖から蘇慶までの歴代は、東洋文化研究所所蔵の族譜には見えず、ネット検索では不明な部分が多い。ファミリーサーチのご協力で当該族譜の検討ができ、これを深謝する。蘇伯孫の先祖には蘇復解〔赤帝祝融に擬す〕・蘇豊〔河伯に封されたと所伝〕がいるといい、この辺が辰韓建国の関係者だったものか）。高麗の第十四代国王の献宗（王昱。在位は一〇九四～九五年）の王妃になり懐純王后に冊封された者も出た（この女性の父・蘇継笭からの族譜が東大の東洋文化研究所に所蔵される）。

その先祖の蘇豊が吉林省域の蘇城（別名が扶蘇岬）に在ったと伝えて、北方からの移遷を示唆する。金氏の系譜については、中国等の資料に、百済人の後とか匈奴の流れとも見えるが、この辺は具体的な裏付けがなく疑わしい。蘇伐公より前の系譜についても多々疑わしい面があるが（なかでも、辰韓の蘇伯孫より前の歴代や系譜は、信頼しがたいと思われる）、新羅の西北方面から当地にやってきたということなのだろう。

秦韓王族の流れが実際に新羅の金氏王家や金官王家になったかどうかの確認もできないが、この辺は十分ありえそうである。こうした系譜所伝なら、秦韓王族の姓が赤帝の後の蘇氏とされるから、秦王朝とは異なるようにも見える（それでも、秦王朝の末流が蘇氏だという可能性も残る。中国の「維基百科」には、嬴姓として廉、秦、趙、李、金、蘇、裴などの姓氏〔一部省略〕があげられ、これが漢地から朝鮮半島に及ぶかは不明だが、興味深い）。そして、先に「赤城」の名をもつ「臣濆活国」が秦韓王の居地候補かとみたことと、赤帝祝融の後裔と称することも符合する（秦韓王族や新羅系渡来人の流れには、北辰・妙見信仰や赤山明神の祭祀も見られる）。

この火神祝融の後裔という所伝であれば、日本の秦氏と同様に月神祭祀もなされたのが自然である。新羅に日・月神を祭祀する習俗があったことは、『北史』新羅伝及び『隋書』新羅伝に見え、国都金城（高麗の時代に現在の慶州に名が変わる）には月城という名の王宮関連要地があるのも肯ける。

七世紀中葉に成立の『北史』が言うように、「新羅は、其先が本は辰韓種」であった（当時の新羅王家（金氏）が辰韓王家の出という意か）。こうした意味で、辰王が都をおき統治したと『三国志』魏書馬韓伝に見える月支国には、「目支国」とみる説もあるが、「月支」の表記が妥当そうである。

『後漢書』東夷伝には、建武二十年（西暦四四）に韓人廉文の蘇馬諟《そばし》が楽浪郡に詣り貢献し、光武帝は蘇馬諟を漢の廉支邑君に任じて楽浪郡に属させたと見える。ここでの「廉支」とは金海付近の地で、蘇馬諟は当地にあった秦韓王族の流れとみられ（族譜には見えないが）、金官伽耶の首露王（金の盒子（小箱）に入る黄金の卵から誕生）や新羅の金閼智（金櫃から出たとされ、その先は記さない）の傍系も含めての先祖なのかもしれない。さきに触れた狗邪韓国の首長級の称号「秦支廉」にもつながる。

以上のように、金官伽耶王家と秦氏との深い関連性を認めても、これは、金官伽耶の地を秦氏の原郷とみる説（井上秀雄、大和岩雄氏など）に賛成するものでは決してない。むしろ明確に反対であって、金海辺りを経由し倭地に渡来してきただけ、ということである。

なお、日本に蘇氏があったことは六国史に見えず、あまり明確ではないが、行基の弟子歴名を記す『大僧正記』には、十大弟子の一人として「大唐蘇氏」の崇道があげられる。淡海三船が編んだ『唐大和上東征伝』には、鑑真が難波に到ったとき唐僧崇道らが迎え慰めて供養したとあり、崇道ないしその祖先が何時来たかは不明だが、興味深い。蘇氏にかかる「大唐」の表記も、王万邦編『姓氏詞典』では、遼東の烏桓に蘇氏ありとか、北魏の抜略氏が改めたとか先ず見え、その次に河南省の温県にあった蘇国から起ると記載される。『百度百科』には、周の武王が顓頊高陽氏の後裔、司寇の忿生を蘇国に封じ、この地に因み蘇氏が生じた。己姓で、陸終の子の昆吾（陶神とされる）の流れであって、戦国時代の縦横家で韓の蘇秦などが著名だ、と見える。

秦羸姓という姓氏

わが国秦氏の出自に関して、貴重な史料が『正倉院文書』の「西南角領解」（『大日本古文書』十三巻所収）にある。天平宝字元年（七五八）四月の当該文書には、河内国丹比郡黒山郷（大阪府堺市東部の美原区黒山一帯）を本貫とする秦羸姓田主（黒山郷戸主秦羸姓豊麻呂の戸口）という人名が見える。「秦羸姓」は、秦氏本来の「羸姓」を誤記しながらもよく伝えている（「羸」は、「弱い、劣る」という意だから、当事者が積極的にこの文字を選んだとは思われない）。奈良時代には「秦姓」という姓氏も同じ河内国に見えるから、秦始皇の末裔説はともかく、広い意味で秦王族（『姓氏詞典』には、三世皇帝たる子嬰が滅びて支庶、秦を以て氏となすと見える）あるいは秦氏族の末裔という所伝は、信頼してよいのではなかろうか。こういう史料を無視して、秦氏が韓地の出身地名「ハタ」に基づき勝手に名乗られたという説はおかしなものといえよう。

ちなみに『姓氏録』では、河内諸蕃に秦姓をあげ、「秦始皇帝十三世孫の然能解公の後也」と記される。然能解公とは、系図に功満王の弟・肋解君の子とされる（すなわち弓月君の従弟）から、秦氏の日本における初期分岐の流れであった。佐伯有清氏は、「秦羸姓」はこの秦姓の同族かとみている（『新撰姓氏録の研究』考証篇第五）。

一方で、『史記』等の秦王朝の関係記事にあたってみても、始皇帝の一族が朝鮮半島に遷住したことは見られない。当時かなり数多かったという秦王族のなかで、史料に具体的に名をあげられる者は少ない。始皇帝の兄弟では、長安君成蟜《せいきょう》が秦王政の八年（前二三九年）に叛乱を起こし敗れて自殺した。始皇帝の子女は多かった模様（二、三十人ともいう）であるが、長子扶蘇（始皇帝の死後に陰謀で被殺）と末子の胡亥（二世皇帝）の名が見えるくらいであり（三代目の秦王子嬰も、年齢的に考えて始皇帝の子ないし甥であろう）、二世皇帝と趙高の謀りごとで、まず六人の公子が杜の地で、次に公子将閭を含む兄弟三人（これらも始皇帝の子か）が処刑された。二世皇帝は趙高に殺され、次の最後の秦王の子嬰《しえい》及び公子・一族は項羽に殺されたなど、秦王朝の崩壊期に多くの公子・公族が殺害された。

こうしたなかで韓地方面に逃れた秦王一族がいたことはありえたのだろうか。この辺の事情は、残念ながら不明であるが、可能性は少ない。だからといって否定もできず、始皇帝の血を直接引くのではなく、広い意味で秦の王族の出ということかもしれないのだが。

秦の始皇帝陵（兵馬俑坑《へいばようこう》）

辰韓の遺民と称する人々は、辰韓滅亡後の二百年余ほど経過した五世紀初頭頃の応神朝に、弓月君に率いられ百済から来朝して秦造となったが、そのまま韓地に残った残余もあった。それが、更に約百五十年後の欽明元年（五三〇年頃）に百済から来朝し、大和国添上郡山村郷に居住して**己知《こち》部《べ》**（巨智部）となった。この流れには、己智・山村忌寸・三林公・奈良許知（楢許智）・長岡忌寸などの諸氏があって、主に大和に居住した。わが国における秦系氏族にはもう一派、高陵《こうりょう》氏の流れがあり、やはり百済から渡来した（上述）。

燕の将軍・秦開の一族

わが国の秦氏が秦王族末裔かどうかは確認できないが、これが否定される場合であっても、遥か遠い祖先が秦始皇と同じ氏族（種族、部族）であって、華北の渤海湾沿岸部に在ったものの流れという可能性もある。例えば、上古代の満鮮関係では紀元前三世紀代に秦姓の人が活躍している。燕の将軍に秦開がおり、東胡を打ち破り、東方に燕の勢力を大きく伸ばしたが、この族裔という可能性もあろう。この辺の事情をまず見てみる。

『魏略』には、戦国七雄の一で河北省にあった燕が東北方への侵略活動を行い、将軍秦開を派遣して、箕子の後の朝鮮侯を討伐し二千里の地を奪ったと記される。その時期は燕の全盛時代であった昭王（前三一一～前二七九年に在位）の治世のとき、前二八四年である。秦開という人物は『史記』匈奴伝にも見え、燕の賢相・秦開はかって人質として東胡にあり、そこで厚い信を得たが、帰国してから東胡を破り千余里を得て、長城を築いて胡人を防ぎ、遼東・遼西などの五郡を置いた。この五郡のうち、最も奥地の遼東郡は郡治が襄平（いまの遼寧省遼陽。省都瀋陽の南西方で鞍山の近辺）とされるから、『魏略』と『史記』匈奴伝は同じことを記している。秦開の系譜は、「魯国宗室の后裔」（「百度百科」）というから、秦王室とは別系とされる。魯の王家は周王室の同族で姫姓である。

名将秦開の孫が秦舞陽で、始皇帝のころの人である。秦舞陽は、荊軻《けいか》が燕太子丹の命をうけ秦王政（当時の名で、後の始皇帝）を暗殺しにいった時、同行した。先にも触れたが、中国の秦氏には、姫姓の魯公族で河南省の秦を食采としこの地名に因むもの、舜の七支という秦不虚の後や外夷などの出自もあったから、皆が秦王家と同族とは限らない。先秦の時期には、秦姓は山東、河南、河北、陝西などに分布していたという。こうした事情があるから、秦開の族裔などが上記の討伐以降、朝鮮半島に遷住した可能性もあろう。

なお、魏王朝の明帝のときに、雲中郡の人、驍騎将軍の秦朗がいて、青龍元年（二三三）に鮮卑を砂漠の北方まで敗走させたが、この関係者が朝鮮半島まで来ることはなかった。

鳥トーテムをもつ秦王室とその族裔

中国古代の秦王朝が卵生説話をもち、鳥トーテムをもつ部族であったらしいことは、甲骨文字や中国神話の研究で名高い白川静氏が指摘する。白川静氏によると、「秦と同じ姓の諸侯は、河南の商邱に近い葛、安徽北方の徐、河南南部の黄・江、湖北襄陽の穀、陝西韓城の梁など各地に分散」し、これに戦国時代の雄・趙などをあわせて全部で九国あり、秦はもと江淮の域にあった古族で、鳥トーテムや女系の多いことが注意される、と記される（『中国の神話』）。

秦の卵生説話は『史記』の秦本紀に見える。その祖・女脩が機織りをしていたとき、玄鳥（黒い鳥。一説に燕とされるが、それに限らず、鷲鷹の類か）が落とした卵を呑み、子の大業を生んだという。大業の孫の大廉は鳥俗氏の祖であり、その玄孫の中衍は身体が鳥で人語をよくし、商（殷）の帝太戊に御者で仕えたとされる。大費（伯益のことで、大廉の父）は鳥獣を多く馴服、増殖させて、帝舜から姓を嬴氏と賜ったと『史記』秦本紀にも見える。

秦の一族の費昌（大廉の弟・若木の玄孫）が殷帝初代の湯（天乙）の御者で、趙の遠祖・造父も周の穆王の優れた御者だと伝える。秦始祖の非子（大駱の子）という者は、周の孝王のため渭水辺りで馬の繁殖・飼育に成功し、この功績により周王から土地を与えられ、非子が初めて秦の領主となった。こうした諸伝承が示すように、この一統は遊牧・騎馬に優れていた。徐の偃王《えんおう》は伝承的な人物だが、卵で生まれて犬が暖めて孵したという（『徐偃王志』）。『史記』秦本紀には、秦の支族に徐氏・郯氏ありと記されるが、『左伝』には鳥師・鳥官をもつ郯子《たんし》国の伝承が見える。

『山海経』の海内経には、「嬴民《えいみん》」という鳥の足をした民族もいたと記すことにも注目される。鳥祖卵生説話をもつ秦の姓が嬴氏で、嬴（増殖、勝ちの義）が音でも嬴に通じる。

わが国の秦氏についても、鳥にまつわる伝承が『山城国風土記』逸文に見える。同逸文によると、二つの伝承があげられる。

まず、『神名帳頭註』による「伊奈利社」についてである。イナリという由来は、秦中家忌寸《なかつえ》等の遠祖・**伊侶具**《いろぐ》の秦公は稲・粟などの穀物を積んで富裕であったが、餅を用いて的とし弓を射たところ、餅は白い鳥となって飛び翔け、山の峰にとまり、化して稲が生いたので、遂に社名とした。その子孫の代になって、先祖の過ちを悔いて、社の木を引き抜いて家に植えて、これを祈り祭った。いまその木を植えて蘇きづけば福が授かり、枯れれば福がない、という。次に、『河海抄』にあげる「**鳥部里**」についてであり、鳥部というのは、秦公伊呂具が的とした餅が鳥となって飛び去った、その森を鳥部というと記される。ともに、秦公伊呂具に関する伝承で、当時の秦氏の富裕さがうかがわれる。

秦氏と樹木信仰の関係を指摘する見解（日野昭氏など）もあり、これにもほぼ肯けるが、弓月君の「弓月」が「斎槻」（神聖な樹木）を意味したかどうかは、名に融通王の表記もあって、不明ないし疑問である（後述）。伊侶具が伊侶巨（イロコ。鱗の意か）の誤写とみる説もあるが、両方の名がありえたとも思われる。

餅の的を射たところそれが白い鳥と化して飛び去ったという伝承は、豊後国にもある。『豊後国風土記』速見郡の田野条に関する記事で、「塵袋」所収の逸文によると、大分郡の人が玖珠郡に来住して、そこでの話とする。こちらのほうは、当事者個人の人名を記さないが、豊前・豊後には秦氏系統らしい人々が多いので、これらにつながる伝承なのかもしれない。この話は単純に奢りをいましめるものであるが、稲の精霊が霊性をもつといわれる白鳥に化したということで、鳥トーテムをもつ部族に伝えられたものであろう。

上記の鳥部里は、『和名抄』では愛宕郡鳥戸郷とあげられ、現在の京都市東山区の地域内となる。その遺称地としては、清水寺の西南の鳥辺山・鳥辺野がある。この地名の由来としては、吉田東伍博士のように、捕鳥または鳥飼の部民の居住地とされるが、鳥戸郷は深草郷の二、三キロほど北にすぎず、秦氏の一族も居住した。確実なところでは、鳥部郷の粟田朝臣弓張の戸口の秦三田次が史料に見える（天平十五年正月七日付「優婆塞貢進解」）。

近衛府の下級官人たる御随身であった秦氏及び下毛野氏は鷹飼の術にも長じ、十世紀頃から室町期に至るまで、両氏が朝廷禁野の御鷹飼職を世襲した。秦氏の鷹飼例はよく分からないが、下毛野氏で鷹飼の史料初見は九世紀後葉、仁和年間の左近衛の松風にある。松風の父祖は不明だが、中世武家の放鷹術をつたえるものに東国の宇都宮流と諏訪流があり、下野の二荒山神社の贄鷹神事として宇都宮流の鷹術が伝承されていた。松風自体が秦氏と深い関係があったという可能性もある（甥という長用は、秦姓でも下毛野姓でも見える。江戸期には近衛府官人の調子氏があり、下毛野姓が主だが、秦姓の調子氏もあって、この両家に姻戚関係もあり、通字「武」も共通なことから、同族の可能性が高いとみられている）。

大陸を遠く離れて、しかも秦始皇の時代から千年ほども隔ててなお、わが国の秦氏が鳥トーテムの名残りを伝えていたとみたら、始皇帝一族の後裔という出自を全くの仮冒として否定することはできないのではなかろうか。秦王朝は中国の西疆たる陝西省の地に興起したが、鳥トーテムをもつ東夷の一派が西遷したとみられている。秦と同じ姓や同族の偃姓の諸国が春秋時代に山東からその南方にかけて展開したという事情も、その辺の傍証となろう。東夷はツングースと同系統の種族とされるから、同じ種族が朝鮮半島を南下して日本列島に渡来したことは十分にありうる。この辺を一応整理する場合、次のようなものか。

わが国の秦氏は秦始皇の後という所伝・系譜をもつが、その歴代系譜には世代数が少ないなど問題点もいくつかあり、実際に秦始皇の近親一族の後とするのは疑問も残る。祖先が秦始皇と同じ氏族（部族）で、早くに分かれ華北沿岸部にあったものの流れかという可能性もあろう。秦韓の王家が秦王室と広義の同族でも、早い時期に分岐した支族ではなかったろうか、ということなどの可能性にも留意しておきたい。

秦氏と稲荷信仰

秦氏は「帰化氏族としては不可解なほど、神祇信仰と密着している」との指摘が平野邦雄氏にある（その著「畿内の帰化人」）。そのなかで、代表的な祭祀が稲荷信仰であった。いま全国に約三万二千社（境内社などの分祀を含む）の稲荷神社があるとされ、その中心が伏見稲荷大社である。

稲荷祭祀の創祀は先に見た秦伊呂具《いろぐ》で、山城国紀伊郡深草里（京都市伏見区深草あたり）の人であって、和銅（七〇八～七一五年）のころに活動したとされる。伊呂具は、欽明朝に大蔵省を拝命した大津父の玄孫であり、その後裔の大蔵秦公（後に秦忌寸、秦宿祢）氏は伏見の名神大社・稲荷大社の祢宜・祝などの祠官の家として諸家に分かれて長く続き、近世に至っている（これが秦中家忌寸の系統で、東・西の大西や安田・松本・中津瀬・毛利の諸家からは三位に叙される者も出し、ほかに祓川・鳥居南などの諸家がある。現在に残る系図が信頼できそうなのは、平安中期頃からか）。

稲荷祠官の松本氏から出た江戸中期頃の神道家、**大山為起**は、垂加神道の山崎闇斎の弟子で、伊予松山藩主久松定直の招きで同地の味酒《みさけ》神社神官となり、『味酒講記』（『日本書紀』の講義書で五五巻）、『氏族母鑑《いろはかがみ》』等を著した。帰京

伏見大社楼門㊤と千本鳥居㊦
（京都市伏見区深草藪之内町）

後は五条音羽橋で神道を教授した。

伊侶具には、賀茂県主久治良《くぢら》の子で松尾神社の鴨祢宜板持、鴨氏の祖・黒日古と義理の兄弟（ないし兄弟）だという伝承もあって、これが稲荷神社の社家系図に伝わる。この辺の系図関係は錯綜しているが、松尾社祭祀の秦忌寸都理と伊呂具とはほぼ同時代人であり、通婚などで近い縁戚にあった模様（都理と伊呂具が兄弟だというのは誤伝）である。

稲荷社の創祀は元明天皇の和銅年間とする所伝が共通しており（『二十二社註式』など）、伊呂具が和銅三年の飢饉の時に稲荷神を祭祀したともいう。先にあげた伝承で、その苗裔のときに同社創設があったのなら、時期は和銅より遅い。稲荷社の巫祝は女巫と男覡とがたえず交替し、シャーマンの典型とされる（山上伊豆母氏『日本の神々5』伏見稲荷大社の記事）。

ところで、稲荷神とは、本来は稲など五穀の食糧を司る豊受大神（オオゲツヒメ、倉稲魂神であり、水神の瀬織津姫神とも同神）であり、宇迦之御魂《うかのみたま》神（倉稲魂命とも書く）とも同じで、もともと稲作を日本列島にもたらした海神族の女神だった。松尾大社・木嶋神社も、本来は鴨氏族の神であった（前者の祭神大山咋神とは少彦名神のこと、後者ほ祭神は天照大神）。秦氏の遠祖神の功満王や融通王を祭った稲荷の摂末社がないことが不思議だといわれている。

稲荷神の使いが「白い狐」とされ、末社に白狐社がある。これは、祖先の**秦大津父**の伝承に関係する。『書紀』欽明天皇の即位前紀には、二匹の狼の争闘を抑止し救助した報いで、霊夢を見た天皇から践祚にあたって大蔵の省《つかさ》に抜擢されたと記される。狼と狐が相通じるのが関連しよう。狐のみが稲作の益獣（穀物を食い荒らすネズミの捕食）として象徴化されたというわけではない。

関連して想起されるのが、上古中国での鳥トーテミズムの「三足烏」の原型がイヌワシだということで、烏丸末裔のカザフ族がこの鳥を鷹匠《たかじょう》として用いて、この伝統が今も続き、狐などを捕獲の対象とする事情もある。また、柳田国男が犬狼と妙見信仰との結付きに着目するが、秦氏が妙見信仰（北極星を神と仰ぐ星辰信仰）をもち、犬狼類のなかには狐も入るから、こうした関連もあろう。京都でも、左京区に岩倉妙見神社があり、右京区の鳴滝・嵯峨小倉山や北区鷹峯に妙見宮がある。鳥トーテミズムの秦氏が、犬狼祭祀とは矛盾するように当初は思ったが、中国・朝鮮半島及び日本を通じるトーテムと祭祀・習俗を様々に追いかけてみると、秦韓王家は赤帝（炎帝）後裔の火神祝融の後裔とも称し（この系譜や伝承の保持は、朝鮮半島にあったときに山祇族系祭祀をもつ母系からの強い影響があった故とみられる）、鳥類と犬狼類という複合的なトーテムが秦氏にはあった。秦河勝は宿神（星宿神、北極星）ともされる。

　鷹は秦氏のシンボルとみる見方があり、伏見稲荷の南西三キロほどに鷹匠町がある。町名は豊臣氏時代に鷹匠が当町内に住んでいたことに因むと『伏見町誌』に言うが、秦氏一族が鷹匠をしたとすれば、由来はもっと古いことになる。この地域の金札宮は、伏見で最古の神社のひとつといわれ、祭神のなかには倉稲魂命《うがのみたま》（稲荷神と同じ）があげられる。一条兼良の『尺素往来』によれば、室町中期の鷹掌の家柄は、宮廷では園などの諸公家（西園寺、持明院も関係した）、地下人では御

金札宮（京都市伏見区鷹匠町）

随身の秦、下毛野という氏があった。

稲荷神には火雷神的性格もあって、現在まで鍛冶・製鉄の守護神として全国から崇敬を集めてきた。ここでも、鳥トーテミズムと鍛冶神とは結びついている。これに関連して、谷川健一氏がその著『四天王寺の鷹』で、山内登貴夫氏の見解（「金属と地名」）を紹介する。高句麗の古墳壁画の例が興味深く、六世紀の輯安《しゅうあん》の五塊墳四号墓の壁画には、白鳥に乗った神とともに、青竜をはさんで、左端には松明をかざす神、右端には小槌で鉄塊を鍛造する鍛冶神が描かれており、既にこの時代には「製鉄文化の源流に白鳥に乗った神が関与していたことを証明している」との見方である。

伏見稲荷社家の**羽倉**、**荷田氏**も秦庶流の出自という所伝があるので、併せて触れる。先に秦氏同族の己知部の系譜で見たように、近江の磐城村主の流れの家（雄略天皇の皇子・磐城王末裔との伝えもあるが、これは系譜仮冒）に、長門の穴門国造族裔、住吉荒魂神社祠官（山田大宮司）一族の者が入って跡を継いだとする系譜の所伝がこの系統にあり、これが妥当とみられる。姓氏は荷田《かだ》（賀田）宿祢で、室町前期の稲荷社惣目代荷田延盛の頃から稲荷社の祭祀に関与した模様である。延盛は『薩戒記』の応永三二年（一四二五）正月の記事には、左京亮正六位上荷田宿祢延盛と見える。荷田氏は稲荷社の奉射祭を管掌し、神の御弓矢たる白木の弓と白羽の矢は荷田両家に納められる例となっていた。

これより早くは十四世紀初頭くらいで、『実躬卿記』乾元元年（一三〇二）三月に加賀権守荷田延持、東寺百合文書（『鎌倉遺文』所収）には延慶元年（一三〇八）十一月の荷田清延が見えるが、これらは稲荷社家の直接の先祖としては見えない。

この社家系統の祖が磐城村主殷《おお》で、近江国栗太郡の人として、『書紀』には稲荷に関する説話が見える。それに拠ると、天智天皇称制三年（六六四）に近江国が言うには、殷が迎えた新婦の床席の片隅に、一夜のうちに稲が生え、翌日には熟した稲穂が実ったが、さらに次の日には一つの穂が生じた。庭に出た新婦の前に、天から二つ鑰匙《かぎ》（鍵）が落ちて来たので、夫の殷にそのカギを渡したところ、殷は金持ちになった、とされる。栗太郡の大石荘（大津市域）には、秦氏と遠祖を同じくする大石村主の一族が居た。

一族から出た荷田春満《あずままろ》（生没が一六六九～一七三六）は、江戸時代中期の国学者・歌人として著名であり、初名は信盛、のちに東丸とも書く。弟子の賀茂真淵や本居宣長・平田篤胤と共に国学四大人の一人とされ、将軍吉宗の知遇も受けた。その父は稲荷社社家で御殿預職の羽倉信詮であった。稲荷大社拝殿の右にある東丸《あずままろ》神社は荷田春満を祀る。

秦氏と火神信仰

秦氏が火神に関係深かったが、このことは、『延喜式』主殿寮に「火炬《ひたき》小子」四人は、山城国葛野郡の秦氏の子孫で事に堪える者をとり、これに為すと見える記事からも分かる（『延喜式』神祇五、斎宮忌火庭火にもほぼ同旨が見え、新造炊殿の忌火庭火祭の火炬二人は秦氏の童女をとるとされる）。

火神の愛宕権現の祭祀からも知られる。山城・丹波国境に位置する愛宕山は、秦氏信仰の山といわれ、その山頂（朝日峰ともいい、標高九二四メートルで、京都市最高峰の霊山）に鎮座する愛宕権現は、古くから火防霊験の神で、京都市右京区嵯峨の奥地、嵐山の西北にあって、王城鎮護の神ともされる。八世紀初め、大宝年間に秦氏の出（父は三神安角と伝える）とも言われる越前の行者・泰澄（加賀の白山開山）が役小角とともに創祀したとも伝え、修験道の道場であった。主祭神が火神・鍛冶神の火《ほ》産霊命《むすび》（迦具土神）で、神仏習合のときは勝軍地蔵（武勲や戦勝祈願の地蔵尊で、地蔵信仰のひとつ）も本地仏とされ、鎌倉時代以後に武家の間で信仰された。愛宕山の東側の深い山中に月輪寺《つきのわでら》があり、開基が泰澄と伝え、明智光秀が本能寺の変を起こす前にこの寺で占ったともいう。

地蔵王菩薩の聖地は中国・安徽省の九華山であり、新羅の「地蔵」という僧（生没が六九六～七九四。金和尚、金地蔵とも呼ばれる）が、この地に住んで入滅し、地蔵菩薩の化身とみられたことによる。金地蔵は俗名を金喬覚といい、伝承に拠れば、新羅の王子として生まれ、一度唐に留学後に白犬を伴って唐に再び渡り修行したというが、その実在性には乏しいとされる（二階堂善弘氏の「安徽九華山における地蔵信仰」など）。『宋高僧伝』巻二十には「釈地蔵、姓金氏、新羅国王之支属也」という記事もあり、なんらかのモデルがあったと思われ、伝承とはいえ、新羅の金氏王家が地蔵や白犬と関係深いことが窺われる。白犬は秦氏の祀る稲荷神の使いの白狐に通じそうである。

愛宕山にはいま愛宕神社（旧称は阿多古神社。旧府社）が鎮座し、全国約九百社の本社とされ、摂末社に稲荷社がある。これより由来が古いのが丹波国桑田郡の阿多古

「元愛宕」とされる愛宕神社（京都府亀岡市千歳町）

神社で、『延喜式』神名帳に載げられており、これは愛宕山南西麓の亀岡市千歳町国分の愛宕神社（元愛宕）とされる。その創祀は継体天皇朝とも伝え、火産霊神（軻遇突智《かぐつち》神）などを祭神とする。同社にも境内社に稲荷社がある。『三代実録』には「阿当護神（愛当護神）」の神階昇叙が三度見え、貞観六年（八六四）に従五位下に叙され、元慶三年（八七九）には従四位下に至った。社伝等では、当社の分霊が京都鷹ヶ峯（京都市北区で、栗栖野と呼ばれる地域。秦栗栖野という秦氏一族が居り、鷹峯には妙見宮もある）に祀られた後に、八世紀後葉に光仁天皇の勅により和気清麻呂により嵯峨山に遷され、これが現在の愛宕山の愛宕神社になるとされる。そのため、丹波のほうを「元愛宕」「愛宕の本宮」とも称される。

関係社は全国に多く、摂津では豊中市に原田や上新田・桜塚などに愛宕堂・愛宕社や愛宕山が多くある。東京都港区の愛宕山の愛宕神社でも火産霊命（迦具土神）を主祭神とし、境内末社に福寿稲荷神社などがある。

秦氏が関係した主な神社・寺院

伏見稲荷大社のほか、葛野郡の式内社で太秦の**大酒神社**（京都市右京区太秦蜂岡町。太秦明神）を秦氏一族は祭祀した。元の名を大辟《おおさけ》神と見え、『広隆寺来由記』では、秦氏の祖・功満王が来朝し、始皇帝の祖霊を祀ったのが当社だと伝える。かつては広隆寺の桂宮院内にあって伽藍神として祀られ、社の創建は

大酒神社（京都市右京区太秦蜂岡町）

寺よりも古いという。六国史時代の神階は嘉祥二年（八四九）九月の大辟神への従五位下の叙位（『続日本後紀』）だが、『広隆寺来由記』では、その後も神階があがり、十一世紀中葉には正一位に達したという。いま祭神は、本殿に秦始皇帝・弓月王・秦酒公を祀り、別殿には呉織神など織物の神を祀る。「大辟」は、大裂、大荒とも記されたが、本来、悪疫・災難の除けの意だったか。

京都三奇祭の一つ「牛祭」は、もとは大酒神社（現在は太秦の広隆寺）の祭であり、白衣装束の「**摩多羅神**《またら》」（「ターラー」は星の意ともいう）が牛に乗って夜に行列をする。神の頭巾には北斗七星が描かれる。日光山輪王寺所蔵の摩多羅神肖像画などの多くの摩多羅神像にも、二人の童子を伴う背景に北斗七星が描かれ、「摩多羅神＝宿神＝星宿信仰」が見られる。ここには、北辰信仰につながるものが窺われ、猿楽者らが摩多羅神を芸能の守護神（宿神）としてきた。摩多羅神の実体には諸説あるも、大辟神と同じか。また、閻魔大王とも習合した比叡山の西麓に祀られた赤山明神にもつながり、新羅に縁が深いともいわれる。摩多羅神の神紋として、「抱き茗荷」が、戦国時代以後に用いられた（秦氏の所縁が深いせいか、藤原を称する氏にこの紋が多いという）。

「オホサケ」は、播磨でも赤穂市坂越に同名の大避神社があり、秦河勝と秦酒公を祀るというから、秦氏に関係があったことは認めて良さそうである。坂越に秦河勝が漂着、隠棲・潜伏したという伝承は、そのままでは信じがたい。かつては、赤穂郡の神社の三分の一は秦河勝を祭祀した大辟社であったといい（今井啓一氏『秦河勝』）、総数で二七社もあったが（『相生市史』）、いまは多くが合祀されて赤穂市内に四社が残る。この地の秦氏は系統不明だが、赤穂で塩田開発にあたったとの史料もあり、赤穂郡郡領に延暦期から秦造が見え、平城京出土木簡にも赤穂郡大原郷戸主秦造吉備人、戸口秦造小奈戸の名が見える（奈文研『出土木簡概報』十二）。西方近隣の備前国邑久郡八浜郷という地名が見える木簡（『出土木簡概報』十九）では、「戸主□□麻呂戸口大辟部乎猪御調塩三斗」と記載があり、この「大辟部」が秦氏配下の部民ではないかとみられている。邑久郡では積梨郷・旧井郷等に秦造・秦勝・秦部が居たことが、平城京出土木簡などから知られる。

太秦の広隆寺（蜂岡寺）は推古朝に秦河勝が創始した氏寺として著名である。秦氏の勢力圏内に位置する樫原《かたぎはら》廃寺や北野廃寺も、秦氏建立の寺院という可能性が高いと水谷氏がいう。樫原の地には四世紀代から一本松塚・天皇ノ杜などの古墳があり、この築造者が鴨氏族関係とみられるので、この辺も無視できず、北野廃寺はともかく（加藤謙吉氏は、創建時の広隆寺だと推断する）、樫原には疑問が残る。

松尾大社と月読神社

京都の西郊外、山城国葛野郡の松尾大社（京都市西京区嵐山宮町）や木嶋《このしま》坐天照御魂神社、梅宮社なども秦氏が関与しており、祠官として秦一族が見える。木嶋神社の摂社、三本足の鳥居で有名な「蚕の社《やしろ》」は、蚕養の守り神として万機姫（よろずはたひめ）を祀る。松尾社やその摂社・月読宮の祠官家に秦氏があった。『本朝月令』に引く「秦氏本系帳」の記事によると、大宝元年（七〇一）に川辺腹の秦忌寸**都理**が松尾に勧請して社を造り、田口腹の女で斎女として奉仕した秦忌寸知麻留女《ちまるめ》の子の秦忌寸都駕布《つがふ》が養老二年（七一八）に初めて祝となって、子孫が相承けて大神を祀ったと見える。都駕布は、秦中家忌寸の祖・伊呂具の子ともいうが、都理との関係もよく分からない。

松尾大社は『延喜式』の名神大社で松尾神社と記載され、祭神を大山咋神・中津島姫命（市杵島姫命の別名という）とする。本来は鴨氏が祭祀し、社殿背後の松尾山山頂の磐座でそれが行われたという。「秦氏本系帳」にも、「日埼の峰より更に請いたてまつる」と記され、現在地の前の段階での祭祀が示される。平安京遷都後は東の賀茂神社（賀茂別雷神社・賀茂御祖神社の上賀茂・下鴨両社）とともに東西の王城鎮護社とされ、稲荷社よりも二二〇年ほど早い九世紀中葉に正一位に達した（『三代実録』）。中世以降は、境内に名水「亀ノ井」をもつ松尾神（大山咋神すなわち少彦名神で、日吉大社の祭神でもある）は酒の神としても信仰され、全国の醸造家からの信仰は現在も続く。

摂社には月読社・櫟谷社《いちいたに》（本社と合わせ松尾三社という）や宗像社・衣手社などがあって松尾七社と称され、末社は三十社ほどある。社家としては、秦氏が歴代神主となって奉仕し、近世では神主・権神主の東家、正祢宜・正祝の南家が秦宿祢姓で、筆頭神主の秦氏一族からは近世に三位に叙せられた者も多く出た（『歴名土代』など）。その実権は、摂社月読宮長官で松尾祠官を兼ねた伊岐氏（松室家。列島古来で月神祭祀をもつ山祇種族が源流の中臣氏族という）が執った、ともいう。なお、江戸期の地下官人に松室氏が十数家（知恩院宮坊官、院蔵人、上北面）も見えるが、みな秦氏を称していた。

松尾大社（京都市西京区嵐山宮町）

ともあれ、この辺の秦氏一族の初期の系図は複雑な模様であり、松尾社の秦氏は、男系が物部氏から出たものといい、『姓氏録』山城神別に記載される饒速日命の後裔とする秦忌寸氏とのことである。鴨県主の母縁で鴨祝となった物部一族の奈西連（物部麁鹿火大連の甥）が、秦大津父の妹を娶って生んだ形名が母姓の秦公を冒し、その曾孫が上記の都理だと伝える。所伝の系図では、都理の子孫が松尾社の祝・祢宜を世襲していき、平安中・後期頃からその具体的な活動が史料に見える。例えば、永久五年（一一一七）七月の日付がある「松尾一切経」には願主神主秦宿祢親任の一族の名が見える（近藤喜博氏の「松尾神社一切経」、『神道史研究』五―二所収、一九五七年）。この一族が近世まで永く続いて、上記の東家・南家などの祠官となった。本系帳に見える知麻留女の位置づけも難しいが、都理の妻か関係者でもあった模様である。都理の妻は、鴨県主酒屋女とも伝える（そうすると、「秦氏本系帳」には「鴨氏人は秦氏の婿なり」とあるのは逆の話となる。両氏が通婚のなかで複数の様々な形があったものか）。

養蚕技術に優れた秦氏が保津峡を拓いて丹波国の亀岡あたりを桑の田にしたとの由来もあって、亀岡市内に秦氏ゆかりの松尾系神社が多く存在する。丹波には、国掌の秦貞雄がおり、その妻で丹波国何鹿郡人漢部妹刀自売が節婦として仁和三年（八八七）六月に賞されたが、これより先、夫は殺人の咎で遠流されている（『三代実録』）。『類聚国史』にも、延暦廿一年（八〇二）に丹波国人秦乙成が見える。平安後期の天仁二年（一一〇九）七月付「丹波国在庁官人等解案」（「東寺百合文書」）には、惣判官代の大秦宿祢貞則が見える。

松尾社に関連して、**月読神社**をも秦氏は祭祀したが、これは、秦韓以来の伝統もあるのかもしれない。日本でも火神・月神を祭祀する列島原住の山祇種族に通じる。弓月君の名も、月神信仰に由来するのかもしれない（秦氏は自分たちの奉ずる新たな神をもちこむよりも、在来の伝統ある神を尊重したが、それへの祭祀を継承したほうが摩擦も少ない、と水谷千秋氏がみるが、この見方には反対である。秦氏が日本列島で祭祀した神が秦韓以来のものと合致していたとみるほうが自然である。秦氏の遠祖、秦韓王族の形成過程を基礎に、秦氏の祀った神を考える必要がある）。

丹波国桑田郡には『延喜式』神名帳に掲載の大井神社（亀岡市大井町並河）があり、月読命・市杵島姫命を祀る。葛野大堰に因みそうでもあるが、伝承は異なり、旧鎮座地の同市河原林町まで葛野の松尾大社から祭神月読命が亀の背に乗って大堰川を遡上したという。境内社に稲荷社もあるから、秦氏ゆかりの神社とみられ、鎮座地の並河に因む並河氏は族裔か（地下官人に見える並河氏は平家を称）。同市域の大堰川沿岸にある名神大社の小川月神社（桂川を挟んで、馬路町月読、千代川町小川〔稲倉魂神を配祀〕に論社が鎮座）とも関係した。

近江国浅井郡の式内社で湯次郷内保村にある**湯次神社**（滋賀県長浜市湯次町）は、近江の支族、依知秦氏の支流により祭られた。古くより湯次荘の総社であり、その創祀は、弓月郷戸主の依智秦造国万呂が大宝元年（七〇一）に勧請して秦始皇・酒君・融通王（弓月君）を祀ったと系図にいう。今は、弓月王・建御名方命・瀬織津姫を祀る。瀬織津姫は伏見稲荷の稲荷神に通じるからよいが、建御名方命はもとは「御名賀多命」（弓月郷の名が由来する弓月君のことか）を祀ったのが転訛したとみられる。草野川を挟んだ南東近隣の同市大路町にも同名の湯次神社があり、こちらは祭神を建御名方命・瀬織津比咩命とする。地名などから見ても、湯次町のほうが元の神社とみられるが、いまは大路町のほうが神社としての勢威がある模様である。

このほか、『日本霊異記』などの分析から、植野加代子氏は、畿内では秦氏が水上交通の拠点としているところに**妙見信仰**が多く分布し、能勢の妙見信仰も秦氏によるものとみる（『秦氏と妙見信仰』)。妙見信仰は、金官伽耶王家（「百済」王家とする所伝は誤り）の流れを汲む周防の大内氏が篤く祭祀したことでも知られるが、秦氏と金官伽耶王家の金海金氏とは祖縁がつながることを示唆する。房総地方では、ハタ地名と鍛冶遺跡、妙見信仰が関連するとの指摘もある。

宮中で祀られる神々（『延喜式』神名帳の「宮中坐神三十六座」）のなかに、宮内省坐神の三座（並名神大）があって、薗神《その》（園神）の社と韓神の社の二座がある。この**園神・韓神**について、大己貴神・少彦名神・大物主神をあてる説もあり、平安京遷都以前に京の地を支配したのが渡来系の秦氏だとして、元々は秦氏が奉斎した神とみる説（水谷千秋氏）もあるが、ともに論拠が弱く、疑問である。

園韓神社は宮中では唯一の名神大社であり、応仁の乱頃までの宮殿の宮内省に鎮座した。この神格・鎮座地からみて、秦氏の祭祀にふさわしいとは言い難い。例祭は園韓神祭といわれ、『江家次第』では神部四人が榊・桙・弓・剣を持ち神楽を舞ったと見え、『百錬抄』では大治二年（一一二七）の大内裏火災で園韓神の御正体を取出そうとした折に神宝として剣・桙があったと見える。帝王鎮護といい、皇祖神の系統からみても、韓神が五十猛神（韓地から渡来した天孫族の始祖。日本列島各地で韓神として祀る）で、園神が大宮売神《おおみやめ》（食物主宰の御食津神、倉稲魂神。秦氏が稲荷神で祀る）という夫妻神とするのが妥当であろう。これなら、元から当地にあったとして、古来から住んだ天孫族系の鴨氏族が遠祖神として祭祀したことが十分ありうる。

四　秦氏とその同族諸氏の地方分布

摂津国の秦氏一族

わが国の秦氏族は、畿内では山城・河内に次いで、摂津・和泉にも多かった。なかでも初期段階に分岐した氏が摂河泉の三国に多いことは、『姓氏録』や『百家系図』巻五〇に所載の「朝原忌寸系図」等から知られる。秦氏族の分岐状況について考えるとき、山城国のみならず、もとの凡河内国全体の地域の重要性を改めて認識する。

摂津国に焦点を当てると、秦忌寸（太秦公宿祢同祖、功満王之後）・秦人（秦忌寸同祖、弓月王之後）の二氏が『姓氏録』にあげられ、秦氏一族が豊島《てしま》郡・西成郡に居住した。豊島郡に秦忌寸・秦井手・秦井手忌寸、西成郡には秦・秦人・秦忌寸が居住した。これは、『続日本紀』や『正倉院文書』に見える。とくに豊島郡には秦上郷・秦下郷（大阪府池田市域）が『和名抄』にあげられ、天平神護三年（七六七）に「豊島郡散位正八位上秦忌寸豊穂」の名が見え（「造東大寺司移」）、神護景雲三年（七六九）には豊島郡人の正七位上井手小足らに秦井手忌寸の賜姓もあって、秦一族の繁衍が知られる。秦上郷には秦上神社（穴織神社、伊居太神社。池田市綾羽）、秦下郷には秦下神社（呉服神社。池田市室町）がある。

豊島郡の延喜式内小社の為那都比古神社（大阪府箕面市石丸。もと白島村）には、平安中期の寛平四年（八九二）、大宮寺という神宮寺が創建される。当時の豊島郡司時原佐道が開山したと『摂陽群談』に見え、神社の祭祀に秦氏支族の時原氏の関与が伝わる（ただ、為那都比古は秦氏祖神ではなかろう）。大宮寺・西天王の背後に医王岩という巨岩がある。

六世紀代頃には、池田市域に二子塚古墳（全長四五メートルの前方後円墳）や鉢塚古墳（径四〇メートルの円墳の模様。大型の横穴式石室あり。穴織大神等を祀る五社神社の境内に所在）が築造された。穴織社の神主河村氏は長らく秦姓を名乗った事情もある。これら古墳は、五世紀末頃に新たに当地に進出してきた秦氏のものとみられている（水谷千秋氏の『謎の渡来人秦氏』など）。上記の井手系統は、弓月君の子孫で酒公の孫とされる知々古造の後という。

為那都比古神社（大阪府箕面市石丸）

豊島郡手島郷には、戸主辟秦法麻呂と戸口の経師（経文の書写を業とする者）・同姓諸上の居住が知られ（『大日本古文書』天平十五年頃の「経師勘籍」など）、系図には、辟秦は竇秦絵師（辟・竇はともに「サク」の音）や秦人と同じく、弓月君の子の武良君の後とされる。承和四年九月紀には、摂津国人右衛門医師の辟秦真身、武散位同姓仲主等の三烟が本姓を改めて秦勝を賜姓した。これら分布から見て、五世紀頃以降に秦氏一族の豊島郡への進出が考えられ、この辺は上記古墳の分布とも符合する。同国西成郡の外従八位下秦神島及び正六位上秦人広立は、同じ神護景雲三年（七六九）に秦忌寸の賜姓をうけた。また、同国有馬郡にも幡多郷（現神戸市北区八多町一帯）があり、秦氏関係者の居住が伝えられるが、詳細は不明である。

畿内周辺の秦氏一族

近江や美濃については後ろの関連するところで記すが、このほか播磨、紀伊、若狭など畿内周辺で見える秦氏一族について簡単に触れておく。

①播磨

茨田郡枚方から播磨国の揖保郡枚方里（現・同郡太子町佐用岡平方）へ移住した秦首と秦部がある。同郡には少宅《おやけ》郷に秦田村君有礒がいた（天平十五年頃の「経師勘籍」）。少宅里はもとは漢部《あやべ》里と呼ばれたが、のちに川原若狭の祖父が少宅の秦公の娘と結婚したことで、その家を少宅と名づけたと『風土記』に見える。川原氏（河原直）は東漢氏一族中腹の出で、いま小宅神社が兵庫県たつの市龍野町宮脇にある（今の祭神は応神天皇というが、本来の神かどうかは不明）。天平五年（七三三）の「右京計帳」には、戸主の秦小宅牧床ほか「秦小宅」姓の人々が多く見えており、揖保郡の秦氏一族はこの同族だったか

賀茂郡山田郷の戸主に秦人水間、戸口に秦人足嶋も見える（天平勝宝五年。大日本古文書）。

赤穂郡司の史料としては、延暦十二年（七九三）の擬大領外従八位上に秦造（欠名）、擬少領に秦

造雄鯖が見える（東大寺文書）。同年四月付の「播磨国赤穂郡坂越・神戸両郷解」には、天平勝宝五年（七五三）頃に赤穂郡人に秦大炬《おおい》なる人物がいて、坂越に塩堤を造って墾生山《はぶやま》という塩山の開発を行おうとしたとある。平城宮出土木簡には、同郡大原郷の戸主に秦造吉備人、同郡の秦造小奈戸や秦酒虫も見える。次いで、『三代実録』の貞観六年（八六四）八月条には、赤穂郡大領外正七位下秦造内麻呂が外従五位下を借授されたとある。この内麻呂は、同八年に求福教寺を建立した。

平安後期の十一世紀後葉、承保二年（一〇七五）に赤穂郡司・播磨大掾に任じた開発領主・秦為辰《ためとき》がおり（『平安遺文』）、その子孫が中世の悪党・寺田法念ら寺田氏一族であった。同氏は矢野荘（兵庫県相生市矢野町）の公文、若狭野土井大避神社別当・神主・祝師職、坂越荘（現赤穂市内）浦分一部の地頭職をもっていた。長和四年（一〇一五）十一月の国符に記される赤穂郡有年《うね》荘（赤穂市の北部）関係の文書（『平安遺文』）には、寄人四一人の連名のうち秦姓を名乗る者が十二人も見える。このように、有年・赤松など赤穂郡には、秦河勝を氏神として祭る大避神社が建てられ、古くから秦氏の勢力が郡領として展開した。

大避神社（兵庫県赤穂市坂越）

②紀伊

紀伊では、貞観三年（八六一）二月の「名草郡直川郷墾田売券」（神宮文庫文書）に刀祢の秦伊美吉千依が見えており（紀氏一族や爪工連叔葉、伴直継岡、川原伊美吉尊麿らとともに）、平安後期の十二世紀中葉の那賀郡に郡司や惣大判官、介に秦是時など、同じ頃の名草郡にも郡司代で秦宿祢がいた（以上のいずれも『平安遺文』所収）。更に、直川介大夫散位秦宿祢、田屋介大夫散位秦宿祢が承安四年（一一七四）十二月の「栗栖氏文書」（『平安遺文』所収）に見える。名草郡岩橋庄の荘官の流れを汲む岩橋・湯橋氏は、秦宿祢という（後に称源姓）。

名草郡大野庄の地頭にも秦宿祢守利がいた。大治二年（一一二七）八月の名草郡の郡許院司及び三上野院司として各々散位秦宿祢が見えるが、これら秦氏の系譜は不明である。このほか、安諦郡の幡陀郷も『日本霊異記』に「秦里」と見え、秦氏との関連があって、平城宮出土の天平木簡に「紀伊国安諦郡幡陀郷戸主秦人小麻呂調塩三斗」とある。

③越前・若狭

秦氏の分布は、日本海沿岸、北陸地方にまで及ぶ。若狭の秦勝では、『三代実録』貞観十年（八六八）三月条に若狭国三方郡の節婦、秦勝綱刀自は官位二階を昇叙され免租などの処遇をうけた。

越前では、敦賀郡の伊部郷戸主の秦曰佐《おさ》山、同郡津守郷戸主秦下子公麻呂、足羽郡の伊濃郷戸主秦八千麿・足羽郷戸主秦文麿・利苅《とかり》郷戸主秦井手月麻呂など、坂井郡の赤江郷戸主秦赤麿・余戸郷戸主秦佐弥など、秦氏一族が多く見える（天平神護二年（七六六）の「越前国司解」）。坂井郡の水尾郷には秦倉人麻呂も居た（山城居住の秦倉人の一族。天平五年頃の「山城国計帳」）。秦井手は摂津からの遷住か。ほぼ同じ頃、足羽郡上家郷に戸口として秦前多麻呂も「正倉院文書」に見えており、秦下・秦前は山城から移遷した可能性もある。天平神護元年（七六五）正月には、山城国紀伊郡人の少初位上秦前東人、伊勢国朝明郡人の大初位下秦部家主が「正倉院文書」に見える。これに先立つ天平二十年（七四八）には朝明郡葦田郷の戸主船木臣東君の戸口として秦家主（年廿二）が同文書（書写所解）に見えており、同人であろう。

越前の敦賀・坂井両郡と若狭国に関する平城京・長岡京からの出土木簡にも秦氏の名が見える。これらの地域で塩が産出することに注目して、秦氏の製塩技術が動員されたとみる見解がある（加藤謙吉氏）。天平宝字四年（七六〇）九月の荷札木簡には、若狭国遠敷郡遠敷郷（小浜市遠敷付近）に住む秦人牟都麻呂が調という税で塩三斗を納めたと見える（『福井県史』）。遠敷郡関係の木簡では、江西の鴨稲荷山古墳と近接する高島市鴨の鴨遺跡（奈良〜平安期）から「遠敷郡　小丹里　秦人足嶋　庸米六斗」と記されたものもあり、同郡玉置郷の「田井里秦人足」という記事も平城宮跡から出た。このほか、「若狭国貢進物付札木簡」に秦氏関係者の名が見え、遠敷郡には秦勝、秦曰佐、秦人、秦人部が、三方郡に秦勝、秦曰佐があげられる。後年であるが、平安中朝の鎮守府将軍・藤原利仁（斎藤・加藤など北国武士団諸氏の祖）の母は、越前の秦豊国の娘と伝える（『尊卑分脈』）。

吉備の秦氏一族

播磨の西隣、美作を含む吉備地方にも「秦」に関係する地名や人々が見られるが、始皇帝末裔を称する秦氏との関係は端的には知られない。

土器製塩の中心地である備讃瀬戸（岡山・香川両県の瀬戸内海地域）周辺の秦系集団の存在に注目

する見方がある。備前・備中・讃岐の三ケ国は、古代の秦・秦人・秦人部・秦部の分布の顕著な地域だとして、備讃Ⅵ式土器の出現期は、秦氏と支配下集団の編成期とほぼ一致するので、備讃瀬戸でも、秦系の集団が塩の貢納に関与したとみるべきかもしれない、とされる（加藤謙吉著『秦氏とその民』）。このように、加藤氏は秦系の集団が塩貢納の関与を示唆しながらも、現状では不詳とせざるを得ないとする。

先に見た備前国邑久郡の大辟部平猪の御調塩の木簡や播磨国赤穂郡の塩に関する記事からしても、秦氏に関係する集団の製塩関与は認めてよい。秦氏関連の一族は播磨西部から備前・美作にかけて広く分布した。八世紀には、備前国人で香登《かかと》臣の姓を賜った秦大兄、邑久郡の秦造国足などの秦氏関係者がいた。備前市香登本の大酒殿址は、秦大兄の先祖を祀ったと伝える。「大酒」というと、播磨の大避神社があるので、備前の周辺にも播磨の秦氏系氏族が遷り住んだのかもしれない。邑久郡長船には湯次神社（旧村社。瀬戸内市長船町磯上）があるが、秦氏一族に関係したものか。

平城宮跡から出土の「備前国邑久郡旧井郷秦勝小国白米五斗」という木簡もある。宝亀五年（七七四）三月付けの「沙弥勘籍啓」という正倉院文書（『大日本古文書』）に「沙弥慈良　備前国邑久郡積梨郷戸主秦造国足・戸口秦部国人　籍早速欲勘籍者」と見え、上道郡沙石郷には戸主秦勝千足、播多郷には秦老人・秦忍山がいた（平城京出土木簡）。備中には、都宇郡河面郷辛人里に戸主秦人部稲麻呂・戸口秦人部弟嶋が見える（天平十一年（七三九）の「備中国大税負死亡人帳」）。

美作国では、久米郡人の秦豊永が親孝行で賞せられており（『三代実録』貞観七年条）、三保村錦織《にしこり》（現・久米郡美咲町域）の村社・錦織神社に祭られるという。同社は錦織郷の総社で秦氏の祖霊社とされて、稲倉魂神を主として祀り、近くに絹屋敷・倉番など往時を偲ぶ遺跡がある。久米郡には秦安近など秦氏の一族が多く（久米南条郡豊楽寺所蔵の延文三年如法経大施主名標中）、同郡には秦氏に関係した地名も数多くある。『元亨釈書』には釈慧達が秦氏で美州の人、元慶二年滅と見える。法然上人の母も秦氏と伝える。

ここまで見た秦氏の分布とは別に、天日矛（アメノヒボコ、天日槍）やその妻・阿加流比売《あかるひめ》神の行った先、伝承が残る地には、「秦」に関係する地名痕跡がある（平野邦雄氏など）。吉備では、姫社《ひめこそ》神社が存在するのが備中国下道郡秦原郷の地（旧岡山県波多村福谷で、現在は総社市の秦・福谷一帯）であった。ここに「秦郷鉄造之発祥之地」の碑があって、次ぎに述べる豊前と同様、天日矛と鉄など鉱産の関係地であった。この秦原郷の地を秦氏の最古の本拠とする見方（薬師寺慎一氏）もあるが、山城葛野の秦氏との関係では当たらない。

吉備より西方の周防では、延喜八年（九〇八）の玖珂郡玖珂郷戸籍（『平安遺文』）には、戸主秦人吉宗・同秦人今吉など多くの秦人姓の人々が見える。同戸籍の「戸主秦子法師丸」が、別途見える秦人子法師丸と同人だから（子は名前の一部。秦広本も同様の例）、この戸籍では「人」が省略されて単に「秦」とも記され、柞原郷戸主秦末成も見える。岩国市周東町用田の二井寺は、天平十六年（七四四）に玖珂郡大領の秦皆足の創建と伝える。

『隋書』倭国伝に見える「秦王国」

『隋書』倭国伝には、「秦王国」なる土地が日本列島にあり、風俗が華夏（中国）と同じとされ、竹斯国（筑紫）から東に進んでこの地を通過し、そこから海路十余国で畿内の港津（難波）に行く経路のなかに位置した、との記事がある。これは、隋の大業四年（推古十六年、西暦六〇八年）の隋使裴世清《はいせいせい》が到来したときのことで、経路の周防や豊前あたりが候補地とされる。周防の発音が「秦王」に近いとは言えないので、豊前とするのが妥当なところかもしれない。豊前北部には、秦部など秦氏関連とみられる人々が現在に残る奈良時代の戸籍に多く見える。このため、秦氏は日本列島へ渡ると初め豊前国に入り拠点とし、その後は畿内へ進出と見方も出てくる。これが、「秦王国」の所在地問題にもつながる。

具体的にいうと、正倉院文書のなかに大宝二年（七〇二）の豊前国戸籍があり、同国北部の上三毛郡塔里、同郡加自久也里、中津郡丁里（『和名抄』の上三毛郡多布郷・炊江郷及び仲津郡高尾郷であり、現在の福岡県筑上郡、豊前市、京都郡の一部で、山国川北岸より行橋までの十里弱の地域）では秦部で四八％もあり、勝（スグリ）など秦氏系とみられる人々を含めると九〇％ほどを占める。そのため、この地域こそが「秦王国」に違いないと推察される（泊勝美、大和岩雄などの諸氏）。現代でも、秦という苗字は、全国でも大分県・福岡県に際だって多い（畠山一鴬氏の著『日本人の名字地図一〇〇〇』）。

谷川健一氏は、「秦王国」の中心が香春（豊前国田川郡）にあったとみる。『豊後国風土記』逸文に、新羅の国の神が「河原」に渡来してきて住み、「香春の神」という、との記事があって、これに結びつく見方でもある。確かに、新羅の王子という天日矛と「秦」とも関係がありそうであり、この説話のある地域は「秦」を名乗る人々の居住地域と一致するという平野邦雄の指摘もある（『大化前代政治過程の研究』、一九八五年）。香春神社祠官の鶴賀氏は、角鹿（敦賀）に通じる名からして天日矛族裔の可能性もあろう。香春町の採銅所現人の現人神社がツヌガアラシトを祀る事情もある。豊前の求菩提《くぼて》山（星嶽、犬ヶ岳）に妙見神がいたことは、登拝参拝路の途中にある岩洞窟に、現在も妙見菩薩石像が散見されることでその痕跡を見る。してみると、「秦王国」が豊前にあったとしたら、中心地は、豊前海岸部ではなく、谷川氏の言う香春あたりかもしれない。

実のところ、始皇帝末裔を称する葛野秦氏の具体的な分岐が豊前・豊後に見られない事情もあって、とりあえずは、この地域の「秦」は主に西暦二世紀代に来朝の天日矛集団関係ではないかとしておく（「秦」を名乗るからといって、全てが同系統・同族ではない）。その場合、秦氏がまず北九州に渡来し、その後に拠点を山城に遷したとする見方は、成り立たないが、「秦」や波多が新羅となんらかの関係をもつことはありうるものであろう。

東国の秦氏の分布と痕跡

秦氏一族の東国での分布を考えてみる。秦氏は相模国にも上陸し、余綾郡の「幡多郷」、現在の神奈川県の秦野市あたりに入植して、その名を現在に留め、この辺りに高麗神社などが点在することから、足取りを窺いうる、との見方がある。秦氏系は関東では秦野、八王子、調布、飯能、桐生、秩父、足利などに集団がいたともいう。いずれも養蚕に縁が深いという。秦野市には関東三大稲荷のひとつという白笹稲荷神社（秦野市今泉）もある。

武蔵では、埼玉県の男衾郡（現・寄居町・嵐山町・小川町を中心とした地域）に幡多郷、幡羅郡（現・熊谷市・深谷市あたり）には幡羅郷（現・原郷）があった。東京にも幡ケ谷（渋

白笹稲荷神社（神奈川県秦野市今泉）

谷区）の地名があり、都筑郡に幡屋郷（現横浜市）があった。

こうした地名の痕跡があることは確かだが、実のところ、秦氏一族の居住について、どれも確証があるわけではない。史料から具体的に秦氏関係者が居たと知られるのは、東海道では遠江国敷智・榛原郡、伊豆国田方郡、相模国高座郡（和銅七年の平城京出土木簡に美濃郷の秦大□）、武蔵国くらいであり、東山道では上野国多胡郡（天平勝宝八年〔七五六〕正倉院御物の袋の墨書銘に「上野国多胡郡山那郷戸主秦人高麻呂庸布一段」と記）、下野国くらいである。こうした事情だから、東国の秦氏については、分布があまり多くなかった。中世にも末流の存在が明確ではなく、そうしたことで秦氏の東国への分岐過程は知られない。

現代の苗字「秦」の分布では、畠山一鶯氏の『日本人の名字地図一〇〇〇』に拠ると、愛知・三重・滋賀・福井の各県より東方には顕著な分布が見られない。岐阜県の美濃地方を除くと、これら諸県より東方の秦氏は、ほとんど考慮の対象外としてよかろう。

五　奈良・平安時代の秦一族の動向

長岡・平安遷都への貢献

奈良時代には、**秦下嶋麻呂**が造宮録として山背国相楽郡に一時おかれた恭仁京（京都府木津川市加茂）の大宮垣を築いた功績で、天平十四年（七四二）に正八位下から一挙に十四階も特進して従四位下に叙せられ、**太秦公**《うずまさのきみ》の賜姓をうけた。なお、「秦下」とあるので、秦氏支流とみる説もあるが、これは誤解であって、河内の「秦上」に対する山城葛野居住の秦氏を意味した。秦氏本宗であったからこそ、酒君以来の族長的美称を受けたものである。神護景雲三年（七六九）には、造宮長上の秦倉人呰主《あざぬし》が秦忌寸を賜姓した。

延暦三年（七八四）になると、桓武天皇は、平城京を離れて新しい地を求めて、山背国乙訓郡長岡（京都府向日市鶏冠井町）に遷都を行った。葛野郡人の**秦忌寸足長**《たるなが》は同様に

恭仁京・山城国分寺跡
（京都府相楽郡木津川市加茂）

宮城を築いた功で外正八位下から従五位上に進み（翌年には主計頭にもなる）、その翌年（七八五）には、太秦公忌寸宅守《やかもり》が太政官院の垣を築いて従七位上から従五位下に叙せられた（以上は『続日本紀』）。長岡京の造宮長官・藤原種継の母が秦朝元の娘で、秦氏は長岡造都に全面的な協力をしたといわれる。上記のように築垣の技術を古くから有しており、これは大陸から伝来の版築《はんちく》の技法とみられている。乙訓郡には秦氏支流の物集連などが居た。

長岡京は十年で廃されて、次ぎに同じ山背の葛野郡に平安京が造られる。その遷都の経緯はともかく、そこでも新都建設に秦氏が尽力した。藤原北家の藤原小黒麻呂は、長岡京にも関与したが、造宮長官として葛野への遷都を推進したことで知られ、妻が上記の秦嶋麻呂の娘で、その間に中納言葛野麻呂が生まれている。秦氏の本拠地であった桂川一帯は、建設に必要な資材基地となった。長岡京の近年の発掘調査では、都城形体がかなり整っていたとされるから、再度平安京へ遷都するのには多くの困難が伴ったはずで、これをやり遂げた桓武天皇の背後に、山背地域を本拠として財力と高度な技術力をもった秦氏がいた。平安京造営の少工（造宮職の技術分野の次長）には、秦忌寸都岐麻呂《つきまろ》が任じていた。

大内裏の紫宸殿《ししんでん》前の「右近の橘」は、秦河勝の邸宅にあったという伝承もある（『天暦御記』）。早くから山城盆地に住む秦氏が、内裏にあてられるような良い土地を所有していたことを示す伝承とされる。

後の十世紀前半に、葛野に従六位上大秦公宿祢相益《すけます》なる者がおり、豊後大目にも任じた。この者が、その戸口の行康とともに、葛野郡上林郷小野村（京都市北区小野）の土地保有者としての土地売買目録がある。行康が同族の朝原宿祢有岑から土地を買った記録が残り（『平安遺文』文書番号二〇〇・二〇一及び二四三で、延喜九年〜承平二年）、この時期にも秦氏一族は葛野、嵯峨野の一帯に住み続けていたことが分かる。

奈良時代・平安前期の官人・僧侶・女官たち

奈良時代では、秦氏一族は諸国国司や大蔵などの中・下級官人として見える程度であり、宮城垣築造の功で昇進した者以外では、官位は外従五位下・正六位上程度で止まった。それとともに、葛野郡などの郡領を輩出する家として勢力を貯えたが、一族から出た僧侶や女官には興味深い動きをするものもいる。

その一人が**僧・弁正**であり、秦牛万呂の子に生まれて、大宝元年（七〇一）に遣唐使とともに入唐し、そのまま外地で死去している。その漢詩が『懐風藻』に一首、採られている。唐在住の時代に王族の「李隆基（後の玄宗皇帝）」とよく囲碁をしたといい、日本への囲碁の伝達者ともいわれる。唐人女との間に唐で生まれた子供が朝慶・朝元と二人おり、次男の秦朝元のほうは帰国して山城に住み、その娘には、藤原清成の室となって藤原種継を生んだ者や藤原綱手の室がいた。

秦朝元の経歴を見ると、養老二年（七一八）に帰朝したが、この時の遣唐副使が藤原式家の宇合であった縁で、後年朝元の娘と宇合の息子・清成（浄成）が結ばれたとみられる。その翌三年（七一九）に秦忌寸姓を賜り、その二年後に医術が師範にふさわしいと顕彰された。天平五年（七三三）に第九次遣唐使として渡唐し玄宗皇帝から厚遇された。帰国後には、天平九年（七三七）に図書頭、同十八年（七四六）に主計頭に任じた。従五位下まで昇叙した模様である（『公卿補任』）。

この一統は河勝の弟、和賀造の後とされ、山背国葛野郡を本拠地とし、朝元の子の備前権介真成の子孫・一族は宝亀七年（七七六）に朝原忌寸を賜姓した。賜姓した箕造・道永は真成の子と系図に伝え、それらの子の代に宿祢姓を賜った。大外記道永の系統では、諸坂・良道・三行が大外記に任じた。桓武天皇の皇女、朝原内親王は乳母の朝原忌寸大刀自に因む命名であり、乳母は従五位下に叙せられた。年代的に見て、箕造・道永の姉妹か。

先祖の秦和賀は阿津見長者とも称され、南山城の綺田《かばた》に蟹満寺（京都市木津川市。薬上寺、蟹幡寺ともいう）を建立したが、この頃に広隆寺の末寺だったという（広隆寺文書『末寺別院記』）。和賀造の後裔の同族で熊の後には、左京・摂津の時原宿祢・朝臣もいた。

桓武天皇の皇子、賀美能親王（即位して嵯峨天皇）の乳母にも、秦氏本宗の大秦公忌寸浜刀自女がなっており、延暦十年（七九一）正月に賀美能宿祢を賜姓した。当該姓氏は、この乳母だけに与えられたことも考えられ、その後に名乗る者は史料に見えない。

蟹満寺（京都府木津川市山代町綺田《かばた》）

僧侶では、葛野郡の太秦公忌寸から出た法相宗の僧・常楼（生没が七四一～八一四）は、興福寺伝燈大法師で弘仁五年（八一四）十月に卒した（『日本後紀』。記事には「秦公忌寸」）。

護命《ごみょう》（生没が七五〇～八三四）は、奈良後期から平安前期にかけての法相宗の僧で、小塔院僧正とも称される。美濃国各務郡の秦氏の出身。日本における法相教学の大成者であり、著作に天長六本宗書の一つ『大乗法相研神章』五巻などがある。勤操とも連絡があった。

慧達（生没が七九六～八七八、享年八三）は、平安前期の法相宗の僧で、同じく美濃の秦氏出身であった。大和の薬師寺の仲継に法相宗を学び、近江の比良山で修行した。文徳天皇の病気平癒を祈祷して治癒させ、貞観五年（八六三）の神泉苑御霊会の導師をつとめ、同十一年には大僧都となった。薬師寺の万灯会《まんどうえ》をはじめた。

美濃の秦氏の系譜は不明だが、日本最古の戸籍、大宝二年（七〇二）の「三野国加毛郡半布里」（加茂郡埴生里。現・加茂郡富加町域）に、秦人小玉・秦人部都弥など多くの秦人・秦人部が見える（『大日本古文書』）。天平四年（七三二）三月の正倉院文書には、当嗜《たぎ》（多芸）郡垂穂郷三宅里戸頭の秦公麿の戸口、秦公豊足が見える。各務郡には秦氏の氏寺であった山田寺が知られ、その寺址から「秦」と書かれた瓦が出た。『類聚符宣抄』巻七の康保二年（九六五）二月には各務郡大領の秦良実が死んで後任の補任が見える。これら美濃の秦氏は隣国の近江の流れの可能性がある。国内の当嗜・賀茂・本巣・方肩・各務・山県・厚見・池田・不破の各郡には秦氏と関係部民が見えるから、分布が濃厚であった。

勤操《ごんぞう》（生没が七五四〔ないし七五八〕～八二七）は、護命とほぼ同時期の三論宗の僧で、石淵僧正とも称される。大和国高市郡の秦氏の出身で（『明匠略伝』）、父は秦忌寸古麻呂という。大安寺で信霊・善議に三論教学を学び、千僧度者に選ばれた。比叡山根本中堂の落慶供養の際には堂達をつとめ、延暦十五年(七九六)には、栄好の母の追善のため高円山麓の石淵寺で法華八講を創始した。弘福寺(川原寺)別当や東寺の別当を歴任し、天長三年(八二六)に大僧都に至った。当時の新しい宗義であった天台宗、真言宗とも交流を持ち、最澄・空海から潅頂をうけた。没後には僧正位が追贈され、勤操御影に空海が讃并序を撰した。

大和では、『姓氏録』掲載は秦忌寸という僅か一氏(功満王の後と記)であり、これも山城国深草に行った一族の戻り遷住の模様である。系図には、深草の大津父の弟・宇庭の七世孫が勤操だと伝える。『続日本紀』天平神護二年(七六六)十二月条には、大和国人正八位下秦勝古麻呂等四人に秦忌寸を賜姓したと見える。その後、宝亀七年(七七六)に左京人の従六位下秦忌寸長野等二十二人が奈良忌寸の賜姓をうけたが、古麻呂らとの関係は不明である(大和岩雄氏は、己知部との関係も考えるが、この辺も不明)。ほかに大和では、天平年間頃の忍海郡栗棲郷の戸口として秦伎美麻呂(優婆塞として貢進)が史料に見えるが、単発的な記事なので、その一族については知りがたい。

次ぎに、**道昌**は、平安前期の僧で、讃岐国香川郡の出身(讃岐の秦氏は、惟宗朝臣に関して後述)。幼少時に奈良・元興寺で三論教学を学び、東大寺での受戒の後に空海に真言密教を学んだ高弟で「両部の灌頂《かんじょう》」を受けた。以後、興福寺維摩会など様々な法会の講師や導師をつとめ、承和年間(八三四～八四八)には大堰川の堤防、葛野大堰を改築するなど、行基の再来と称された。この間、太秦氏寺の広隆寺別当や隆城寺別当も歴任した。僧位は、貞観六年(八六四)に権律師に任じられ、以降は律師を経て少僧都まで至った。嵯峨嵐山の葛井寺を再興して法輪寺と改め、中興開山となっている。淳和天皇の皇子で承和の変で廃太子となった恒貞親王が出家した際には弟子として密教を教え、貞観十七年(八七五)に入寂した(以上は、『三代実録』『元亨釈書』などに記載)。

讃岐の香川郡坂田郷出身で俗姓秦氏の観賢《かんげん》（生没が八五四〜九二五年）もいる。観賢は、延喜九年（九〇九）に東寺長者に任じられ（「東寺長者補任」）、東大寺検校を経て、延喜十九年には醍醐寺の初代座主、金剛峰寺の座主にもなった。

すこし後になるが、平安中期の東大寺の僧、奝然《ちょうねん》（生没が九三八〜一〇一六年）は、京都の秦氏出身で、入宋し天台山・五台山を巡礼した後に釈迦像などを携えて帰国、法橋に任じられ、永祚元年（九八九）から三年間、東大寺別当をつとめた。洛西の愛宕山の地に清涼寺の開創を企て、寂後に実現した。『王年代記』等を中国・北宋に伝えており（内容は『宋史』の「日本国伝」に記事）、『奝然在唐記』の著作が知られる。

平安期の惟宗朝臣と令宗朝臣

秦氏一族の官人のなかで長く続いたのが惟宗朝臣氏である。この姓氏は、元慶七年（八八三）に秦宿祢永厚（一に永原だが、永厚が妥当か）、秦公直宗、秦忌寸永宗、秦忌寸越雄、秦公直本ら男女十九人に対する賜姓に始まる。

惟宗朝臣氏は、大きく二流に分かれており、河勝の子の石勝の流れとその弟の物主の流れになると系図では伝えるが、平安時代に明法道（律令学）を家業として著名な明法家を輩出した。なかでも、もと秦公姓で讃岐国香川郡本貫の一派は、元慶元年（八七七）に左京六条に移貫した直宗・直本の一族（元慶元年十二月紀に両者を兄弟とするが、系図では従兄弟で、これが妥当か）であり、平安中期に一流の明法博士を多く出した。讃岐の秦公の系譜は複雑だが、物主の後裔という系図所伝がどこかで混乱あり、直宗らは本来は河勝の後裔ではないようにもみられる。

惟宗直宗は、勘解由次官などを歴任して明法博士・大判事をつとめ、仁和四年（八八八）の阿衡《あこう》事件に際して、橘広相の罪は流罪に相当するとの勘文を奏上している。直宗の子で、『本朝月令』（年中儀礼の由来書）を書いた惟宗公方もよく知られ、同書には「秦氏本系帳」を引用した部分も二個所ある。公方の子孫の博愛からは、神保氏が出たともいう。

惟宗直本は、清和天皇から醍醐天皇までの五代の天皇に仕え、『律集解』と『令集解』の編者として名高い。その子孫は明法家（明法博士や判事）として知られ、『延喜格式』の撰者の惟宗善経、致明や『政事要略』を書き従四位下河内守まで昇進した惟宗允亮《ただすけ》などが出た。允亮・允政（允正）の兄弟は、『二中歴』では共に十大明法家に数えられ、律令に因み「令宗朝臣《よしむね》」姓を十世紀末頃に賜ったが、令宗姓は允亮の嫡流のみに伝えられた模様で、その後にあまり見ず、允政の孫世代には惟宗朝臣に復して、その後は下級史官、検非違使などに見られ、この流れからは、対馬の宗氏を出した。

永厚（永原）の子孫には左大史・大外記などの文官を輩出し、具範（文章博士）、孝言（文章博士、大学頭）などの著名な文人・歌人も出した。孝言の弟で典薬大属助言の系統は医道で知られた。寛治二年（一〇八八）の国任の明法博士任命を最後に、惟宗氏から明法博士に任じられる者は後を絶ち、その後の明法道の家職は坂上大宿祢氏や中原朝臣氏に独占されていった。薩隅の島津氏などの祖先ともされる。惟宗氏一族の興亡の跡を辿ることは、平安期以降の学芸の変遷、政務の遂行や中級官人の実態を明らかにするうえに緊要のことだ、と利光三津夫氏らが評価する。

永宗は造宮少工であった都岐麻呂の曾孫であり、その孫の陰陽大属仲式の流れは『小右記』などに見える陰陽頭文高など陰陽師を輩出した。『二中歴』にも、陰陽師の項に「文高」として名があがり、惟宗氏では具胆とともにこの道の大家であった。文高の甥の陰陽師貞清の後裔は、平安後期から播磨に住んで飾磨郡の飾西・中山氏につながる。一族の越雄の従兄弟の外従五位下善子・安雄は、惟宗朝臣の賜姓よりも早くに、貞観六年（八六四）に同音の伊統朝臣（あるいは宿祢姓）を賜姓した。

讃岐の秦氏一族

惟宗朝臣に関連して、讃岐の秦氏一族を見ておく。

直宗・直本の一族が代表的であるが、左京移貫前は讃岐国香川郡に本貫があり、秦公姓をもっていた。「公」の姓から見て、一族でかなり早い分岐とみられ、系図でも酒君の孫の馬甘について讃岐秦子の祖と見える。ところが、同じ系図では、河勝の子の物主の後に直宗らを置くから、この辺は系図に混乱があり、本来は馬甘の流れというのが主流だったか。また、畿内の大和・河内あたりから直接に讃岐に移動した契機も知られないから、播磨あたりを経由して動いた可能性も考えておきたい。

ともあれ、讃岐では香川・山田・多度・三木郡などで秦氏一族の活動が広く知られ、先に平安前・中期の僧侶（道昌、観賢）について記した。史料に現れる主な動きを見ていく。

まず、天平宝字七年（七六三）に山田郡復擬主帳の秦公大成が郡内の大和弘福寺領について校田を行い（「東寺文書」）、宝亀十年（七七九）四月の「讃岐国山田郡司牒案」にも大領に秦公大成、少領に秦公□□麻呂が見える。神護景雲三年（七六九）十月に、香川郡人の秦勝倉下ら五二人が秦原公の賜姓を受け（『続日本紀』）、秦勝は伊予・土佐にも見える。

平安期に入って、承和二年（八三五）に讃岐国人秦部福依、弟・福益ら三戸が秦公の賜姓、同九年に香川郡人秦人部永楫・同姓春世ら十人が酒部の賜姓、貞観六年に多度郡人美作掾従六位下秦子上成、弟の同姓弥成ら三人が秦忌寸の賜姓と続き（以上は六国史）、貞観九年（八六七）頃に讃岐国大目秦忌寸安宗が山城広隆寺へ橦を奉納した（「広隆寺文書」）。こうした流れのなか、香川郡人の秦公直宗・直本の左京移貫が貞観十七年（八七五）で、その八年後の元慶七年に直宗・直本らに対し惟宗朝臣賜姓があった（『三代実録』）。

なお、酒部賜姓の秦人部については、渡来系の秦氏同族ではなく、讃岐国造一族とみられる。中世の讃岐一宮、田村神社の宮司家田村氏も同じ流れであり、『全讃史』に秦人部春世の後で、讃岐朝臣の支流と記されるから、「秦」がつく者全てを渡来系とみてはならないことになる（藤原姓を称したのも、こうした由縁による）。

後宇多院御領目録には「讃岐国萬濃池、秦久勝」と見えており、讃岐平野は秦氏の潅漑技術でおおいに潤ったことが推される。一族・関係者の分布も、上記のほか、大内・三木・鵜足の諸郡でも見られたから、ほぼ国内全てにあった。南隣の阿波国でも板野・那賀郡に分布があった。伊予国にも有力者として秦首（秦毘登）があって丹朱採掘に当たった模様が『続紀』に見えるが、これら阿波・伊予の秦氏の系譜は不明である。なお、土佐にも惟宗氏や秦氏関係者が史料に見えるが、殆どが当地古族の流れを汲む別系（蘇我赤兄後裔なども所伝。古代の波多国造等の流れとも関係するか）であって、そのように称したにすぎないのではないかとみられる。

秦氏の同族諸氏の末裔

秦氏の同族諸氏・末裔とされる姓氏は合計で六〇ほどあるとされるが、系譜は必ずしも明らかではない。平安前期の『新撰姓氏録』で明確に秦氏の一族とされるのが二六氏あり、このほか、早くに分岐したか系譜不明等の事情で、「未定雑姓」の部におかれる関係諸氏がある。そうした例として、国背宍人《くぜ》(山城未定雑姓)、物集連《もずめ》(左京未定雑姓)、物集(山城未定雑姓)、弖良公《てら》(右京未定雑姓)、広幡公(山城未定雑姓)があげられる。これら五氏を合わせると、合計で三一氏(あるいは後二者を除いた二九氏)となるが、これが血縁同族体としての秦氏一族であろう、とみている。

秦氏は、他の古代氏族の命名と異なり、先に見た秦上、秦下のほか、秦人、秦子(秦許)、秦冠、秦姓、秦前、秦倉人という名乗りもあって、この辺が特徴的である。現存する系図史料から見ると、系譜が一部でもわかるのが大和・河内・山城のほか、摂津・和泉・近江・讃岐であって、これら周辺・近隣地域の丹波、若狭、美濃、紀伊、播磨などは、神社祭祀や所伝・姓氏名などから見て秦氏一族が移入したとしてよさそうである。この範囲では、ごく一部を除き、単一系統の血縁氏族とされよう(戦後の歴史学界では、「擬制的な同族」という概念がなぜか好まれるが、そういわれる殆どについて、的確な立証や例示のない思込みにすぎず、秦氏がいかに巨大氏族だとはいえ、これには当たらない)。ところが、それより遠い地域で秦氏関係とされるものについては、本宗的存在の太秦公・惟宗朝臣との血縁や支配・管掌の関係が不明である。

これでは、上記の『姓氏録』所載姓氏数といい、秦氏を古代随一の氏族だと評価するほうが疑問でもある。秦氏にはさほどの軍事力もなく、あまりまとまりもなかった模様だから、政治的に(政治の黒幕としても)大きな力をもつことも無理に近い。秦氏への過大評価は、わが国古代史を見る眼をかえって曇らせるのかもしれない。

六　中世以降の秦氏一族の後裔諸氏

近衛府武官の秦一族諸氏

近衛府の下級武官に近世まで続く秦宿祢姓（平安中期頃に賜姓）の三上氏があった。その系図は、『諸系譜』第十冊の「秦公姓」系図、京都大学所蔵の『秦氏系図』（平安中後期の一族が詳細に記載）や『地下家伝』などに見える。この系統は、秦河勝の孫の秦忌寸広庭に始まり、初期段階では地方国司などの在任者が多いが、広庭の六世孫の左近将曹秦長用より近衛府武官を多く出すようになる。始祖的存在の長用は主に寛平年中、九世紀後葉～十世紀前葉に活動した者で、妻は惟宗朝臣直本の妹と系図に見える。

以降、一族の累代が近衛官人の武官で朝廷に仕え、摂関などの随身でも史料に永く見える（中原俊章氏の著『中世公家と地下官人』に詳しい記事があり、上掲『秦氏系図』が各種史料と合致するところが多く、「かなり正確である」との評価もある）。

南北朝期には後醍醐天皇の一宮尊良親王に仕えた右衛門府生秦武文を出し、この頃から三上の家号を名乗る。秦武文は『太平記』巻十八に見え、同書には随身秦久武（巻二）や随身秦久文・秦久幸（巻二四）も見える。秦久武の子孫は土佐にあり、久武氏という。

一族歴代には、近衛府の府生から衛門府の将曹、番長などを経て最高位では従五位下近衛将監に到る者もいたが、多くは正六位上衛門将曹までで終わる。その例外的なものとしては、室町後期の武広が正五位下右近将監、その子の武友が従四位下宮内少輔、その子の一氏が従四位下式部少輔と戦国～江戸初期頃の当主の官位が高くなるが（『地下家伝』など）、その後は再び六位止まりとなった。

江戸時代後末期には、下北面の三上景文が従四位下大和守まで至った。景文は、有栖川宮の諸大夫粟津家（従三位義清の子）の出身の養嗣であり、衣紋道に通じ、『地下家伝』（一八四四年成立。地下官人諸家の系譜集）の編纂者として知られる。この衛府武官一族から出た信濃の羽田氏や土佐の長曽我部氏については、後述する。地下官人で閑院宮家侍の小畑、近衛府の土山、中島なども、秦氏一族というが、祖先系譜は不明である。

医家の惟宗氏一族

奈良時代に唐から帰朝した秦朝元が医術に優れたことは先に述べたが、中世に見える惟宗氏の医家はその流れは引いていない。平安中期の惟宗孝近は施薬院使をつとめ、その子の典薬允助言の流れが医家系統である。

助言の子の俊雅は、医博士・典薬頭・侍医をつとめた丹波朝臣忠明の門下であり、その子という俊通は医道名師とされ、子孫は室町前期頃まで医道の官人（侍医、典薬頭・允など）で活動したことが見える（『医陰系図』や『続群書類従』巻一八七の「惟宗氏系図」）。

惟宗俊通は、十一世紀後葉の高麗王文宗に関する医療救援で名が見える。『朝野群載』等によると、承暦三年（一〇七九）十一月に高麗からの書状が届き、病気に苦しむ王への医師派遣を求めてきて、当代一の名医丹波雅忠（忠明の子）に次ぐ惟宗俊通を送ることに一旦はなったが、書状文面が服属国に対する書式という無礼があるとのことで、結局、派遣はとりやめとされた。俊通の活動年代から見て、俊雅の子ではなく、弟（俊雅の養嗣か）とするのが妥当とみられる。

俊通の後裔には、永仁元年（一二九三）十二月に『医家千字文註』を撰した散位正五位下惟宗時俊がおり、同書奥付には文章生で当時玄輝門院の侍中であった貞俊も共に花押が記されるが、両者は親子である。時俊には灸治の方法を記した『続添要穴集』（一二九九自序）という著作もある。系図には、惟宗時俊は『新後撰和歌集』の作者で典薬権助・玄蕃頭従四位下、貞俊は『新拾遺和歌集』の作者で玄輝門院蔵人、従四位下筑前守と記載がある。近い一族には惟宗具俊もおり、鎌倉後期の弘安七年（一二八四）頃に医事随筆・医事説話集『医談抄』や『本草色葉抄』（「節用本草」ともいう）を著した。

惟宗光吉（生没が一二七四〜一三五二）は、代々明法家・医家として名高い一族で、医師吉国の子とされる。後宇多院の寵臣で、権侍医・典薬権助・内蔵権頭・右京権大夫などを歴任し、官位は四位まで至る。法名は玄照で、文和元年九月に七十九歳で卒去した。「和漢才人」といわれ、二条派の有力歌人で『続後拾遺集』撰進に際して寄人をつとめた。小倉実教撰の『藤葉和歌集』の撰にも助力したらしい。二条家の歌会にしばしば参加したほか、鎌倉末期の元亨年間頃の覚助法親王家五十首、元亨三年（一三二三）の亀山殿七百首などに出詠し、自邸でも歌会を催し、公順・道我らとの交流がうかがえる。家集に『惟宗光吉集』があり、『続千載集』に初出し、勅撰和歌集に入集が合計で十九首を数える。

光吉の子の光庭（准儒侍医）・光之（右京権大夫）の兄弟は『新千載集』（南北朝期の一三五九年に撰）

に出ており、光之の子の光方は内蔵権頭で『後愚昧記』応安四年（一三七一）条の記事に見える。その後も、室町期の史料に惟宗氏の官人が若干見えるが、系譜関係は不明である。

楽人と猿楽の秦氏一族

楽人（伶人）では東儀・岡・林・薗の四氏（後に十七家となる）が秦氏の流れを汲むと伝える。京都・大坂・奈良・江戸の雅楽の家の中で多数を算えた東儀家は太秦宿祢姓とされる。この流れの祖先系譜は不明だが、岡が大和国《（ママ）》の百済川東岡村林寺村にあるといい（鈴木真年の『苗字尽略解』）、摂津国東成郡、現・大阪市生野区の百済川（旧平野川）近隣に、林寺村・岡村があった。江戸時代中期の『通兄公記』（右大臣久我通兄の日記）には、享保十八年（一七三三）条に、石清水放生会の参加者のなかに左兵衛府大尉昌春宿祢（岡氏）・右兵衛府少尉太秦昌家（岡氏）が見える。上記四家の太秦宿祢氏は正四位下まで昇位し、宮中のほか江戸楽人としてもあった。

楽家の先祖として聖徳太子に仕えた秦河勝を挙げられる。醍醐三宝院本「聖徳太子伝記」には、百済人で推古朝の日本に伎楽を伝えた味摩之《みまし》は伶人で、これに学んだのが河勝とその子息・孫・一族だとされ、四天王寺の伶人が河勝に始まると『明宿集』にも見える（後世の偽伝か）。天王寺専属の伶人が秦姓で、天王寺流の舞楽を「秦姓の舞」と称された。

天王寺舞人の秦公信は、多正方の弟ともいわれ（義兄弟か）、公信は子の公定（公貞）に「採桑老」を伝授した（公信への伝授者は多正方の父・好茂）。多正方の孫の資忠（佐忠。堀河天皇の神楽の師範）は、子の時方（節方）と共に、康和二年（一一〇〇）に縁戚の楽人山村吉貞・正貫父子のために殺害されており（既述）、事件後に資忠の子の近方は、秦公定から「採桑老」を伝授された。

『平安遺文』（文書番号四三八の東文書）には、寛弘二年（一〇〇五）二月の明経生大秦公信解状があり、所領地を松尾神主秦奉親に売っており、その故父が大蔵大録□□（大秦カ）宿祢連雅と見えるが、年代的にこの親子の一族が天王寺舞人の祖先だったものか。連雅のほうは、貞元三年（九七八）十一月に大蔵史生正六位上大秦宿祢連雅と見えて、土地売買に関与している（『平安遺文』三一三）。『御堂関白記』には大蔵録大秦連理（長保元年）にも作るから、長和四年（一〇一五）に右官掌に補せられた大秦吉理は兄弟か。

平安中・後期頃から江戸初期までの系図はまったく不明で、『旧楽所系譜』などでは、東儀が太秦兼康（従四位下因幡守）や同兼氏・同兼次の後、薗が大秦広忠（壱岐守）・同広成の後、林が大秦広貞の後、岡が大秦昌俊・同兼政の後、くらいとしか見えない。

猿楽の**金春家**《こんぱる》も秦氏後裔と称した。金春禅竹（世阿弥の女婿で、竹田七郎氏信）が『明宿集』の中で記すことには、秦河勝の御子が三人で、「一人ニワ武ヲ伝エ、一人ニワ伶人ヲ伝エ、一人ニワ猿楽ヲ伝フ。武芸ヲ伝エ給フ子孫、今ノ大和ノ長谷川党コレナリ。伶人ヲ伝エ給フ子孫、河内天王寺伶人根本也、……猿楽ノ子孫、当座円満井金春大夫也。秦氏安ヨリ、今ニ於キテ四十余代ニ及ベリ」と見える。

ここに見える長谷川党は、磯城郡初瀬に起り、「鷹の羽」を紋として、大和の国衆・十市氏を刀祢（盟主）とする中世武士団であった。十市氏は中原姓あるいは十市宿祢姓を称するから（朝倉弘氏執筆の『奈良県史十一　大和武士』）、これは物部氏族となるし、在原朝臣業平後裔との所伝もあるが、服部連姓ではないかともいう。河勝は著名人だけに様々な家の祖としてあげられ、観世流の観阿弥・世阿弥親子も河勝の子孫を称したが（世阿弥自筆の『風姿花伝』奥書に、「于時応永七年庚辰卯月十三日、従五位下左衛門太夫秦元清書」と書かれる）、観世家は実際には服部氏の流れとされる。これらに見るように、系譜所伝には混乱が多い。

金春屋敷が大和の秦楽寺《じんらくじ》（奈良県磯城郡田原本町秦庄の真言律宗の寺）の前にあったと『風姿花伝』に記される。寺伝では、百済王から贈られて聖徳太子から秦河勝に下賜された観音像を、大化三年（六四七）に安置したことに始まるという。その付近は古来、秦氏の居住地であって、雅楽の楽人や猿楽にも関係する人たちが居たというが、大和での秦氏一族の活動は確かめがたく、上記所伝にも疑問がある。

金春家では、稲荷社祠官家一族の流れという系図を伝える。すなわち、『姓氏家系大辞典』には、次のような系譜が記載される。秦河勝の後として秦宿祢氏安（村上天皇の御代に紫宸殿で能を演じたと所伝）までを見れば、河勝の子の「万里―猛田―文室―百勝―水城―大氏―広梯―葛目―羽鳥―高向―広足―嗣人―樽麻呂―真守―安人―広庭―五百名―氏安……」とあるが、これら歴代の実在性などに史料の裏付けが殆どない。そのうえに、系図に譜註記事が殆どなく、かつ、世代数が多すぎるから、そのままでは信頼しがたい。万里という名は大津父の後裔の大蔵秦公の祖に見え（だから、河勝の子ではない）、上記系図でも河勝の祖父を大津父とするが、これは疑問で、そ

秦楽寺（奈良県田原本町秦庄）

同時代の金春権守からしか知られず、その孫が禅竹氏信である。金春家は観阿弥とほぼ兼腋陣吉上秦宿禰氏安」と見える。この辺りから古い歴史があるとしても、祖とされる秦宿祢氏安は、『本朝文粋』巻三に応和三年（九六一）六月に「散楽得業生正六位上行伝えられるから、この記事が正しい場合には、猛田は万里の叔父あるいは兄弟か）。の他にも混乱があって、よく分からないことが多い（初期の猛田には大華下、文室に大山上との官位も

その他の秦氏族の後裔諸氏

ハタには波多、幡多、羽田など多くの表記があり、これらを名乗るもの全てが渡来系秦氏の一族後裔ではない。このことに改めて留意される。例えば、淡路国幡多郷に起る波多氏は、波多大夫敦主を祖と伝え、長く同地にあって現在の当主秦敦郎氏まで四四代を数えるというが、渡来系とは無縁の日本列島古来の山祇族久米氏族の流れで、本姓を波多門部造という。途中で近世には「秦」と表記するようになって紛らわしくなるが、れっきとした列島古族の末裔であった。このほか、多くの姓氏の混同や系譜所伝の転訛が秦氏関係にはあるとみられる。

ここでは、主な中世武家の諸氏について、ごく概略を記すことにする。

(1)島津氏

惟宗朝臣広言が摂関家領の日向国諸県郡島津荘の下司となり、その子の惟宗忠久が源頼朝からその地頭に任じられ、後に薩摩の出水平野に拠点を移した。元暦二年（一一八五）六月の伊勢国波出御厨等の地頭職任命状（「島津家文書」）に「左兵衛尉惟宗忠久」と記される。忠久の頼朝落胤説は後世の造作であり、その生年も活動時期から見て一一六〇代頃とみられる（年齢的に見ても、

最近、父ともいわれる忠康は長兄)。島津氏は長く薩隅日三国の守護職を保持して南九州に勢威をたもち、戦国大名・幕藩大名につながり、一族はこの地域に繁衍した。

島津同族は若狭、越前・播磨・近江や信濃などにもあった。若狭系統は忠久の兄・忠季の後(堤氏など)、越前系統は忠久の子の忠綱の後、信濃系統は忠久の孫の高久の後(長沼氏など)とされる。鎌倉前期の安芸守護宗左衛門尉孝親は、忠久の近い同族とみられ、安芸の在庁兄部を兼帯したが、承久の乱では朝廷方に属して敗れ、それらを没収された。

薩摩には、一宮の新田八幡宮社家として長く続いた**執印氏**がある。同じ惟宗朝臣姓でも島津氏とは平安後期に分岐した系統で、一族に鹿児島、国分、市来、橋口などの諸氏がある。

また、牛屎郡司(伊佐郡牛屎院司)を世襲した**牛屎氏**は平安後期から現れる。先祖が『長秋記』の大治四年(一一二九)五月条に薩摩国相撲人として見え、「桑幡文書」に安元元年間牛屎郡相撲人の大秦元光があり、承安四年(一一七四)七月の『愚昧記』にも右撲大秦元光の名が見える。大秦元光は、「島津家文書」に収める源頼朝下文では、文治三年(一一八七)に薩摩国牛屎院の知行安堵を受けた。鎌倉期でも、文永二年に大秦元兼、元亨二年に大秦元尚(元兼の孫)が知行関係で『鎌倉遺文』に見える。この氏は太秦宿祢姓や平姓(平重盛の流れ)を称したが、これも実際には古族の流れ(本姓は薩摩宿祢姓か)であろう。この一族には、大平、淵辺、羽月、山野、篠原などの諸氏がある。

(2)宗氏　鎌倉時代から幕末まで対馬を長く支配した北九州の豪族で、幕藩大名として明治まで残った。同じ惟宗朝臣氏からの派生でも島津氏とは流れが異なり、惟宗直本の末流だが、宗氏自体は桓武平氏の末裔(平知盛の後)を自称した。

宗氏の祖・惟宗信房は、『吉記』承安四年（一一七四）条に「検非違使　信房」、『玉葉』安元三年（一一七七）六月条には検非違使左衛門尉惟宗信房とあって、反平家陰謀の鹿ヶ谷事件で捕らえられ現職解任のうえ阿波に流された（『平家物語』巻一・鹿谷、巻二・西光被斬に宗判官信房）。系図には、平知盛家人で壇ノ浦で討死とするが、阿波からの復帰の辺りは不明であり、対馬宗氏始祖という重尚はその曾孫という。

対馬には鎌倉中期頃に惟宗重尚が入部し、同地古来の大族、阿比留《あびる》氏を押さえたと伝える（寛元年間に宗重尚による討伐伝承や大宰府府官惟宗氏の武士化説がある）。それ以降、島内に勢力をふるい筑前・肥後辺りにも領地があった。文永十一年（一二七四）の元寇時に、対馬地頭代の宗助国や一族が奮戦し、多くが戦死した。

室町前期に、対馬守護の少弐氏次いで今川氏が守護を解任されると、宗澄茂が守護代から守護に昇格した。一族内で当主系統の変更もあったが、島内に一族が繁衍し長く続いた。室町前期の宗貞茂は倭寇鎮圧につとめ、その子の貞盛は朝鮮と嘉吉条約を結んで、以降はこの関係の貿易をほぼ独占した。これが、関ヶ原戦後の本領安堵につながり、幕藩大名として続いて明治には華族に列した。

(3)長宗我部氏　　土佐国長岡郡宗部郷（現・南国市岡豊町辺り）に起った国人で、戦国時代になると土佐の七豪族（土佐七雄）の一つに数えられるほど勢力を拡大した。長宗我部元親のとき戦国大名として活動し、土佐一条氏を滅ぼして土佐を統一した。『元親記』には「秦川勝の末葉」と記されるが、祖の広国なる者は河勝の子におらず（命名方法も不適当）、実際には古代の波多国造末流（三輪氏族で大己貴神後裔）とするのが妥当とされよう。

その先祖伝承は多様で、信濃に居た秦氏の者が中世に入部したとするものがあり、これも無視しがたい。先祖の秦能俊が入部した時期も様々（延久、保元など）に伝えるが、仮に信濃からの遷住ないし入嗣があった場合には、能俊のような古い時期ではなく、遷住は応永時の元勝のときか。その曾孫で室町中期、文明頃の兵部丞文兼が一条房家のもとにあり、これが土佐古代からの長曽我部の家に入嗣した者にあたる模様である。南北朝期の信能や文兼、元親・盛親などがそれぞれ「秦氏」として文書に見えるが、そのまま信頼できない。

衛府官人の三上氏の祖、正六位上右近衛府生秦武文（寝屋川市の伝・秦河勝墓の近くに武文の供養塔がある）の一族が後醍醐天皇の皇子一宮の忠臣として南朝方で戦い、越前で敗れて信濃、土佐に遷ったという伝承もある。一族が土佐に遷って、古来続く長宗我部氏に属してから四世代目に文兼があたるともいう。この辺なら、養嗣で入ることはありうる話であろう。長野県小県郡長和《ながわ》町和田（旧・和田村）の羽田孜元総理の本家も、秦武文の末裔と伝える系図をもつから、信濃に近衛府秦氏の末流があったことは認められる。秦武文の流れが備前にあって浮田氏に仕えた堀井氏だともいう。

なお、土佐東部の安芸郡を支配した戦国土佐七雄の一、安芸氏も秦姓ないし惟宗姓を称し、また蘇我赤兄の後裔ともいったが、こちらは、土佐古族で安芸郡領を世襲した物部文連の末流とみられる（拙稿「土佐東部の安芸氏の系譜」。『家系研究』四四号所収、二〇〇七年十月）。安芸郡野根城主の安田氏や、同国高岡郡佐川邑発祥の佐川氏（その後裔に中村氏）も惟宗姓を称したというが（『南路志』などに基づく『姓氏家系大辞典』の記事）、後者は大族津野氏の一族（在原姓と称したのは冒姓）とするのが妥当で、疑問が大きい。

(4)その他　室町幕府管領家の畠山氏の老臣**神保氏**は、越中・紀伊等で活動し、惟宗氏の出とされるが、上野国多胡郡辛科郷神保邑に起る古族（本来は毛野氏族か）の出とするのが妥当そうである。

幕臣の川勝氏は丹波住人で、『寛政譜』等では、河勝後裔で丹波国桑田郡（現・南丹市域）の国人領主での下田美作守広氏（広親の子という）の子、川勝豊前守広継（光照）を祖とするというが、この辺より先の歴代は不明で、確認しがたい。広継の子の兵部大輔継氏は信長に従い、その子の秀氏は秀吉、次ぎに家康に従って旗本となった。

やはり幕臣の**鵜殿氏**は、熊野新宮から起こって三河国宝飯郡に分岐し、守護今川氏とも縁組みをした大族である。秦氏とは本来別族で熊野の古族末流であるが、なぜか秦の姓で『寛永諸家系図伝』に記載されており、長持以降の記事がある。一族は藤原姓も称した。熊野に秦津という地があり、秦始皇帝が派遣した徐福や従者の墓という伝承もあるので、それに因ったのかもしれないが、鵜殿の氏人がこれらの裔という伝は極めて疑わしい。

まとめ―秦氏についての一応の総括

ハタ・秦氏を称する諸氏には多くの流れがあったようで、すべてを血縁同族とみることはできない。この辺を個別に具体的に識別して取り組むことの必要性を改めて感じる。それでも、弓月君の後裔とするのが秦氏の主流一族であって、これが古代中国の秦王族や秦韓王家の流れとする系譜所伝は、ここまで見てきた鳥トーテムなど様々な習俗・祭祀などを含む諸事情を見ても、否定できない。秦韓王家の後裔とみられる氏族には月神ないし北辰・妙見信仰も見られたが、これも秦氏の韓地での源流・故地を示唆するものであった。

この氏族の所伝に言うように、一族の祖先は韓地に往古、秦韓国を形成し、歴代の王を世襲したが、三世紀末頃に同国が滅びると、王族関係者が百済に属したという所伝は信頼してよかろう。だから、秦氏一族が新羅出身という通説的な地位にある理解は疑問であって、「秦韓がそのまま新羅」ではないことに十分、留意されるべきである。朝鮮族譜などに拠ると、秦韓王族の後裔の一派は蘇氏・金氏を名乗って、金官伽耶王家（金海金氏）や新羅の金氏王家（慶州金氏）となっており、その意味で秦氏一族と新羅との濃い関係は認められる。このことは、妙見など星・月の祭祀により裏付けられよう。『三国史記』よりも古い伝承が朝鮮族譜のなかに遺るということで、系譜史料探索の重要性を感じる。

秦氏については、上古代の氏族規模が過小評価されて、慶尚北道の波旦の出身とされるのも疑問が大きい。一方、わが国古代で最大の部族（部民等の人口が最多、広域の分布など）とか、古代政治の黒幕とか過大評価されるのも、また疑問である。秦氏の氏族としての紐帯原理が父系的な親族関係を基礎としていても、この氏の集団的な力が「大和政権内において卓越した」ものとは、とても言い切れないし、氏族的な求心力の強さにも疑問がある。

秦氏が豊前の辛嶋氏とか赤染氏と同族のように取り扱う見方も多く見られるが、これらも疑問が大きく、両氏とも系図的には秦氏とまったく結びつかない（辛嶋氏は加羅〔辛、韓〕から渡来の五十猛命〔八幡大神〕後裔で、宇佐氏の同族か）。秦氏が八幡神祭祀とも関連があるとは思われない（八幡神の祭祀関係は、拙著『紀氏・平群氏』を参照のこと。これらの意味で、大和岩雄氏のいくつかの見解には反対である。鷹などの鳥トーテミズムの共通性はあるが、だから直ちに同族だとはならない）。「勝」姓の諸氏について、秦人集団を率いた氏族だとみるのも疑問である（「勝、村主」は主に渡来系諸氏に用いられたカバネにすぎない。物部系の奈癸勝・各務勝や中臣系の栗原勝・均田勝などについての説明不能となることもあり、渡来系ではない在来の村の長という意もあろう。そもそも、豊前の勝姓諸氏が畿内の秦氏の管掌だったかも疑わしい）。

日本列島への渡来伝承もある徐福は、秦王朝と同じ嬴姓で、遠い同族の出だが（徐偃王〔周の穆王のときの徐の英雄的な王〕の後という系譜を伝える）、これも日本の秦氏と結びつけがし難い。多くの徐福伝承が紀伊や肥前など日本列島各地に残るが、その足跡がまるで確認できない。秦氏や徐福の関係では、論拠のない恣意的な想像論が多く展開されるのも疑問であり、具体的な資料に基づく着実・的確な検討が求められる（本書の紙数の制約などから、個別に論及しなかった疑問な説が数多い。徐福が秦王室と同族だったことは巻末系図を参照）。

秦氏の様々な問題点について、結論はむしろ異なることが多いのだが、水谷千秋氏の著作『謎の渡来人 秦氏』によって多様で有益な示唆や検討の手がかりを与えられたこと（渡来人秦氏関係の謎が明瞭に解明されたとは言えないが、様々な点で参考になるという意味で）もここに記し、学恩に深く感謝申し上げる。同書を読み進むうち、「渡来系氏族でありながら、秦氏は意外なほど神祇信仰と深い関わりを持ってきた」という水谷氏の指摘は、私も以前から思っていたことであり、まさにその通りである。大和岩雄氏は『秦氏の研究』などで秦氏の祭祀検討をかなり詳細になされるが、これが韓地での原郷・出自など、秦氏にかかわる重要問題への視点に結びついていない点で、方法論的に疑問も感じる。

本書の執筆過程では、私がこれまで秦氏に抱いてきた観念を何度も見直すことになり、秦氏が中国・朝鮮の多様で複合的な要素をもって韓地から渡来してきたことを実感した。早くに倭地の習俗に溶け込み、各地で後期古墳（群集墳も含む）を築造した事情もある。私のなかで懸案であった依知秦氏の分岐が、果たして河勝の後に生じたのかという問題についても、近江国愛智郡の勝堂古墳群の検討で、白村江で討死した田来津の前四代ほどが既に当地にあった可能性が大きいという事情が分かり、これにより分岐時期が早まったことも知られた。この辺で考古学的検討の意義も確認・再認識することができた。

ともあれ、冷静で合理的な評価のもと、祭祀・習俗や系譜所伝、考古学知見を含む幅広い総合的な視野で、上古代から長く続く秦氏とその一族諸氏を具体的に考えていく必要がある。これまでの秦氏研究では、どうして東大史料編纂所蔵の『惟宗系図』を無視するのか、これが私には不思議でたまらない。

第二部

漢氏

一　序説

漢氏についての序章

漢《あや》氏は、朝鮮半島を経由して列島に渡来した漢人、ないし中国系と称する渡来系氏族の総称とされる。なかでも、『記、紀』の応神天皇段に来朝が記される阿知使主《あちのおみ》を祖とする東漢《やまとのあや》氏が代表的存在（狭義の漢氏）である。後の東漢氏一族が同族の父系血縁集団かどうか、韓地に居た先祖がどのようなものかなどについては、学説により差異がある。

太田亮博士をはじめ現在の研究者の多くが、阿知使主の祖先を後漢の霊帝とすることに系譜仮冒としている。多くの東漢諸氏を同族一系とすることに、学究は総じて否定的であるが、ある時点から漢氏と称する諸氏にあっては同族意識が生じていたことは否めない。

漢氏という氏は、大きく東漢氏（倭漢氏）と西漢《かわちのあや》氏（河内の漢氏だが、研究者により定義が異なる）にわかれる。前者は大和の飛鳥に近い檜隈《ひのくま》（桧前）を拠点とした。河内に本拠をおく後者の西漢氏のほうは、主な見方では、別系で王仁の後裔の「西文氏」を称した。東漢氏との関係では、分岐や居住・活動の事情などから見て別氏とみたほうがよい。同じ漢王室後裔で劉氏を称した事情もいわれるから、その意味で広義では同族だが、早くに分岐しており、仮に各々の系譜所伝が正しいとしても、のことであるが。太田博士は西漢氏が楽浪王氏の出だとして、前漢の高祖後裔という所伝も系譜仮冒とみる。その後の五世紀後葉の雄略朝頃に渡来してきた今来漢人《いまきのあやひと》（新漢人）も、総じて漢系という諸氏が多いが、漢氏とか漢氏同族とはいわないから、この辺には明確な差異があった。

東漢氏一族から出た諸氏には、坂上氏のほかに民氏、文氏、内蔵《くら》氏、大蔵氏、調《つき》氏、谷氏など多くあった。当初は直姓で、天武天皇のときの八色の姓では本流が忌寸の姓を賜り、後に宿祢・大宿祢、平安期には朝臣といった賜姓をうける。これら諸氏が技術者・知識人として、あるいは中下級の官人として、文筆や殖産工芸などの面で古代から後世までどのような役割をはたしたかが、その系譜・出自の問題と併せて、検討対象となる。中世へのつながりも史料にはあまり見えないが、これら漢氏後裔の行方も追いかけてみたい。

漢氏の概観

中国本土で前後四百年、二度にわたり前漢（西漢）、後漢（東漢）という大王朝を築いたのが劉氏である。この一族の出と称する一派は、二世紀後葉に国が滅びるなどの事情で、朝鮮半島北部の楽浪・帯方郡あたりに流れるものがおり、そこから更に日本列島にも渡来したと伝える。彼らは先進的な大陸文化・技術の伝播等に大きな役割を果した。

この漢系氏族のなかでも、応神天皇廿年に党類十七県の人民、七姓の漢人等を率いて来朝したと伝える阿知使主《あちのおみ》（名は劉照）とその一族が代表的であり、後裔諸氏が大和の高市郡を中心に居て繁衍し、長く大きな勢力をもった。『書紀』の記事では、秦氏の到来に三年ほど遅れる形とされるが、この辺が事実を踏まえたものならば、当時の年暦からいうと、数年という間の近接した時期ではなかろうか。雄略朝の渡来者が「今来漢人《いまきのあやひと》」と呼ばれるから、それ以前の五世紀前半頃には到来したものであろう。

この一族は楽浪・帯方郡の漢人の支配者階級から出自したといい、後漢の霊帝（あるいは、その子で後漢最後の献帝）の後だと称し、『姓氏録』では専ら霊帝の後裔と記される。高市郡の桧前村《ひのくま》（現・高市郡明日香村の一帯。近鉄飛鳥駅の南方）あたりに居住し、六世紀前葉の継体朝頃から、三腹（三系統）の流れに分かれて多くの姓氏を分出した。これらは同族としての結束を長く保ち、全体としては東漢氏（倭漢氏）ないしは桧前忌寸と総称される。

その随従民には工芸・通訳などの先進的な技術者が多かった。なお、漢が「アヤ」と訓むことで、そのまま名が通じる弁韓の安羅（阿耶）に原郷を求めたり、予断をもって中国出自を疑ったり否定したりするのは、ともに疑問でもあり（日本古代に見える「綾」関連を名乗る氏や流れのほうがむしろ安羅系か）、十分な検討を要する。織物工芸に長けていたことに因むともいうが、この織物関係は秦氏ほど顕著なものではない。

東漢氏の一族は、居住地域の関係もあって大化前代では蘇我氏に臣従する者が多い。蘇我本宗家滅亡までは、主に外交・軍事・財政また文筆、技芸などの諸分野で活動した。蘇我氏の門衛や宮廷の警護なども担当した。『肥前国風土記』によれば、推古十年（西暦六〇二）の新羅征討計画の際には兵器の製作も担当した。崇峻天皇暗殺の際にも、一族の東漢直駒が暗殺の実行役となるなど、蘇我氏配下の与党・走狗であった。秦氏に比べて、武力・軍事関係の色彩も強い。

蘇我本宗滅亡の際には、これと袂を分かって東漢氏一族は生き残る。大化改新の以後でもかなりの勢力を保持して、壬申の乱では一族に多くの参陣者が見える。奈良時代以降でも一族から武人を輩出し、平安時代初期には蝦夷征討で活躍した坂上氏の苅田麻呂・田村麻呂親子が登場する。田村麻呂は、桓武朝に征夷大将軍として功績を立て正三位大納言まで昇叙し、坂上大宿祢姓を賜ったことで、坂上氏が漢一族の本宗家的な地位を占めた。九世紀初めに成立の『新撰姓氏録』逸文には、坂上氏の同族として六十二氏があげられる。

漢系氏族には、これとは別の流れがある。阿知使主の来朝の直前である応神天皇十六年に、百済を経て来朝した博士の王仁《わに》（又名は鰐）吉師《きし》の後裔である。この氏族は、前漢王朝の高祖劉邦の流れ（実は高祖の再従弟の燕敬王劉沢の裔）という北蠻王鸞の後裔という系譜を称して、河内国古市郡に居住した。前者の居地に対比して西文氏《かわちのあや》（西漢氏とも）と呼ばれるが、主として文筆関係の技能職務に従事し、政治的にあまり大きな勢力とはならなかった。こちらのカバネは、当初は首、次いで連から忌寸、宿祢へと変わった。このほか、阿知使主に随って来朝したとされる漢人については、そのなかに牟佐村主、高向村主、石村村主など比較的大族も出しており、各々その出自と系譜を伝える。

東漢直の一族は大和の桧前を中心に居住して、多くの姓氏を分岐したと伝える。桧前の於美阿志《おみあし》神社（祭神は阿智使主夫妻二柱）、その境内の廃寺跡（檜隈寺、道興寺。平安時代の十三重の石塔〔重文〕も建つ）は一族の氏神、氏寺とされる。

同族諸氏は居住地名を氏としたものが多く、姓ははじめ直（雄略朝頃か）、天武十年（六八一）に連となり、同十三年（六八四）の八色之姓の制定では、忌寸《いみき》（一時期、伊美吉とも表記する）と変わる。更に、延暦四年（七八五）には有力な十姓十六人が宿祢姓となるが（天武朝以降の連、忌寸、宿祢は、秦氏一族の動きともほぼ共通する）、一方でこうした姓の変更・上昇がなされない庶流の氏もあった。

苅田麻呂・田村麻呂親子の業績により当時、宗族的地位にいた坂上氏は、大宿祢の姓を賜ったが、この氏の嫡統が後世まで同じカバネにとどまるなか、漢氏一族の中には山口、大蔵、内蔵など後に朝臣姓を賜った氏もあり、中下級の官人として平安末期頃まではかなり多くが存続した。承和六年（八三九）七月紀等には、朝臣姓を賜る際に、氏の名のほうも変えて、内蔵朝臣となった例（井門忌寸、山口忌寸、大蔵宿祢、桧原宿祢、民忌寸などからの改賜姓）がかなりみられる。

於美阿志《おみあし》神社。祭神は阿智使主《あちのおみ》夫妻。桧隈《ひのくま》寺跡にある（明日香村桧前）

桧隈寺の十三重石塔（平安時代、重文）

　東漢一族では、宮廷では明法家を輩出し中下級官人として存続した坂上大宿祢のほか、地方ではとくに鎮西で原田、秋月、高橋など大蔵朝臣姓の武家諸氏が中世まで繁衍しており、紀伊、摂津、陸奥などに坂上大宿祢姓（ないしは、そう称する）という武家が残った。

漢氏族関係の系図史料

東漢氏では、『新撰姓氏録』逸文（坂上大宿祢条）に一族の貴重な記事が見られるが、残念ながら、これでも断片的なものにすぎない。本宗的な存在の坂上氏では、苅田麻呂・田村麻呂親子が、父は従三位非参議、子は正三位大納言という公卿に列し、同族のなかで飛び抜けて高い地位についた。それも、平安中期以降は有力な中央官人が出ておらず、中世武家でも三善氏や鎮西の大蔵氏が見える程度である。

だから、『尊卑分脈』には一族・系図は見えず、近世の『続群書類従』には「坂上氏系図」二本、「大蔵氏系図」と併せて「秋月系図」「田尻系図」という武家系図の掲載があるが、初期段階部分はごく簡単なものにすぎない。

管見に入ったところで、東漢氏族の系図では、鈴木真年の『百家系図稿』巻九に掲載の「東漢直系図」が最も詳細である。このほか、真年や中田憲信関係の系図史料には、東漢氏の同族諸氏が多く見えており、『百家系図』の巻九に「大友村主系図」、巻四八・四九に「問注所系図」「町野氏系譜」、巻五十に「大塚氏記」「下村主系図」、巻六二に「民忌寸系図」があり、『百家系図稿』の巻二に「高安連系図」、巻三に「大蔵系図」、巻五に「三善系図」、巻六に「槻本村主系図」、巻十に「高村宿祢系図」「下村主系図」「史戸系図」が見える。『諸系譜』には、第三三冊に「本朝劉氏廿四姓並大蔵姓」系図がある。

『諸家系図纂』巻二七には「南家系図」として三善氏の系図が掲載される。『近世防長諸家系図綜覧』には、三善氏後裔の椙守《すぎもり》氏の系図が見える。静嘉堂文庫所蔵の『若狭武田、鹿島、香取大宮司、相模軍茶利、……系図』のなかには、軍茶利《ぐんだり》を苗字とする石村村主の系図が所収される。

坂上氏では、『諸国百家系図』下に「坂上大宿祢系図」があり、静嘉堂文庫所蔵の『姓氏分脈』廿七に「坂上姓岡田系図」や、『系図纂要』に「坂上大宿祢姓」があげられる。東大史料編纂所に所蔵の『坂上系図』は、後裔と称した陸奥の田村一族の系図である。紀伊の生地氏の系図は『百家系図稿』巻十一、『伊都郡誌』に掲載される。『美濃国諸家系譜』にも、徳ノ山・坂上・秋月という諸氏の系図が所収も、総じて初期部分に疑問がある。

地方の漢氏関係では、鎮西の大蔵一族が原田・秋月などの諸氏で系図を多く残すものの、陸奥の田村氏も含め、総じて言うと古代の初期段階部分は信拠し難いものがある。

といったところが漢氏関係系図の概観であり、今までのところ、これらが古代及び中世の部分に関する主要な漢氏後裔諸氏（後裔と称する氏も含む）について管見に入ったもののほぼ全てである。だから、太田亮博士も『姓氏家系大辞典』では坂上系図を踏まえた簡単な系図しか記さない。全国には漢氏とは別流・別系統のように伝える系図もありそうである。漢氏と称しても、疑問そうなものもある。この辺にも十分留意していきたい。

本書の流れや記事を理解していただくために、初期の東漢氏とくに坂上氏を中心に比較的通行する系図の概略（主に『続群書類従』や『姓氏家系大辞典』等に拠る）を先ずあげておく。この第2図が従来の所伝系図の一応の目安であって、それも、史実原型を考えればかなり疑問がある。本書での検討の叩き台ということであり、巻末では漢氏族を検討後の系譜（推定を含む試案。第5図）もあげることにしたい。

第2図　東漢氏の概略系図（『姓氏家系大辞典』等に拠る）

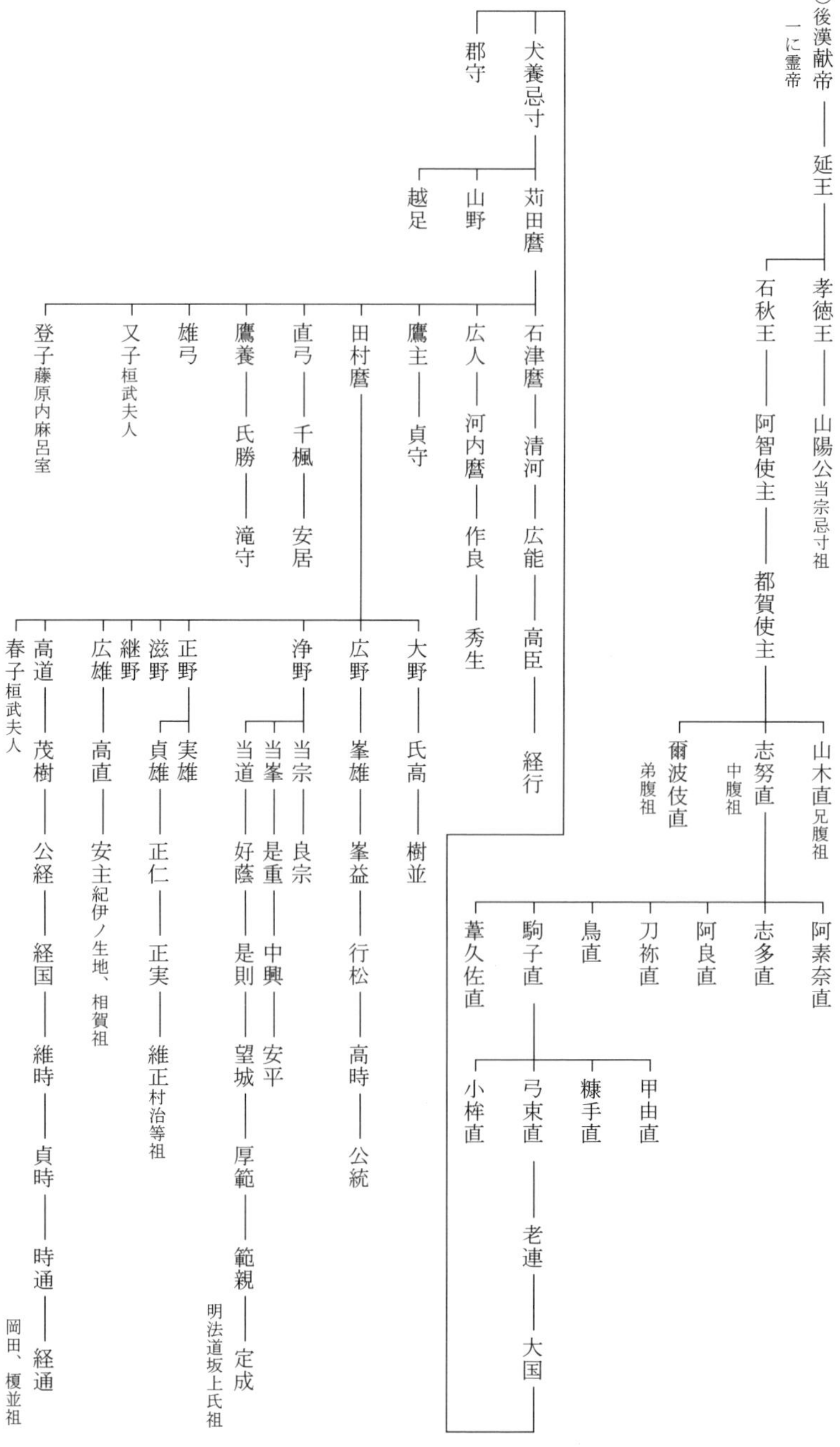

主な漢氏及びその陪従諸氏族の研究

漢氏のなかでも代表的な東漢氏についていえば、全国的な活動をしたとはいえ、その氏族研究の研究者や論考は、秦氏に比べて、なぜかあまりに少ない。学究では、関晃氏の論考「倭漢氏の研究」が文献研究の代表的な存在としてあげられるが、既に六十余年経過し、その後の研究でこれに続く顕著なものがない。しかも、こうした主流派の学説が妥当かどうかも別問題である。

これも含め、東漢氏だけではなく、その近い同族や随従者の後裔と称する諸氏の検討も併せて総合的に行わないと、この氏についての的確な把握にならない。漢氏研究にあっては、その祖系の原型ないし実態の探索は複雑で困難なため、その解明にはほど遠い状況である。広く朝鮮半島の活動や、一部に全国的な展開を見せる同族諸氏の動向まで研究を拡げると、これらもいくらかあるが、それでも研究の乏しさは、質的にも量的にも否めない。祭祀・習俗関係も、秦氏と違って、漢氏関係では動きがほとんど見られない。

漢氏研究を管見に入った主なところで見ていくと（順不同）、氏族研究では、太田亮博士『姓氏家系大辞典』のアヤ・ヤマトノアヤ・アヤヒト・アヤベやサカノヘ、及びカハチノアヤ、オホクラなどの一族・諸氏の各条や、佐伯有清氏の『新撰姓氏録の研究』の関係記事などがある。鈴木真年の『華族諸家伝』にも坂上・秋月・谷の諸氏に関し記事がある。

漢氏に限って、個別の主な著作・論考、刊行物をあげると、次のとおりである（順不同）。

関晃氏の「倭漢氏の研究」（『史学雑誌』六二編九号所収。一九五三年）、竹内理三氏の「古代帰化人の問題―漢氏についての覚え書き」（一九四八年発表。後に『古代から中世へ』上、一九七八年に所収）、山尾幸久氏の「秦氏と漢氏」（『地方文化の日本史』第二巻所収。一九七八年）、加藤謙吉氏の『吉士と西漢氏』

（二〇〇一年刊。このほか、『大和の豪族と渡来人』にも「東漢氏と軍事的専制王権」などの論考がある）、岩津啓太氏の「東漢氏」（『古代豪族のルーツと末裔たち』所収。二〇一一年）、武光誠氏の「東漢氏と大和朝廷」（『東アジアの古代文化』九五号所収。一九九八年）、清野敬三氏の「東漢氏にみる渡来氏族の活躍と悲哀」（『季刊邪馬台国』九五号所収。二〇〇七年）、請田正幸氏の「古代国家を支えた技術集団—東漢直」（歴史読本臨時増刊『古代豪族総覧』一九九〇年三月号、通巻五二二号に所収）、などがある。

平安期以降の坂上田村麻呂や明法道関係などの著作も、利光三津夫氏の『法家坂上家の研究』（『法學研究』五四所収。一九八一年）以外はここでは殆ど省略して、大塚徳郎氏の『平安初期の征夷と坂上田村麿』（一九六〇年刊）、高橋崇氏の『坂上田村麻呂』（人物叢書。一九八六年刊）、新野直吉氏の『田村麻呂と阿弖流為』（一九九四年刊）くらいをあげておく。

漢氏同族ないし西文氏関係の諸氏では、井上光貞氏の「王仁の後裔氏族とその仏教」（『史学雑誌』五四編九号、一九四五年。後に『論集日本歴史一　大和王権』に所収）、藤野秀子氏の「太宰府官大蔵氏の研究」（『九州史学』五三・五四合併号所収。一九七四年）、吉田靖雄氏の「行基集団と和泉国」（『新版古代の日本6　近畿Ⅱ』所収。一九九一年）、などがある。

以上を含め、東漢氏を含む漢氏系諸氏の歴史を通観するためにも、奈良県・大阪府や福岡県などの関係地方史も参考になる。このほか、ネット上では中国の「百度百科」にも関連する記事があり、参考になることもある。

（これら著作・論考の出版元・所収の書など詳細情報は、最近ではネット検索が可能で、ここでは省略）

二　東漢氏の初期段階の動向

阿知使主親子なる人物像

『書紀』応神天皇二十年九月の条に、「倭漢直《やまとのあや》の祖の阿知使主、其の子の都加使主は、己《おの》が党類十七県の人々を率いて来帰した」と伝える。『古事記』応神天皇の段にも、「秦造の祖、漢直の祖、が渡来してきた」とある。それぞれ、ごく簡単な記事である。

次ぎに、応神紀三七年条にこの親子が呉（中国南朝）に派遣され、衣縫の工女を求めさせたところ、同四一年に呉から帰還したが、武庫にきたときに天皇が崩御したので、仁徳天皇に献上した。この工女は、今の呉衣縫・蚊屋衣縫である、と見える。『記』には、中国の呉の機織技術者の西素と韓鍛冶師の卓素を、百済が献上したと見え、卓素関係のほうは阿知使主随行者に見えるから是としても、衣縫については阿知使主に関係したかは留保しておく（雄略天皇十四年条の記事内容と酷似する事情もあるため）。

これに続く動きでは、東漢氏の祖が五世紀前半の住吉仲皇子《すみのえのなかつ》の反乱の平定に功績があった（履中即位前紀）。すなわち、仁徳天皇没後に起きた住吉仲皇子の乱では、平群木菟宿祢・物部大前宿祢・漢直祖阿知使主の三人は、太子を助けて反乱の平定に功績があった、と伝える。『記』では、倭漢直の祖・阿知直が太子を救い出して御馬に乗せ大和に行かせたと見えるから、大きな役割を果たしたことが記紀共通に見える。阿知使主は功により蔵官に任じたとされ、『古語拾遺』にも貢納品の出納を任せ、蔵部《くらひと》を定めたとする。

『姓氏録』に見える蔵人（摂津諸蕃）及び椋人（右京諸蕃）は阿智王の後とされる。椋人の条には「阿祖使主の男、武勢の後」と記載されるが、「祖」は「智か知」の誤記とされよう。摂津の蔵人の一族には、貞観九年（八六七）十一月に外従五位下侍医で坂上宿祢の賜姓を受けた蔵人貞野（一に真野）がいた。弘仁元年（八一〇）十一月に外従五位下を叙位の蔵人根主は、その先祖か。

『姓氏録』の逸文記事では、阿知使主が大和国桧前郡郷（現・奈良県高市郡明日香村檜前あたり）に居地を与えられたと見える。これは、一族のその後の繁衍から認めてよい。

その子の都賀使主は雄略朝になって動きが見え、雄略七年に天皇は詔し大伴大連室屋に命じて東漢直掬《つか》をして、「新漢陶部高貴、鞍部《くらつくり》堅貴、画部《えかき》因斯羅我、錦部《にしきおり》定安那錦、譯語《おさ》卯安那」などを高市郡の上桃原・下桃原・真神原の三所に遷居させた（『書紀』）。このときの者たちは新来の渡来人（今来漢人《いまきのあやひと》、今来才伎）で、その管掌を東漢氏にさせた。このうち、鞍部堅貴は鞍作村主の祖、画部因斯羅我は倭画師・大崗（大岡）忌寸の祖、譯語卯安那は錦曰佐の祖であり、錦部定安那錦は錦部（錦織）村主の祖とみられる。大崗忌寸の祖は魏の文帝（曹丕）と称し、雄略朝に四部を率いて帰化したとある（『姓氏録』左京諸蕃）。

この雄略朝頃から『書紀』の紀年は、現在の年数と同じものとなり（それより前の紀年法は二倍年暦、仁徳以前は四倍年暦とされよう）、雄略の治世は『書紀』記事と同じく二十三年（元年が西暦四六五年、崩御が四八七年に比定）と考えられる（拙著『「神武東征」の原像』参照）。

『書紀』では雄略十六年条に「漢部を集めて、その伴造を定めよ」と見え、東漢氏にカバネを直と賜ったと見える。一に漢使主に直を賜姓したといい、この記事と『姓氏録』逸文の記事とは符合する。雄略天皇が崩御した後に起きた星川皇子の乱では、東漢掬直が大伴室屋大連とともに雄略の遺詔に従い、乱を鎮圧したと見える（清寧即位前紀）。

掬は直の姓を賜り、その三子、山木直・志努《しぬ》直・爾波伎《にわき》直が各々、兄腹・中腹・弟腹という**東漢氏三腹**の祖となったとされ、その後裔にあたる合計六三の諸氏の名があげられる（これは、一族諸氏を網羅したものではないので、氏の発生時期が遅そうな大蔵・内蔵などの諸氏が少数欠けていても、「故意の削除」とか一族諸氏が「本来は別系」などの深い意味を持たせることはない。父系血族集団を「腹」で表すのは、土師氏の四腹などの例でもしられ、ツングース系の父系原理に基づく「ハラ」との関連をみる見方もある。後世の武内宿祢後裔系譜は氏族集団が大きすぎて反対例になりがたい。東漢氏についての加藤謙吉氏などが説く擬制血縁説は疑問であり、関晃氏などの多数説に賛意）。

これより先の支族分岐は、阿知使主の子の武勢から出た椋人（『姓氏録』右京諸蕃）が知られるだけである。同族の蔵人が摂津諸蕃に見えるから、葦屋椋人や葦屋漢人（摂津諸蕃）も、椋人一族とみられるが、摂津国菟原郡の葦屋倉庫の倉人が大和連を賜姓したから、これは海神族明石国造一族とみられ、判別がつきにくい。なお、河内連を賜った河内蔵人は別系（白竜王の流れか）か。

以上に見た『書紀』や『姓氏録』の記事を否定する理由もないし、漢氏一族は引き続いて六世紀代になっても具体的な活動が史料に見えるから、五世紀中葉頃からの存在は認められよう。以上に見た軍事・殖産の関係で、大和王権に貢献したことが知られる。

阿知使主・都賀使主の親子の具体的な活動がそれぞれ履中朝頃、雄略朝頃にあるのであれば、両者が応神朝二十年に来朝したという所伝は、時期が実際よりはやや遡上されている可能性がないでもない（このためか、系図には「阿知—都賀」という二世代が、同名ないし類似名で繰り返し記される形で見える。この場合、ほかに兄弟近親が殆ど見えないことにも留意される）。ほかに確たる史料もないが、今来漢人との関係なども踏まえて、一応、漢氏一族の渡来時期を上記記事よりやや遅れる仁徳朝の後半期頃まではないかとみておく。

「都賀使主」を「実在した東漢氏の特定の祖先」ではなく、「東漢氏の大首長を表す一般的な呼称」という可能性が大きいとみる加藤謙吉氏の見解がある（『秦氏とその民』）。これについては、応神朝の記事はともかく、履中朝以降にあっては反対である。加藤氏は、「本質的には血縁関係ではなく、別の結合原理によって成り立っていると推測することができよう」とも記すが、この頻用される「擬制血縁」という推測の論拠は乏しく、具体的な例証もまったくない。

系図には、阿知使主について、「劉照」という本来の名前も記載される。東漢氏の同族には、都賀使主（掬直）以外の者を祖と伝える諸氏（大友村主、錦部村主などの一族）もおり、また、東漢氏との同族性をまったく言わない随行の七姓漢人や他の多くの村主姓諸氏も『姓氏録』逸文に多く見えて、阿知使主らと共に渡来してきた集団のすべてが同族というわけではない。これら諸事情から見て、坂上大宿祢氏記事の逸文に若干の混乱があるからといって、すぐに東漢氏一族の血縁統合を否定する系譜擬制の見方は疑問が大きい。

阿知使主の渡来伝承と神牛

東漢氏のすべてが血縁的結合体と言うわけではない、とみる加藤謙吉氏の説を先に批判した。門脇禎二氏も、「東漢氏はいくつもの小氏族で構成される複合氏族。最初から同族、血縁関係にあったのではなく、相次いで渡来した人々が、共通の先祖伝承に結ばれて次第にまとまっていったのだろう。先に渡来した人物が次の渡来人を引き立てる場合もあったはず」と考える。これも、具体例が示されず、たんなる推測か想像にすぎない（秦・漢両氏族に関する学究の議論には、具体的な論拠・例示がない推測が多い。きわめて疑問な姿勢である）。

『姓氏録』逸文に見えるように、阿知使主の後裔諸氏や同族諸氏のほか、随行の七姓漢人の記事がある。『続紀』延暦四年（七八五）六月条にも、神牛の教えに因って中国漢末の戦乱から先ず帯方に逃れ、更に遷って近年は百済と高句麗の中間地帯にあったが、阿智王は同母弟（迂興徳）や七姓の民と共に東方の聖主誉田天皇のもとに渡来した、と右衛士督従三位の坂上大忌寸苅田麻呂の上表文に見える。この阿知使主の渡来伝承がどの程度、史実性があるかの検討が必要だが、これができる要素として神牛と随行の七姓漢人がある。

神牛については、阿知使主の一族は、豕《し》豸《ち》類・牛・羊などをトーテムとする種族の後裔であって、祁姓劉氏の漢王朝王家と同族であったことは傍証される。赤帝と称された「炎帝神農氏」は姜姓で、人身牛首で火徳の王とされ、劉氏もその皇裔との系譜をもつ。劉邦が赤帝の子ともされ、白帝の子の秦を滅ぼすといわれた。

漢の時代の祭祀を記した『漢書』郊祀志には、元鼎五年（紀元前一一二年）十一月の冬至の日に武帝が天の祭を行ったが、そのときに傍らの大臣が、六寸の璧（天の象徴）とめでたい牛を供えて敬天祭事をしたとされる。これに限らず、牛を犠牲獣として供え、祭天や盟誓を行うことが漢の王朝でなされた。殺牛祭天の祭祀という風習は、古代新羅でも特徴的にあって、近年になって発見された金石文にも見える（慶尚北道蔚珍で出土の法興王十一年〔五二四〕の「鳳坪新羅碑」、その翌年に同道迎日郡神光面冷水里で発見の五〇三年の「冷水新羅碑」）。同様な祭祀は、扶余や党項（タングート）にもあった。

漢王朝にあっては、「天」とは北辰（北極星、こぐま座のアルファ星。見かけ上は不動の恒星）のことみられ、月星祭祀が強くあった。『史記』天官書などの記述によると、北極星は天帝太一神の居所で、これを中心とする星座は天上世界の宮廷に当てられて紫微宮とよばれ、漢代には都の南東郊の太一祠において、しばしば「太一神」の祭祀が行われたという（『世界大百科事典』の茨木孝雄氏による「北極星」の記事）。天皇家の宮中行事でも、正月元旦に行われる「四方拝」（国家・皇室の安寧や豊作を祈る儀式）のなかで、北辰に向かい天皇が拝礼するとされる（『天皇家99の謎』）。この日本の場合は、四方の神々を拝する形だから、唯一のものというわけではないが、伊勢斎宮などに関しての北辰への私幣禁断がなされたから、天皇家が北辰を重視した事情はある。

西戎の羌族には、神羊祭山、神牛祭山という祭も見られる。中国・劉氏の遠祖とされる劉累は竜を飼育して夏帝の孔甲から御竜氏の氏名を賜り、商のときはそれが豕韋氏といい、周には唐杜氏（祖の帝堯陶唐氏にもつながり、劉氏の祖）といったと伝える。孔甲は劉累に豕韋の跡を継がせたといい、「豕韋」は火神祝融氏の子孫が封じられた土地で、彼等は豕韋氏を名乗ったという。ところで、「竜」の塩漬け肉は美味とされたから、架空の動物ではなく、実質は豕豸類（豕はイノシシ・ブタの類という意）か犬狼類を指したのではなかろうか。

日本では、皇極天皇元年（六四二）七月に雨乞いのために牛馬を殺して諸社の神に祈ったが、効果がなかったと『書紀』に見える。次いで、『日本霊異記』中巻第五には、聖武天皇朝に摂津国東成郡撫凹《なでくぼ》村の富豪が、漢神の祟りがあって七年を限りとして毎年、牛一頭を殺し、漢神を祭祀したとの説話も見える（地名・実名が説話では不明だが、神護景雲三年〔七六九〕の正倉院文書に同郡主帳無位高向毘登真立が見えており、高向漢人玄理を出した一族か。阿知使主の随行伝承の七姓漢人のなかには、高向村主・高向史が見える）。その後でも、延暦十年（七九一）九月条には、諸国（伊勢・尾張・近江・美濃・若狭・越前・紀伊等）の百姓が漢神を祭るため牛を殺すことを禁じた（『続紀』。『類聚三代格』にも同日付けの「応禁制殺牛用祭漢神事」という太政官符）。その十年後の延暦二十年（八〇一）四月にも更にもう一回、越前一国に対し殺牛祭祀の禁止令を出した。桓武天皇が「殺牛祭神」の禁止に拘ったこともうかがわれる。

古代中国の動物供犠《くぎ》は、主に牛・羊・豚や馬が対象獣とされたことにも関係するか。ともあれ、ほかに否定的な理由もないから、習俗的にみても、阿知使主が劉氏を号したことは一応、認めてよかろう。

阿知使主随行の七姓漢人

次ぎに、**七姓の漢人**の問題である。この関係の上記逸文記事には誤記がかなりあり、関係史料と照合したところでは、正しくは曹姓（一説に段姓）、李姓、郭姓、朱姓、多姓、卓姓（一に皀姓と記すは誤記）、高姓であった。逸文の記事に見える諸氏の祖全てが応神朝に来たのではなく、遅れて次の仁徳朝等に渡来したのもあった。これら諸氏には、来朝の後に東漢氏に服属するなど、密接な関係のあった諸氏が含まれ、居住地も大和に限らず、その近傍の河内・摂津などにもあった（鈴木真年はもう少し広く、大倭のほか、摂津、三河、近江、播磨、阿波等とし、これらの地に漢人村主があった）。このうち、後裔諸氏の活動が知られ系図が残るのは、曹姓・李姓・卓姓の三氏であり、この辺から見ていく。

曹姓後裔の代表は高向村主であり、高向漢人玄理《くろまろ》（黒麻呂）で名高い。推古十六年（六〇八）頃に第二回遣隋使の小野妹子に従って留学し、その三二年後に帰国して、大化改新後の新政府では僧旻と共に国博士として政策立案に関与した。翌大化二年に小徳の冠位で遣新羅使になった。カバネは漢人《あやひと》から史（毘登）姓を賜り、白雉五年（六五四）には大錦上で遣唐押使となって行った唐で、任半ばのなか没した。その傍系祖先の桧隈民使博徳（民使首等の祖）が雄略朝に見えており、身狭《むさ》村主青と共に呉に派遣された（『書紀』雄略八年、同十年条）。博徳の祖父が呉人の夫公で、一名を「冨等」と系図に見える。

『姓氏録』逸文には、段姓について、「古記に段光公。字冨等。一云員姓」（傍線部の三字が誤記で、正記が各々、夫、冨、曹となる）と記されており、この者が阿知使主と同行来朝したものか。夫公の活動年代は主に仁徳朝であって、その頃に渡来した。主居住地は河内国錦部郡高向郷（大阪府河内長野市高向）とみられ、当地には素盞鳴神（牛頭天王に通じる）などを祀る高向神社がある。この一族は、呉国関連で段姓（老子李耳の後裔で、段干氏の後ともいう）のほうが正しいのかもしれないが、詳細は不明である。

身狭村主のほうは、『姓氏録』左京諸蕃に牟佐村主とあげ、「呉の孫権の男、高|（「亮」の誤記）の後裔」と見えるから、両氏とも呉に縁由が深かった。系図では雄略朝の牟佐村主青の祖父・岳の代に来朝と伝え、その同族には、雄略朝に呉から青に随行して渡来の蜂田薬師（和泉諸蕃）の祖・奴久利（都

久爾理久爾）もいる。

李姓は、老子李耳の後裔と伝える系図をもち、後裔には刑部造（録・河内諸蕃。若江郡刑部郷が居地か）などがある。渡来してきたのが新羅・慶州六部の楊山部の李氏（朴赫居世のときの李謁平の後裔と『三国史記』では記される）から出た李牟意弥とされ（『姓氏録』には呉国人とするが、系図には李牟の曾祖父が呉人という）、一族から後の李氏朝鮮王家（慶州李氏）を出したと系図にいう（この辺は疑問もあるか）。年代は応神朝の投化というが、この辺は具体的には確かめられない。

卓姓は、阿知使主に随従して来住した韓鍛冶《からかぬち》卓素の後裔で、その子孫は長く刀鍛冶の技術を伝えた。後裔の大和国宇太郡の佐波多《さはた》村主が大和の剣工、天蓋《てがい》（手掻）氏を出し、御池造が筑後国御井郡の剣工の三池氏、大和国高市郡の剣工の保昌《ほうしょう》氏などを出した。『古事記』応神段には、「手人《てひと》韓鍛《からかぬち》、名は卓素なる者」を百済が貢上したという記事もあり、御池造（録・右京諸蕃）の記事からは「百済国扶余地卓斤国主」の後ともいう。だから、阿知使主と同時の来朝には留保される面があるが、百済からの渡来という点では共通する。

『姓氏録』逸文記事にある村主姓諸氏

上記の『姓氏録』逸文には七姓の記事に続けて、阿智使主（同書では「阿智使主」の表記が多い）が上奏し、もとの人民が離散して高句麗・百済・新羅等にいるので迎えを出して召喚したいと願い出て、この召喚に応じて仁徳天皇の御世に来朝したのが、高向村主、佐波多村主、大石村主、錦部村主、桑原村主、鞍作村主などと三十の諸氏が見える。阿知使主に随行の努利使主（白鳥村主等の祖）が山背筒城に住んで、仁徳皇后の磐之媛に蚕を献じた伝承も仁徳記に見える。

次に記す大石村主の例から見ても、東漢氏関係の全体集団が日本に落ち着いたのは、ほぼ仁徳朝後期頃だと見て良さそうである。このなかに、錦部村主・鞍作村主のように雄略朝頃に新来の今来漢人まで併せてあげられるから、東漢氏が管掌したか同祖などで密接な関係のある諸氏まで含まれることに留意したい（関晃氏は、「村主群で倭漢氏と同祖なることを主張した例は一つとして見当たらない」と「倭漢氏の研究」で書くが、これは誤り。大友村主・錦部村主などが同祖という系譜をもつ）。

遅れて渡来したとされる多くの漢人村主諸氏も同じ逸文記事のなかにあり、人衆が多く、高市郡の土地が狭隘のため、同郡以外の摂津、三河、近江、播磨、阿波等に分居した一部もあるという。これらのうち、五世紀後葉頃の雄略朝以降に渡来してきたものを「**今来漢人**（今来才伎）」といい、これらを配下に組み入れて漢氏が勢力を拡大した。彼らは遅く渡来しただけあって、より先進的な大陸系技術で王権に奉仕したが、奈良時代にはその一部は雑戸・品部として再編され、前代の職務継承も見られた。

逸文記事のなかでは、**大石村主**にも留意される。先に秦氏で見たように、秦王族で高陵君参の後という一派があり、漢土から建安廿二年（二一七）に百済に入ったが、この子孫はのち二つに分れ、そのうち一派は高陵享のとき東漢掬直とともに投化して大石村主の祖となった。主居住地は近江国栗太郡南部とみられる。中世まで長く続く衛府官人大石氏の流れであり、来朝後の活動・系譜はしばらく見えないが、奈良時代は下級官人でかなり多くあった。神亀三年（七二六）の「山城国愛宕郡計帳」に「大石主寸百嶋」らが見え、天平六年（七三四）の「出雲計会帳」には造弩生大石村主大国が見える。『続紀』天平勝宝二年正月条には「正六位上大石村主真人」に外従五位下の叙位があり、これより先、天平十年四月の「上階官人歴名」にも美濃少目の大石真人が見え、『万葉集』

に短歌一首がある。

もう一つの百済に残った高陵氏の系統は、百済の滅亡とともに来朝して、初めは故地に因み楽浪《さざなみ》氏といい、後に高丘氏となった。百済では有力な臣であった模様で、一族の真華娘は蓋鹵王の妃となったと伝える。蓋鹵王は西暦四五五年に即位して、四七五年に高句麗に攻略され殺害されており、年代的に雄略天皇の活動期間とほぼ重なる。真華娘の祖父・弰の兄弟が上記の高陵亭だと系図に見えるから、高陵亭の来朝は仁徳朝頃としてよい。これは、『姓氏録』逸文の上記記事に符合する。

上記七姓の段姓・高姓については、百済・武寧王のとき五経博士として倭に派遣された博士の「段陽爾」や「漢高安茂」（『書紀』の継体段に交替の記事あり）とも関係しそうだから、百済から来た阿知使主との関係も肯ける。高安茂は、系図には高麗郡漢城人の劉徳（字が言興で、高安連・下村主等の祖）の兄弟の五世孫と見える。

大化前代の東漢氏一族の動向

東漢氏の嫡宗家といえる系統は必ずしも明確ではない（兄腹で居地桧前の名を負う桧前直が嫡宗かとも思われるが、氏人の活動は殆ど現れない。一族のなかで比較的に主導的な位置にあったのは、当初しばらくは兄腹の民直あたり、次ぎに弟腹の文直、最後に中腹の坂上直あたりか）。六世紀以降、一族は三腹に分かれて次々に枝氏の分出を繰り返し、高市郡内で繁衍した。坂上苅田麻呂が宝亀三年（七七二）に出した上表文に、「凡そ高市郡内は桧前忌寸および十七の県の人夫地に満ちて居す。他姓の者は十にして一、二なりき」と見え、同族の繁衍が知られる。

東漢氏は韓地からもたらした言語能力や技能・技術をかわれて、葛城氏、大伴氏や蘇我氏など朝廷の重臣豪族にも重用され、主に軍事、外交と土木・建設の分野で貢献した。

その専門的な職掌は「史部」であり、一族は優先的にこの職に採用された。これも楽浪・帯方郡以来の伝統・技術を物語るもので、たんに百済から来た渡来人系統ということではなかった（まして や、伽耶の安羅から来たとは思われない）。奈良時代の「学令」には、「凡そ大学の学生には、五位以上の子孫、及び東西の史部の子を取れ」と見える。東西の史部とは、主に東漢氏・西文氏の一族のことである。阿智使主の子孫である漢氏の多くは、『古事記』履中段の記事「阿智直始めて蔵官に任じ」て以来、多くが内蔵官吏となった。

『書紀』には六世紀前半の動きが見えないが、欽明朝七年（五四六）には檜隈邑の人、川原民直宮が良い駒を見つけて買いとった話が見える。欽明十四年（五五三）には、和泉の茅渟海に浮かぶ樟木を溝辺直（池辺直の誤記。欠名も、『日本霊異記』には池辺直氷田と見）に取りに行かせ、これで仏像二体を造ったが、これが吉野寺の放光樟像だとされる。池辺直氷田は後の敏達十三年（五八四）にも見えて、馬子の命で仏教修行者を捜している。

欽明三一年（五七〇）には、東漢民直糠児《あらこ》（上記の宮の兄弟）や東漢坂上直子麻呂が高句麗からの使者応対で先ず見える。子麻呂は敏達朝元年（五七二）でも同様の任務につ

吉野寺（比曽寺）跡にある世尊寺（吉野郡大淀町比曽）

いた。弟腹の爾波伎《にはき》の後では、東漢直福因（倭漢直福因。文直の祖）が出て、推古十六年（六〇八）、小野妹子の遣隋使の際に高向玄理らとともに留学生として同行し、同三一年（六二三）に帰国した。在唐の留学生の帰国・召喚と、今後ともの遣唐使の派遣継続を朝廷に奏上した（『書紀』）。その子の東漢文直麻呂は、古人皇子の陰謀に加担したが、この罪を許され、大乙上の冠位で白雉五年（六五四）には遣唐使判官となった（書直と表記）。斉明五年（六五九）紀に所引の伊吉博徳書には東漢長直阿利麻が見えて、遣唐使の一員となった。持統九年（六九五）には、務広弐文忌寸博勢が下訳語諸田等とともに多祢（種子島）に遣わされ、その後も覓国使で南西諸島に派遣され、その成果でこれら地域の人々の来貢があった（西文氏も当時は同じカバネで、どちらの系統が分別しにくいが、遣使の職掌から見て東文氏か）。

土木分野では、秦氏が宮城の築垣技術に優れたことは先に見たが、東漢氏でも様々な築造技術をもっていて、その活動が『書紀』に見える。先ず、推古天皇二八年（六二〇）十月には、桧隈陵（欽明陵）に砂礫を葺くことがあり、その作業として氏毎に土山の上に大柱を建てたが、倭漢坂上直がたてた柱が優れて太く高かったので、世人は「大柱直」と称えた（個人名ではなく、通称か）という。続いて、舒明十一年（六三九）には書直《ふみ》県（上記の福因の弟）が百済宮と百済大寺を造る大匠《おおたくみ》に任命され、皇極天皇元年（六四二）には阿曇山背連比良夫らと共に倭漢書直県が百済弔使のもとに遣され、白雉元年（六五〇）に県らを安芸に遣わし百済船舶二隻を造らしめた。

同年には、荒田井直比羅夫が将作大匠として難波の長柄豊碕宮の宮地の堺標を造立し、大規模な整地作業に入り宮殿の建造に着手した（新宮に遷居したのは翌二年十二月）。それより前、大化元年（六四五）に倭漢直比羅夫と見えて、尾張に供神の御幣を課すために派遣され、同三年（六四七）には、同人（大山位倭漢直荒田井比羅夫と表記）が用水路の工事で誤って難波に水を引いたことも見える。

倭漢沙門智踰《ちゆ》（智由）は、磁石を利用して指南車を造り、後に天智天皇に献上した（斉明紀・天智紀）。天武十年（六八一）に荒田尾連麻呂が軽部朝臣足瀬らと共に信濃に派遣されて行宮を造り、和銅元年（七〇八）に坂上忌寸忍熊が造平城京司大匠に任じた（『続紀』）。

蘇我氏への隷従と崇峻天皇弑逆

軍事力・技術力をもつ東漢氏が、高市郡で近隣の大族蘇我氏により使役された。これは、先に見た雄略朝に蘇我満智宿祢が三蔵（斎蔵・内蔵・大蔵）を管掌したこと（『古語拾遺』）に由来する。東漢氏は手足のように蘇我氏に使われたが、典型例が東漢直駒の崇峻天皇弑逆事件である。駒は、天皇の嬪・河上娘（蘇我馬子の娘）と密通し、蘇我馬子の指図もあって崇峻天皇五年（五九二）に天皇を暗殺した。

この「駒」の系譜については諸説あるが、坂上直の先祖で中腹・志努の子とするよりも、志努の兄で兄腹の祖・山木の曾孫（磐井の子）とするほうが世代的に見て、妥当であろう（鈴木真年は、何によってか、山木ではなく、弟腹の爾波伎のほうの曾孫とする）。これは『書紀』割注に「或本云。東漢直駒は東漢直磐井子也」とするのに符合する。蘇我馬子の命令を忠実に果たした坂上駒子を、馬子が口封じに殺害したが、大化前代では東漢氏一族は蘇我氏に従属して行動していた。

指南車

推古天皇四年（五九六）に蘇我馬子によって法興寺（飛鳥寺、本元興寺）が建立されたが、この造営には、「山東漢《やまとの》大費直《おおあたい》」の「麻高垢鬼《まこくき》と意等加斯《おとかし》」が総括責任者として百済の工人を指揮したとされる。同寺は、平城遷都に伴って平城京に遷され元興寺となるが、その塔の露盤に刻まれた銘文から事情が知られる。

皇極天皇三年（六四四）十一月、蘇我大臣蝦夷・入鹿臣親子は、甘樫岡に雙んで家を造り、大臣家を宮門といい、入鹿家を谷宮門といったが、家の外に城柵を作り、門の傍らに兵庫を作った。東漢氏が常に侍って警備したという。ついで、東漢長直に命じて、高市郡の大丹穂山に桙削《ほこぬき》寺を造らせている。翌皇極四年（六四五）の蘇我入鹿殺害の乙巳《いつし》の変では、漢直らが族党を動員して武装し、蘇我蝦夷を守るために軍陣をはった。このとき、高向国押の説諭をうけ、東漢氏一族は武器を捨てて逃げ散った、とされる。

壬申の乱後の天武六年（六七七）六月には、東漢氏一族に対して詔勅が出て、朝廷への忠誠を求めている。これに拠ると、この党族が推古朝御世から近江朝廷の時期までに、七つの不可を犯し、常に謀をなしてきており、いま族滅させせようと思わないから大恩を与えて、これらを赦免するが、もし今後も罪を犯す者があれば、必ず処罰する所存だから、さように心得よ、というものである。糾弾された七つの罪状とは、具体的に不明だが、例えば東漢直駒が崇峻天皇を殺害したり、乙巳の変のあとでは最後まで中大兄皇子に抵抗する姿勢を見せたことなど、蘇我氏の意向に従った（加担）行動が含まれよう。ともあれ、東漢氏一族の利用価値・力量は、天皇も無視できず、協力させて利用する方向が示された。

東漢氏諸氏の分派

東漢氏が三腹で発展したことは先に述べたが、そのなかで代表的な氏としては、**A兄腹**で民、平田、谷など、**B中腹**で坂上、蚊屋、石占、佐太、長、蔵垣、荒田井など、**C弟腹**で山口、調、大蔵、書（文）、池辺、内蔵などが系図所伝からあげられ、直姓の氏族で存続した。東漢氏の嫡宗がどの氏であったかは不明なことは、先にも述べた（崇峻天皇弑逆の「駒」が宗家とみて、これが没落したとの見方もあるが、これがなりたつのだろうか?）。

三腹分立の約三百年後の延暦四年（七八五）に、坂上苅田麻呂が同族と言った代表的な忌寸姓十氏には、**A群**は平田、民、文部谷、**B群**は坂上、佐太、**C群**は内蔵、大蔵、文、調、山口、があげられており、これらがこの時に宿祢姓を賜った（この『続紀』の記事は、後世の誰かが「文部谷」という一氏を知らず、「文部・谷」という形で中点を書き込んで二氏としたことで、本来は合計が「十氏」であったものを次ぎに「一」を書き加え「十一氏」にしている。現代の研究者の多くも同様であるが、早くに関晃氏が「文部谷」で「十氏」だと指摘し、佐伯有清氏も「忌寸十姓十六人」と記したのを、多くの研究者が無視する。谷忌寸はあるが、文部忌寸は当時なかった）。

東漢氏の姓は、はじめ雄略朝頃に直で、天武十年（六八一）に連となり、同十三年（六八四）の八色の姓の制定では、忌寸《いみき》（一時期、「伊美吉」とも表記する）と変わる。阿智使主の直系の有力子孫はこの「忌寸」賜姓により、他の枝氏とは姓で区別がなされた。延暦四年（七八五）には、一族中で有力な十姓十六人が宿祢姓となるが（天武朝以降の連、忌寸、宿祢は、秦氏一族の動きともほぼ共通する）、『姓氏録』逸文には、このほか檜原、路（ともに兄腹）、畝火、蚊屋、谷（中腹）、桜井（弟腹）、が宿祢姓で見える。こうした賜姓の動向で見ると、三腹の勢力はほぼ拮抗していた。一方で、姓の変更がなされない庶流の氏も各地にあった。

壬申の乱での東漢氏一族の活躍

大化元年（六四五）九月の条の記事には、朴市秦造田来津らとともに倭漢文直麻呂が見えて、古人大兄皇子に随って謀反を企てたとある。

次ぎに、孝徳天皇の白雉元年（六五〇）に漢山口直大口が詔をうけて千佛の像を刻っており（法隆寺広目天像の光背刻銘にも「山口大口費」）、倭漢直県・白髪部連鐙・難波吉士胡床《あぐら》を安芸国に遣して百済船二隻を造らせた。斉明天皇七年（六六一）五月には、耽羅（済州島）が初めて王子の阿波伎らを遣して貢献してきたとき、東漢草《かや》直足嶋が讒言したことで、使者の怨みをかって死んだと見える（以上は、『書紀』。草直は後に蚊屋直と書かれる）。この辺までは、一族の名には倭漢・東漢という冠がかかって表記がなされた。

壬申の乱では、東漢氏一族が大海人皇子（後の天武）方として活躍した。『書紀』などに拠ると、天武方には、書直智徳《ちとこ》・文直成覚《じょうかく》、長尾直真墨、倉墻《くらかき》直麻呂、民直小鮪・民直大火（大宝三年に贈位）、坂上直熊毛・坂上直老・坂上直国麻呂、谷直根麻呂、路《みち》直益人、大蔵直広隅、蚊屋直木間《このま》、荒田尾直赤麻呂が参加し、一方の近江方には谷直塩手、書直薬、忍坂直大摩侶が参加した。このとき、坂上直熊毛は大伴吹負と謀って一、二の漢直を寝返らせており、後に熊毛は一族の書直智徳・書直成覚とともに功田を授けられた。天武十年（六八一）四月に壬申の功臣・書直智徳は小錦下の官位をうけ連姓も賜ったが、この智徳よりも更に八か月早く、他の東漢氏一族にも先行して連を賜姓した田井直吉麻呂がいた（その理由は不明）。東漢氏一族が連賜姓をうけるのは、翌十一年五月であった。

こうした諸事情のもと、宝亀三年（七七二）の坂上苅田麻呂の上奏もあり、高市郡司は譜代を勘えることなく、桧前忌寸（東漢氏一族）をもって任命されていた。天平勝宝四年（七五二）四月の東大寺大仏開眼式には、大伴・佐伯両氏の久米舞と桧前忌寸・土師宿祢各二十人による楯伏舞が行われた。このとき、文忌寸□麻呂と土師宿祢牛勝が舞頭となった（『東大寺要録』）。

文芸面では、刑部親王と藤原不比等の主宰した大宝律令の撰定には、白猪史骨・山口伊美吉大麻呂・調伊美吉老人といった東西の漢氏が、他の渡来系諸氏と共に参加している。東漢氏一族は各種技芸に優れた者を輩出したが、養老五年（七二一）正月に元明天皇の詔により各分野の専門家が賞されたなかに、明経博士正七位上調忌寸古麻呂、算術正六位上山口忌寸田主、和琴師正七位下文忌寸広田、という名があげられる。

『万葉集』にも東漢氏一族がかなり見える。代表的な万葉歌人の一人、長忌寸意吉麻呂《おきまろ》（短歌十六首で、持統・文武両朝に宮廷歌を残した。長忌寸娘も短歌一首）のほか、内蔵忌寸縄麻呂（大伴家持が越中守のとき越中介。四首）や坂上忌寸人長、大蔵忌寸麻呂、山口忌寸若麻呂、田部忌寸櫟子、草嬢《かやのおとめ》の歌があげられる。わが国最初の漢詩集『懐風藻』には、正五位上を追贈された大学頭の調忌寸老人（撰善言司）が見える。

東漢氏一族の祭祀と考古遺跡

奈良県高市郡明日香村の大字檜前にある於美阿志《おみあし》神社は、高松塚の西南近隣、石舞台古墳から見れば西方にあって、東漢氏の始祖・阿知使主夫妻が祀られる。『延喜式』神名帳に掲載の式内社でもある。神社の境内には、宣化天皇の檜隈廬入野宮跡の碑や桧隈寺跡があり、塔・講堂と推定される建物跡を遺す。『書紀』天武天皇の朱鳥元年の条には桧隈寺の寺名が見え、寺跡からは七世紀末の瓦が出土した。

檜前の南東隣、栗原には呉津彦神社（高市郡式内社の呉津孫神社）もあり、牟佐村主など江南に縁由の氏族が祖神を祀ったが、いま祭神は変化する。呉原の訛が栗原とされる。

高市郡高取町与楽のカンジョ（乾城）古墳は、巨大な石室をもつ一辺約三六メートルの方墳で、七世紀初め前後の渡来系の有力氏族（東漢氏か）の首長墓とみられている。

なお、橿原の新沢千塚古墳群について、副葬品（一二六号墳からの青銅製の熨斗、ガラス製の碗・皿などの出土）や支群相互

カンジョ（乾城）古墳。天井の高いドーム型石室をもつ（高取町与楽）

呉津彦神社（明日香村栗原）

伊居太神社（大阪府池田市綾羽）

が等質的な性格などから、倭漢氏が被葬者集団とみる説もあるが、居住地域がやや離れており、疑問がある。大伴・久米両氏を中心とする諸集団（渡来系の集団も含む）の集合墓地とみる塚口義信氏の見方（「大和平定伝承の形成」、『日本書紀研究』第二九冊所収）にほぼ同意したい。

このほか、大阪府池田市の穴織社伊居太神社・呉服神社や奈良県生駒郡安堵町東安堵の飽波神社が関係神社としていわれる。漢人関係の寺では、蘇我氏造立の飛鳥寺、舒明天皇の百済大寺のほか、鞍作達等が草堂を営んだという坂田寺（明日香村）、池辺直氷田が本尊を造ったという吉野の比曽寺（吉野郡吉野町）などがあげられる（平野邦雄氏）。岡山県倉敷市の阿智神社は、当地居住の阿知使主一族との縁由をいうが、この辺は不明である。

三　漢氏の先祖と韓地・漢土での漢一族の活動

東漢氏の先祖と原郷

東漢氏は「アヤ」の音を含むことからして、伽耶（加羅、弁辰）諸国の一つである阿耶伽耶（安羅。現・慶尚南道咸安付近）から渡来したとみる説があり、戦後の古代史学界では割合、多い。しかし、これは正しいのだろうか。先に、秦氏が新羅の波旦から来たという説を本書で成り立たないと記してきたし、東漢氏の安羅出自説も、同様にこれを唱える学究の錯覚、過誤にすぎないと考えられる。「熊襲」の地域比定に限らず、津田史学の影響をうけた戦後の学説には、平気で安易なコジツケないし推定を行う傾向がある。

加藤謙吉氏は、東漢氏に属する諸氏で、安羅から移住したことを直接史料に伝えるものは見受けられないが、「西漢氏の枝氏の一氏である河内直（忌寸）は、『書紀』（欽明紀）によれば、安羅方面からの移住者であった形跡が認められる」として、西漢氏のアヤの氏名は安羅の国名によったとみられ、東漢氏についても同様に解しうるとする。しかし、これは、様々な点で強引で粗雑な論理である。坂元義種氏も、安羅との語呂合わせ的な見方に疑問を呈し、中国人出自の主張を重視したほうがよいとする（ただし、後漢の霊帝後裔については新たな造作のように思われるとも記す。「渡来系の氏族」）。

欽明紀二年七月条には「安羅日本府の河内直」と見えるが、これは職務上、安羅におかれた日本府に官人として大和朝廷から派遣されていただけであって、安羅が出身地とか原郷と受けとるのが、まず誤読である。次ぎに、この「河内直」について渡来系の氏と受けとられているが、諸説あり（河内漢直説と百済系の河内連説があるが、両氏は実は同一系か）、河内漢直（川内漢直）説が妥当でも、これが「西漢氏の枝氏」だという裏付けがない。

王仁の後裔を西文氏とすると、この系統は書首（文首）が嫡流であり（文河内首が一族にあるかもしれないが）、欽明紀に見える「河内直」の系譜は、そもそも劉姓ではなく別系である（『姓氏録』河内諸蕃の河内忌寸は、北燕王馮弘の後裔で、劉姓とは無関係。同書の右京諸蕃・台忌寸条に、後漢の献帝の子の白竜王の後と称した記載があるが、まったくの系譜仮冒であり、献帝の子に白竜王はいない。白竜王とは魯〔北燕〕国王の馮弘のことであり〔『宋書』文帝本紀に「黄竜国主馮弘」〕、左京諸蕃・山代忌寸条や河内諸蕃・河内忌寸条には「魯国白竜王」と見えて、西漢氏が白竜王後裔というのにも注意を要する）。だから、加藤氏の見方は論理の基礎前提から間違っている。

しかも、西文氏は同じ劉氏を称しても、東漢氏とはまったくの別系であり（後漢の霊帝の後ではなく、前漢の燕霊王建の後裔というが、別姓〔王氏〕の可能性もある）、加藤氏の言う「西漢氏」が安羅から来たことについても、まず根拠となる史料がないし、誤解もある。西文氏一族は、当初は首・史姓で、後に連姓、忌寸姓となるが、同族には「直」という姓が見られず、『書紀』にも天武十二年条に、首から連への賜姓が見える。この時に、加藤氏の言う「西漢氏」では川内漢直が連姓となっている。

秦氏の金官伽耶原郷説に否定的な加藤氏が、七姓官人など多くの属民や関係諸氏を引き連れた大集団の東漢氏について、伽耶の一国にすぎない安羅に原郷を考えるのは論理矛盾である。アヤ氏とアヤ・アラの地域とを安易に結びつけるのは、戦後史学の語呂合わせの悪い例である。東漢氏と西文氏は、東西の史部として朝廷の文筆事務を世襲して担当したが、この漢語能力が辺境たる韓地南部の安羅で育った現地氏族に培われるはずがなく、楽浪・帯方両郡あたりに居た漢人集団の有力指導者層の後裔が東漢氏だとみるのが自然でもある。多くの異系を含む漢人の諸氏を引率してきた事情は、これを十分示唆する。

後漢の霊帝とその子孫の伝承

阿智使主の系譜は、『続日本紀』に「後漢霊帝の曾孫、阿智王」と見えるなど、六国史（『日本後紀』『続後紀』『三代実録』）では霊帝の曾孫に位置づけられることが多い。これは、明らかに世代数が少ないが、まず、東漢氏が祖だと称する後漢王朝末期の皇帝、霊帝及び献帝の親子を見ておく。

霊帝（劉宏）は、中国・後漢王朝の第十二代皇帝で、解瀆亭侯劉萇の子（董太后所生）だが、男子のなかった先帝の桓帝劉志（劉萇のイトコ）のあとをうけて即位した（在位一六八～一八九で、生れが一五六年）。この治世では、何皇后の兄・何進や袁紹らが権勢をふるい、宦官との権力闘争が続いて国内は疲弊していったから、西暦一八九年の霊帝の死をもって実質的に後漢王朝が終わる。子女には、男子の劉弁（何皇后の所生で、後の少帝。第十三代で、在位四か月余で廃帝弘農王）及び劉協（王美人の所生で、後の献帝）と女子の万年公主があった。

霊帝の皇子として生まれたが**献帝**（劉協。在位一八九～二二〇で、生没が一八〇～二三四年）であって、兄の少帝のあとを受けて最後の後漢皇帝となった。伏皇后（伏完の娘で、名は伏寿）のほか、曹操の三人の娘（曹憲、曹節〔献穆皇后〕、曹華）、貴人二人（董氏、宋氏）を后妃に入れたが、董卓や曹操などに実権を奪われお飾りの皇帝にすぎない。皇帝即位前は勃海王、陳留王でおり、曹丕に帝位を禅譲して退位した後では、魏朝にあって**山陽公**と呼ばれ兗州山陽県（山東省）の邑一万戸を領した。

献帝の子には、劉馮（南陽王）、劉熙（済陰王）、劉懿（山陽王）、劉邈（済北王）、劉敦（東海王）や公主が中国史料に見える（孝徳王〔広原忌寸の祖という〕や白竜王〔台忌寸等の祖という〕は、子には見えないことに注意）。伏皇后は、曹操への怨みが発覚したため、所生の二人の皇子（名は不明）とともに処刑された経緯もある。

献帝の太子・劉馮は父に先立って死んでおり、献帝の孫の劉康が青龍二年（二三四）に祖父の跡を継いで第二代（②）の山陽公となった。西晋の時代にも山陽公はそのまま存続を許された。劉康は五一年も在位で太康六年（二八五）に死去し、子の劉瑾が同職③を継いだ。劉瑾は太康十年（二八九）に死去し、子の劉秋が同職④を継いだが、永嘉の乱の最中の永嘉三年（三〇九）に匈奴系の前趙軍により家族共々殺害されてしまい、この爵位（山陽国）は断絶して後漢王朝の嫡流は途絶えた（その後、東晋の時代に山陽公末裔を捜索の詔勅も出されたが、結局、蜀漢の劉備の子孫が山陽公の跡を継ぐ。「百度百科」に拠ると、真偽不明だが、最後の山陽公秋の後も、子の「祥―瑞―洪―遠―明……」と系が続いて、江蘇省豊県の劉氏となるという）。

劉秋の弟に信がいたとされ、これが倭に渡来して当宗《まさむね》忌寸（『姓氏録』左京・河内の諸蕃）の祖になると伝え、「後漢献帝の四世孫山陽公」より出ると記される。この場合の山陽公とは④劉秋に当たるが、当宗忌寸の先祖は楽浪郡から渡来したと伝えるものの、それがどのような形かは不明である。羽曳野市誉田に式内・当宗神社があって、いま誉田八幡宮に合祀されるが（元の鎮座地は東方近隣の当宗垣内という。東南近隣の杜本神社も当宗氏に関連かという）、祖神山陽公を祀った模様である（現祭神は素盞嗚尊）。当宗忌寸の子孫には、宇多天皇の外祖母（贈正一位当宗氏。仲野親王の妻で、班子女王の母）が出たという。

阿知使主が山陽公劉秋の兄弟ではないかとみる説もあるが（ネットの百度百科）、年代的に合わないし、当宗忌寸系統との混同もあるようで、本書では採らない。

東漢氏同族の系図をもちながら、阿知使主の後裔とはしない一派があった。それが、東海王劉敦の後裔と伝える大友村主・錦織村主・志賀忌寸らの一族であり、近江国志賀郡や河内などの畿内で繁衍した。『姓氏録』では後漢の孝献帝の後と称している（摂津諸蕃・志賀忌寸など）。劉敦の子の毓《いく》（育の異体字）の子・都徳満（河内諸蕃・広原忌寸の祖として都徳王と表記される）の族裔となるが、その孫とされる波能志《はのし》（波努志）は錦織村主の祖である。

さて、霊帝の子には少帝弁及び献帝がいたと先に述べた。阿知使主の祖は霊帝の子の延王だと『姓氏録』にいうが（左京諸蕃・坂上大宿祢）、この延王の続柄には問題がある。

これが系図では、劉馮（南陽王）の系統だと伝え、この劉馮が霊帝の末子とも一にいい、その子に石秋王劉延をあげるものがある（鈴木真年は『華族諸家伝』田村崇顕条で、霊帝の末子の南海王劉馮の子の石秋王劉延の後と記す）。また、異説（「本朝劉氏廿四姓」系図）には、少帝弁の子に弘農君延、その

誉田八幡宮境内にある当宗神社（大阪府羽曳野市誉田）

子に弘農龍孫石秋とするが、真偽は不明も疑問か。少帝の享年は十五歳とも十七歳ともいい、妻は弘農王妃に封じられた唐姫のみとされ、子女は見えない。

石秋王劉延は、漢王朝が魏に変わる時の建安廿二年（二一七）に帯方郡に至り、青龍三年（二三五）に四五歳で没、その子の劉昕には晋・泰始五年卒で享年が六一歳（従って、生没が二〇九～二六九）、と系図に見える。これらの生没年の記事が仮に正しければ、劉延は献帝（生没が一八一～二三四）とほぼ同世代の人にあたるから、劉氏一族で実在した者ならば、献帝の兄弟ないし従兄弟とか再従兄弟くらいの位置づけが与えられるかもしれない。

また、石秋王劉延などの上記没年記事が正しくない場合も考えられ、その場合には、その子の「昕（帯方太守）―昉（帯方太守）―昇（沂州司馬）―照（阿知使主）」という四代の系譜所伝は、案外、妥当に近い線なのかもしれない。なお、現在に伝わる系図では、「献帝―延王―石秋王―阿知使主」とか「漢高祖皇帝―石秋王―康王―阿智王」というのもあるが、これらはなんら裏付けがないうえに途中の世代数が少なくて、信頼しがたい（『群書類従』の「坂上田村麻呂伝記」には、霊帝と阿智王との間に五世代を置いており、直系でつながるかどうかは不明だが、年代的には五ないし六世代が間に入るのが妥当なところ）。

『三国志』には、正始六年（二四五）の楽浪郡太守劉茂（濊伝）、帯方郡太守として景初初めの劉昕（韓伝。公孫氏を滅ぼした時の太守）、景初二年（二三八。難升米を派遣した時の太守）の劉夏（年代的に「劉昕」と同人か一族）、正始元年（二四〇）の弓遵、正始八年（二四七）の王頎《き》（後三者はともに「魏志倭人伝」）が見えており、これらが楽浪王氏と阿知使主の先祖筋にあたる者なのかもしれない。とくに、景初元年（二三七）頃の帯方郡太守を劉昕とする記事には注目され、上記劉氏四代の系譜（劉昕～照）は経過期間に比し世代が数世代足らないものの、案外、史実原型が根底にあるのかもしれない（勿論、「韓伝」を見たうえでの後世の造作という可能性もあろうが、それなら「魏志倭人伝」に見える「劉夏」が当該系図にまるで見えないのは何故かという疑問も出てくる）。

三世紀後半以降では、朝鮮半島に劉氏の動向が史料に見えないから、これら太守一族の行方は不明なものの、後裔一族が百済あたりを経て倭地に渡来したこともないわけでもなかろう（当該系図には、劉昕の弟に劉循をあげて「百済上柱国」と註する事情もある）。

『世語』にいうところでは、王頎は東萊（山東省東部、煙台市付近）の人とされる。「沂州」も後の琅邪郡とされるから、山陽公の領域ともども関係者の地域が山東省にあった。こうして見ると、山東省琅邪郡と楽浪・帯方両郡に関係深い劉氏・王氏が後の東漢氏や西文氏につながるのかもしれない。

石村村主・桑原村主の一族

阿智使主と同族で、阿智使主に随行して来朝したのが、上記の後漢の献帝後裔と称する諸氏のほか、後漢第三代の章帝の後裔と称する諸氏である。後者のなかに、阿知使主随行伝承の石村村主がおり、同族には神功皇后に対する新羅からの朝貢時に投化したという別伝承を持つ集団もあった。これが史戸の一族で、後漢章帝の後という盡達が建安二年（建安廿二年〔二一七〕のことか）に乱を避けて高句麗の漢城郡（京城付近か）に遷し、後裔が神功皇后への新羅の朝貢時に陪従して投化し大和国葛上郡の桑原郷に居したとする。

石村村主は十市郡石村の地名に因むが、石村村主石楯は天平宝字八年（七六四）に恵美押勝を斬る大功があって、従五位下中衛将監まで昇進し、天平神護元年（七六五）には坂上忌寸姓を賜与された。桑原氏の一族では、朱鳥元年（六八四）四月に、侍医の桑原村主訶都に直広肆（従五位下相当）を授け、連を賜姓したとの記事が見える。

居地の桑原郷に因む桑原氏については、『姓氏録』左京諸蕃に**桑原村主**が「漢高祖の七世孫、万徳使主の後」と記される。この系統は、前漢第六代の景帝の子、魯恭王余の後裔で荊州牧・劉表の族裔とされる。現在に伝わる系図では高祖の十二、十三世孫くらいに万得使主が見えるが、まだ世代数が足りないかもしれない。史・直・連・宿祢の桑原氏と大友桑原史・桑原史戸も見え、阿知使主随行の高宮村主も同族と伝えるから、阿智使主に随従して投化したという後漢章帝裔と称する諸氏（慎近王峌の後裔という下村主、史戸、高安造など）や後漢献帝後裔と称する大友村主一族とも深い関係があったかもしれない。なお、上毛野同族と称する桑原公、都宿祢、都朝臣の実際の出自は、この同族か。

楽浪王氏との関係

漢氏が、所伝のように楽浪郡の漢人が百済を経て渡来してきたものであれば、楽浪郡最大の大族、王氏との関係も問題になるが、端的にこの関係を示す史料はない。楽浪郡とは、紀元前一〇八年に漢の武帝のときに置かれた朝鮮四郡の一つで、大同江南岸の平壌市楽浪区あたりを中心とし、面土城里一帯が郡治とされる。その後、三世紀はじめに帯方郡を分離し、この二郡が紀元三一三年頃に高句麗により滅ぼされるまで存続した。楽浪・帯方の土着漢人諸氏は高句麗や百済の支配下に入り、これら諸国に中華文明を伝える役割を果たした。楽浪郡には王氏が多く有勢で、韓氏がこれに次ぎ、両氏でかなりの率を占めた。

楽浪王氏について触れておけば、後世でも、中国の著名な名族として知られた。楽浪・帯方二郡が高句麗に滅ぼされたときに、楽浪の王遵は人民千家余りを率いて鮮卑の前燕の祖・慕容廆に降った。北魏の文成帝の皇后・文成文明皇后（生没が四四二～四九〇年で、馮太后ともいう）の母、及び北周の初代文帝（宇文泰）の母・明徳皇后（贈并州刺史楽浪公の王珍の孫）らは、この王氏一族の出であった。これより早く、楽浪郡に遼東の公孫氏の勢力が強まると、楽浪郡漢人の一部が帯方郡方面へ、さらには百済に逃れたともされる。

この一族の系譜は、王景（生没が紀元三〇頃～八五年）の系統とされる。すなわち、『後漢書』王景伝等に拠ると、その八世の祖・王仲は山東の**琅邪王氏**一族であったが（父祖不明も、世代を考えると琅邪王氏の初祖王元の子か近親一族）、前一八〇年に呂后没後の斉哀王劉襄（劉邦の孫）らの反乱の禍が及ぶのをおそれ、渡海して衛氏朝鮮の地域に逃れて**楽浪王氏**の祖となった。この地の亡命系中国人のなかで王氏は次第に頭角をあらわし、父・王閎は光武帝の時に郡の三老として王調（楽浪太守を殺し、自ら僭称）の討伐の功があり、王景自身は天文・水利・卜筮などの学芸で名高く、治水の功あって徐州刺史、廬江太守にもなった。

これら王氏の遠祖は周王朝廿三代霊王の子の太子晋で、この後裔が**太原王氏**（子孫に魏・晋の司空・司徒を輩出。竹林七賢の王戎も出す）や琅邪王氏（王羲之・献之の親子を出す）である。太原王氏の流れから、百済の五経博士で欽明朝に帰化してきた王柳貴（山田宿祢・長野連等の祖）が出たという。

王仁の祖父・狗が百済に来たのは、一に後漢末期の建安廿五年（二二〇）ともいうが、その祖が山東琅邪とも言うから、楽浪王氏の一派の出であろう。阿知使主など劉氏を名乗る一族のほうは、王仁一族を除くと、楽浪王氏とは関係がなさそうである。

ところで、百済の支配階級は、在地の扶余系と楽浪漢人から成っており、上級貴族に「百済八姓」があった。その出自は、王族系1（余氏）、夫余王族系2（真氏、解氏）、在地系2（百氏〔苩氏〕、沙氏〔沙宅氏〕）、漢人系3（国氏、燕氏〔田燕氏〕、木氏〔木素氏〕か。なお、高句麗系の劦氏〔木劦氏〕を入れ、余氏を抜く説もある）とされ、王妃は主に真氏・解氏・沙氏から出た。漢人系の大族には王氏、李氏、服氏などがあり（高氏も大族だが、高句麗王族系か）、前期から後期まで一貫して存在した。

朝鮮・中国に残る劉氏

朝鮮の高麗時代以降の有力氏族の一つに江陵《こうりょう》劉氏があり、韓国東北部の江原道東部、江陵市を本貫とし、始祖は劉承備とする。劉承備は、西暦一〇八二年（高麗文宗の三六年）に北宋から来た劉筌（劉荃）の九世孫とされる。その族譜によると、祖の劉筌は前漢の高祖劉邦の四〇世孫だという。しかし、劉筌以前の系図は、『南斉書』に登場する劉懐慰など、正史の人物を適当につなげたと思われる箇所が多く、信憑性は低い。劉筌は北宋の神宗の代に兵部尚書を務め、旧法党に属していたため王安石によって追われたというが、この辺の真偽は定かではない。同じく劉筌の子孫を称する氏に、居昌劉氏（慶尚南道）と白川劉氏がある。また、系譜不明ながら、『日本後紀』弘仁三年（八一二）九月条には、新羅人劉清等十人が粮を賜わって放還されたと見える（この劉清は、古くからの新羅の住民なのか、白村江戦などの縁由で先祖が新羅にきたものかも不明である）。

中国本土の劉氏では、帝堯陶唐氏の子孫と称した祁姓の劉氏が著名であり、先祖が劉邑に封じられ、その地名に因み氏としたという。先にも少し触れたが、祁姓劉氏からは、夏帝の孔甲の世に「竜」

飼育の名手、劉累が出たが、飼育していた竜が病死したことでの問責をおそれ、劉累は魯陽（今の河南省魯山）に逃れた。これが河南劉姓の起源とされる（一説に劉累の故地は河南省偃師〔現・洛陽市のうち〕ともいう）。劉累の子孫からは御竜氏（職業を氏とした）、唐氏（堯の故地の唐に因む）、杜氏（周の成王が**劉累**の子孫を杜に移した）、士氏（杜伯の子の隰叔が晋に移り、士師に任じられ、官職を氏とした）、范氏（晋の宰相士会こと范武子の封地に因む）の各氏が出た。

春秋時代の晋国の重臣で著名な士会（宮城谷昌光氏の小説『沙中の回廊』の主人公）がいったん秦に行ってまた晋に戻るが、その子で秦にとどまった士燮がおり、これが劉氏の祖となったという。その子という明、遠、陽、彭と後裔が続いて、彭の子の龍が劉氏となり、その七世孫の者（槁か喬か）のときに魏の都・大梁（開封市の西北）に行って、その地（魏国大夫という所伝もある）で清が生まれ、秦が魏を滅ぼす頃（前二二五年頃）までに清は沛県（江蘇省徐州市の豊県）に遷居して仁（号は豊公）を生み、その子の煓（字は執嘉。太公）が生んだ四子のうち、三番目が劉邦（生没が前二五六？～前一九五）で漢高祖だとする系譜を伝える（「本朝劉氏廿四姓」や『新唐書』表第十一など）。その弟の楚元王劉交の子孫を称したのが、南北朝時代の宋の初代武帝劉裕（生没が三六三～四二二。四二〇年に宋を建国）である。所伝の系譜では、楚元王劉交の第四子の紅侯劉富から数えて二十代目が劉裕とされるが、これには異説もある。

劉邦の父以前は姓を考えるような身分ではなかった（庶民階級。父の太公は農夫という）として、こうした先祖からの系譜を否定する見方（銭大昕）もある。しかし、劉という氏を長く名乗っている以上、春秋・戦国の諸侯ではないが、なんらかの先祖の由来があって、どこかで落魄した事情があったとしても不思議ではない。劉邦の祖父の劉仁から以後は、それぞれ兄弟と子孫一族も具体的に知られており（燕敬王劉沢や荊王劉賈）、信頼できそうである。劉邦が晋の正卿の士会の後裔かどうかは確認できず、これが否定的だとしても、その同族末流という可能性はあろう。

四　奈良・平安時代以降の東漢氏一族の動向

坂上氏の躍進と後裔

坂上氏の本拠地は、大和国添上郡坂上（奈良市法華寺町付近）とされることが多いが、高市郡から離れていることで疑問が大きい。応神天皇の時に百済王の使者で渡来してきた阿直岐（阿知吉師。阿直史の祖）が良馬二頭を飼育したという「軽の坂上の厩」（応神紀十五年条）、ないし高取町観覚寺の小字坂ノ上（田村麻呂の邸宅地という伝承あり）の地で、これら高市郡域を起源とするのが妥当であろう。

坂上氏は東漢氏中腹の祖、志努直の子の第六子の駒子直の後裔とされる。その本宗は、逸文や系図から見ても駒子直の第一子の流れであって（逸文には誤記があり、第一子が「甲由」とされるが、欽明紀に見える「子麻呂」が正しく、申田《さるた》がその子で、熊毛の父）、その後の熊毛は壬申の乱の功臣で、大錦下を贈位された。

駒子直の第三子が弓束直であり、これ以下は推古朝頃の首名、さらに老、大国、犬養、そして苅田麻呂と続き、坂上田村麻呂に至る。壬申の乱に参陣の老から苅田麻呂までの四代の歴代事跡は、『書紀』『続紀』などの史料にある程度見える。推古紀の坂上大柱直は、坂上本宗の申田直にあたるものか。

壬申の乱の際には、坂上氏は他の東漢氏一族と共に参陣しており、本宗の熊毛のほか、坂上老・国麻呂の兄弟が大海人皇子（天武天皇）方として活躍した。老は死に際して直広壱（正四位下相当）の位階を贈られたが、その孫、**坂上忌寸犬養**は聖武天皇に武才を認められて寵愛を受け、天平勝宝八年（七五六）には正四位上左勇士督まで昇叙した。藤原仲麻呂（恵美押勝）政権下では、造東大寺長官、播磨守、大和守を歴任して、東漢氏一族としては最高位に至った。このため、坂上犬養の系統が東漢氏本宗的な位置を占める。

その子の**苅田麻呂**は、恵美押勝の乱を鎮圧に功があり、押勝の子の訓儒麻呂《くずまろ》を襲い射殺した。武人として重きをなし、道鏡排斥にも関与して陸奥鎮守将軍に叙任し、中衛府中将などを経て、延暦四年（七八五）には従三位に叙せられて公卿となり、同年六月に一族十一姓十六人と共に宿祢姓となった。翌五年に死去のとき、最終官位は左京大夫従三位兼右衛士督であった。

恵美押勝の乱では、賊と戦い内裏に宿営した桧前忌寸二三六人が各々爵一級を進められている。これより先、天平十二年（七四〇）の藤原広嗣の乱の直後になされた聖武天皇の伊勢行幸でも、東漢氏や秦氏などが騎兵等で動員され、関係者の官位が進階された（秦・漢両氏関係では、民忌寸大楫が従五位下、大蔵忌寸廣足が外従五位上、枚田忌寸安麻呂・秦前大魚・文忌寸黒麻呂が外従五位下）。

苅田麻呂の娘、又子（全子）は桓武天皇の宮人で高津内親王の母となり、登子は藤原北家の従二位右大臣内麻呂の室（子には従四位上長岡など）となった。息子の**坂上大宿祢田村麻呂**は、蝦夷征討を成し遂げ史上初の征夷大将軍となったことで名高く、正三位大納言兼右近衛大将まで昇り、没後には従二位を贈られた。母が畝火宿祢清永（東漢氏中腹、延暦十年紀叙外従五位下）の娘で、妻が三善清継（平城天皇乳母で宿祢賜姓の姉継の近親か）の娘・高子と伝え、ともに渡来系の出自をもつ。

田村麻呂は延暦年間の清水寺の創建関与も伝えており、子孫では正野・峯益・公統らが同寺の俗別当になったと伝える（峯益の流れが、奥州の田村氏や平泉藤原氏になると鈴木真年は言うが、この系譜は疑問か）。田村麻呂の墓が『清水寺縁起』等の記事により西野山古墓（京都市山科区）とされ、金銀平脱双鳳文鏡・金装大刀・鉄鏃などの副葬品が出た。

その弟、鷹養は大和守従三位となり、紀伊国伊都郡に相賀八幡神社（橋本市胡麻生）を勧請し社殿等を造営した（『寛文雑記』）、という。田村麻呂は鷹狩（放鷹）の名手としても知られ、この関係でも坂上氏の活動が見える。

延暦末年までに五位以上に昇進した官人は、東漢氏一族のなかでは、坂上氏が十一名と最多であり、次ぎに文氏九名、大蔵氏が五名（老、国足、広足、家主、麻呂）、内蔵氏が四名（黒人、若人、全成、賀茂麻呂）であって、山口氏（佐美麻呂、家足、諸上）、佐太氏（老、味村）、於氏なども複数の名が見えるが、この時点での坂上氏の優勢ぶりがわかる。

桜の清水寺（京都市東山区）

田村麻呂以降の坂上氏の動向については、子息の大野（従五位下陸奥権介）・広野（右兵衛督従四位下）・浄野（清野。右兵衛督正四位下）・正野（治部大輔などを経て従四位下）や広雄・高道（これら男子六人が中央の官人で活動）などや、桓武天皇の夫人・春子（葛井親王の母。従四位下）や御井子（女官で嘉祥二年〔八四九〕に叙従三位）らの多数の子女が田村麻呂にはいた（藤原南家の右大臣三守の室〔有方の母〕もいた）。これら子女からは、官位官職から見て、あまりめぼしい活動をした者は出なかった。

なお、内蔵氏から嵯峨天皇の宮人、内蔵朝臣影子（散事従四位下。高守の娘）も出て、源神姫など三皇女を生んだ。内蔵宿祢影子・同高守（右衛門大尉正六位下）と同族の井門忌寸・山口忌寸・大蔵宿祢凶大蔵忌寸・桧原宿祢ら男女十二人は、承和六年（八三九）七月に内蔵朝臣姓を賜った。彼らの遠祖は後漢の霊帝之苗裔と云うと記載される。

坂上浄野の孫の好蔭は、元慶二年（八七八）に陸奥権介となり、出羽の俘囚が起こした元慶の乱では鎮守府将軍小野春風とともに乱の鎮定に活躍した。その子の加賀介是則（三十六歌仙の一人。大内記も歴任）、孫の石見守望城（梨壺の五人の一で、『後撰集』を撰。大外記も歴任）は、ともに著名な歌人だった。

明法道などの坂上氏一族

坂上氏一族は宗家・庶流も含め、紀伝道や史官としても平安期に活動が見える。平安前期では、坂上忌寸今継がおり、従五位下大外記・紀伝博士で『日本後紀』編纂者の一人として知られ、『凌雲集』等に漢詩作品が採られる。ほぼ同時期の弘仁二年（八一一）十月に右大史正六位上勲七等の坂上忌寸全継がおり、貞観十三年（八七一）閏八月の左大史正六位上坂上宿祢斯文もいて、これらはみな庶流であった。

平安中期には、延喜廿二年（九二二）三月の左大史坂上高臣、その子の左大史坂上宿祢経行（『日本紀略』に群盗に襲われた記事に見。承平元年〔九三一〕五月に左少史）が見え、彼らは田村麻呂の長兄の石津麻呂の系統である。延長二年（九二四）に大外記に任じた恒蔭は、上記好蔭の兄弟である。その後も、大外記には天慶期の坂上高明、安和期の坂上望城（安和二年〔九六九〕任、天禄元年〔九七〇〕転出）が『外記補任』などの史料に見える。

望城の後裔は、孫の主計頭範親・河内守定成などを経て、検非違使庁官人の家につながる。代々、明法博士や検非違使尉などをつとめて中世に続くが、これは、望城の玄孫にあたる明法博士範政（定成の養子）が明法道の中原氏一族から入って養子となり、姓を中原とも坂上とも名乗って法家一流の祖となった事情による。

範政の子の大判事明法博士の坂上明兼は十一世紀後期から十二世紀初頭の人で、刑法に関する書『法曹至要抄』の撰者であり（その後、孫の明基による加筆・校訂）、千載・詞花の和歌集に入選した歌人でもある。明兼の子の兼成は保元・平治の乱の頃の明法博士であり、その子の明基は『裁判至要抄』（一二〇七に編纂の勅撰法律書）の作者とされる。明基は、『東鑑』にも見え、養和元年（一一八一二月に右衛門志中原明基、文治元年（一一八五）六月にも志明基と記載がある。その子の明政ともども大判事、明法博士や大夫尉などをつとめ、明政も同書には建暦二年（一二一二）七月に官人明政、翌建保元年（一二一三）三月に検非違使明政と見える。

この系統はその後も歴代、大判事、明法博士をつとめ、子孫は坂上大宿祢姓で町口、姉小路を名乗って鎌倉・室町期にも続き、室町中期の坂上明世あたりまで各種史料に一族が見える。明世については、『康富記』の嘉吉三年（一四四三）九月条に姉小路判官五位で見え、宝徳元年（一四四九）閏十月条には大判事で左近庁頭兼木工寮年預で見える。この流れの町口氏は、江戸期の官人でも見える

（一に山本宗兼〔下記・親臣の四世祖とも傍系祖ともいう〕の養子の伊貞が町口氏の祖ともいう）。幕末頃の町口是保・是久親子が『平安人物誌』などに見え、是保は検非違使、大判事、下総守をつとめ、是久は天保六年（一八三五）に正五位に叙位して俗に町口五位と称され、越中守や右庁頭大尉に任じた。

検非違使系統の坂上一族は紀伊国名草郡などに所領をもち、鎌倉末期の山口荘領主新左衛門尉坂上明継の後裔が紀伊国名草郡の地士・小島氏で、室町初期の山口入道明教の後となる。この本家は大坂の陣で豊臣方につき滅亡したが、庶流が後に西村の大庄屋となった。

鎌倉中期の仁治三年（一二四二）正月に従五位下に叙された坂上朝臣清澄（外衛）が『民経記』に見えるが、系統など不明である。その後も、正嘉元年（一二五七）に右衛門尉坂上政範が『経俊卿記』に見える。また、望城の後裔には、近江国野洲郡矢島を領した矢島氏がおり、美濃の仙石一族との通婚も伝える。

畿内で坂上氏後裔を称する諸氏

摂津などには坂上氏後裔という諸氏がいくつかある。摂津国河辺郡に**山本庄**（宝塚市の山本台・山本東・山本西の一帯）を開いたことに因み山本を名乗る一派がいた。子孫が堂上今出川家に仕え諸大夫として江戸末期まで続き、その一族に近衛府官人もいた（十九世紀初め頃まで活動の山本親臣は従三位まで昇進）。初祖という坂上頼次の系譜が不明で、所伝の歴代にも疑問がある（頼次は恒蔭の子ともいうが疑問）。その子孫で文明年間の山本尚親が祖とされ、近世には平姓を称した事情もある。山本太郎右衛門尉頼泰などが、馬廻役等で豊臣家の配下にあったとされ、一族は関ヶ原合戦等に敗れて郷士となって池田や伊丹で酒造業（剣菱などの銘柄）・両替商を営んだり、多田銀・銅山の採掘にもあたった。江戸時代において伊丹酒の地位が高く、酒造番付では東西筆頭の大関には坂上・山本の名が見える。

なお、山本庄関係の所伝では、初代頼次の孫、頼継が前九年の役の時に源頼義軍に従い戦功があったというが、『陸奥話記』『奥州後三年記』には坂上姓の武士はまったく見えず、後世の虚飾とみられる（山本氏の系図所伝では、途中にも伊豆卜部氏の者が入ったり、松尾社奉祀の事情もあって疑問であり、本姓が不詳。あるいは、河辺郡の鴨氏族などの古族の出か）。

河辺郡に近隣して同じ摂津国の豊嶋郡があり（両郡併せて仁徳紀に見える猪名県か）、ここに平安後期頃から呉庭《くれは》荘（大阪府池田市南部の宇保・神田・室町あたり）を運営した坂上一族がいた。山本庄からは猪名川を東方に渡った地になる。

この一族は、田村麻呂の子の正雄の五世孫という系譜をもつ正任が土師太郎と号し、河内から入って開発領主となったという。系図では、子孫は呉庭総社神主の村治氏を本宗として一族多く、倉、辻、庄屋などあり、同社を祭祀し善城寺を運営した（両寺社とも、そのままの形では現存しない。宇保に禅城寺の小字がある）。呉庭総社が牛頭天王を祭神とするから、実際に坂上大宿祢から出たのかは不明であり、河辺郡の上記山本一族との関係も系図に見えない。嘉禄三年（一二二七）の勝雄寺文書によると、土師恒正が宇保の地をもったと見え、あるいはこの系統が本宗で、戦国期の北摂の雄族、池田氏につながるかもしれない。

関連して、平安後期の応徳年間に大和国広瀬郡の長河庄荘官の一人に「長河御庄司坂上」が見え（『春日大社文書』七四五）、上記正任の子の維通が広瀬三郎と号し始めて和州広瀬郡に居住と村治一族の系図にあり、坂上氏後裔という系譜も捨てがたい。池田市室町（宇保の北西近隣）の呉服《くれは》神社（呉服媛・仁徳天皇を祭神）は、呉庭総社に起源をもつとも後身ともいわれ、近隣には呉服野、織殿、染殿井などの地名も見える。宇保の猪名津彦神社は、伊居太《いけだ》神社（穴織宮、秦上社。河辺郡式内社の論社だが、鎮座地から見ておそらく非か）の末社で、旧名が稲荷社といい、円墳の跡に鎮座する。もと伊居太神社の境内にあったともいい、漢氏の祖で穴織・呉織を連れ帰った阿知使主・都加使主（坂上氏遠祖）が祭神とされるから、これが呉庭総社の後身か（このような諸事情から見て、村治一族の祖系は難解であり、当地古族の秦氏や為那都比古一族（豊島連ないし猪名県主？）の末流という可能性も残る）。

摂津国住吉郡の杭全《くまた》郷、中世の**平野庄**（大阪市平野区本町あたり）には、坂上行松（行増）を祖とすると伝える氏神社神主家の坂上氏のほか、平野七名家（末吉、土橋、辻花、成安、西村、三上、井上）があった。坂上春子（慈心尼）が開基という長宝寺の付近に住み、末吉家などが出て（長宝寺記、末吉氏家譜）、堺と並ぶ中世の自治都市の平野の活動を担った。平野七名家は末吉を筆頭として、南蛮貿易や朱印状貿易、伏見銀座の運営にかかわり、江戸時代は幕府の代官となり五万石を支配地とした。一族には朱印船貿易で著名な豪商末吉孫左衛門吉康（平野勘兵衛利方の子）、大坂道頓堀を掘削の安井道頓（成安氏）がいる。平野氏一族が実際に坂上氏の後裔であったかは、歴代の名や旧平野郷の産

長宝寺（大阪市平野区）

土神、杭全《くまた》神社（平野熊野三所権現。平野区平野宮町に鎮座。貞観四年〔八六二〕に牛頭天王すなわち素戔嗚尊を祀る祇園社を創建したのが祭祀起源という）などの祭祀関係から見ると疑問もある。一族の地は古代の息長氏にも関連が深そうであって、系譜は判じがたい。

陸奥・坂東の武士としての坂上氏

坂上氏一族は、陸奥出羽按察使兼陸奥守、鎮守将軍・征夷大将軍となった田村麻呂の功績もあって、その後も、鎮守府将軍（第四子の清野や当宗、当道）や陸奥守（浄野、当道、滝守）、出羽守（当岑、茂樹）などの国司に任じる者（守のほか、介でも多い）、古代の奥羽で軍事活動をする者もかなり見える。系図などでは、田村麻呂の諸子は、陸奥の安達郡・石河郡、上総の武射郡、下総の匝瑳郡、越後の沼垂郡に居住を伝える。具体的に系図に見えるのでは、次のとおり。

①田村麻呂の弟、鷹養の子の氏勝が足立太郎として、足立郡（武蔵国？）に居住、
②田村麻呂の弟、真弓の子の光真（本名千楓）が石河太郎と号、
③田村麻呂の弟、雄弓が出羽国村山郡大領となって村山四郎と号、
④田村麻呂の子、滋野が陸奥国安達郡に住んで安達五郎と号、
⑤田村麻呂の子、継野が始めて石河郡（常陸国か陸奥国）に居住、
⑥田村麻呂の子、継雄が上総国武射郡に住んで武射七郎と号、
⑦田村麻呂の子、高雄が下総国匝瑳郡に住んで匝瑳九郎と号、
⑧田村麻呂の子、高岡が越後国沼垂郡に住んで沼垂十郎と号、

ところが、これらの子孫は史料には殆ど現れず、それは子孫が奥州に繁栄し坂上党と呼ばれたと

いう滋野の後裔でも同様である。従って、上記系図記事の確認ができず、東国で見えるのは天慶の平将門の乱の坂上遂高くらいである。この者は、将門方の武将として『将門記』に見えるが、両総の坂上氏から出たものか。名前と地域から見れば、下総国匝瑳郡に住んだ高雄の後裔かとみられるが、将門の敗北などもあってその後世が見えない。

承平・天慶時に権律師・律師となった僧・寛鑑は陸奥国人で俗姓が坂上氏だと『僧綱補任』に見える。東国・陸奥になんらかの後裔があったのは認められようが、系譜が疑問な武家諸氏もある。例えば、幕藩大名家で続いた田村氏は系譜が疑問であり、後述する。

なお、田村麻呂の娘・春子は桓武天皇との間に大宰帥葛井《ふじい》親王を生み、その子の神祇伯従四位上棟貞王の娘は清和天皇の更衣となり貞純親王を生むから、清和源氏に血が繋がる。

大宰府官の大蔵朝臣氏一族

大蔵氏は東漢氏の一族で、壬申の乱の功臣・大蔵直広隅を祖とする。姓は直で、のち忌寸（伊美吉）、宿祢と変わり、善行のとき朝臣へとあがった。「大蔵」の名は大蔵の管理を担ったことに由来するが、祖の広隅が播磨国明石郡大蔵谷に居したことに因むとの説もある。『万葉集』に見える大蔵忌寸麻呂は、天平八年（七三六）に遣新羅使に少判官として随行し、のち丹波守、玄蕃頭などに任じ、正五位下まで昇った。

平安時代前期には、学者として菅原道真と双璧をなした大外記大蔵朝臣善行（従五位上民部少輔が極位。『三代実録』や延喜の格式の撰録に関与）や、承平天慶の乱で藤原純友の追捕使として九州に下向し追討に有功の対馬守**大蔵朝臣春実**などを出した。この春実以降、大蔵氏一族は代々大宰府の府官を務めたが（大監などで鎌倉前期頃まで見える）、それを基盤に九州各地に領主的な展開をとげた。十一世紀前葉の刀伊入寇時の大蔵朝臣種材・光弘親子（『朝野群載』『小右記』）の活躍などもあって、一族は大宰府官の地位を確かなものとした。

筑前の早良郡や那珂郡岩戸あたりを根本所領とし、一族が筑前、筑後、肥前、豊前、豊後等北九州や薩摩・大隅にも広く繁衍して、後裔は原田・秋月・波多江・三原・田尻・高橋・三毛などの諸氏となった。その嫡宗的な存在が原田氏で筑前国御笠・怡土郡に居り、平安末期の平氏政権下では原田種直が大宰大監から大宰権少弐まで昇進して勢威をふるったが、平家の敗滅とともに原田氏は衰えた。豊前でも一族の板井種遠が平家に与した。

その後も大蔵一族の流れは九州各地で続いており、筑前国夜須郡秋月より起る秋月氏や筑後国御原郡高橋に起る高橋氏（のち立花と改）が幕藩大名となって近世に至った。なお、日田の豪族・大蔵氏は、戦国期まで守護大友氏のもとで重きをなした家臣だが、これは別系で本来は宇佐国造族の出であった。大隅の大蔵氏のほうも系譜は疑わしい面がある。

九州の大蔵氏については、藤野秀子氏の論考「太宰府官大蔵氏の研究」に詳しいこともあり、本項は簡略な記事にとどめた。

医家丹波氏の系譜仮冒

丹波氏では、平安中期の永観二年（九八四）に『医心方』を撰進した**丹波康頼**（生没が九一二～九九五。医博士、鍼博士、典薬頭、丹波介を歴任して、従五位上左衛門佐に至る）が出て、日本における針灸などの東洋医学の祖とされる。

康頼は丹波国天田郡の人で、丹波宿祢姓を賜わり（康頼の孫の従四位下典薬頭忠明のときに朝臣を賜姓）、それ以降の代々が、医博士、鍼博士、典薬頭、侍医など医職を近世まで数多く輩出した。室町期には従三位・非参議まで昇る者を多く出しており、医家丹波氏の嫡流は堂上家として錦小路家（半家の家格で公卿。明治には華族）となり、その他官人では小森、金保（後の多紀）や施薬院がある。錦小路家では、江戸期に一度絶えて、支族の小森から後嗣が入った事情もあり、詳しい系譜・家伝史料が残らず、肝腎の康頼の父の名前さえ伝わらない。医家丹波氏の庶流に多紀郡に因む多紀氏があるのも、丹波出自を傍証する。

南北朝時代にできた『尊卑分脈』は、中世系図の基礎でもあるが、そこでは既に丹波氏が東漢直氏の後とされる。家祖の丹波康頼について、後漢霊帝の後裔、坂上直大国の子とする系図が多く（『医陰系図』など）、東漢氏一族の丹波史（『姓氏録』左京諸蕃にあげて、孝日が始祖という）の後とする所伝などもあるが、これらはすべて系譜仮冒である（年代的にも姓氏から見ても、康頼が坂上直大国の子のはずがない）。藤原頼長の日記『台記』が記すように、久安三年（一一四七）十月に典薬頭の丹波重基朝臣が氏神を拝するため丹波に下向しており、この氏神とは『大同類聚方』に「保賀世ノ薬ハ丹波国天田郡天照玉神社之丹波ノ直人足家ノ方也」と見える天田郡式内社の天照玉神社（京都府福知山市今安に鎮座）であった。当社は、丹波国造に任ぜられた大倉伎命が祖神を祀ったのが起源だという。

だから、実際には古代丹波国造家（彦坐王の後裔）の末流が、康頼を出した丹波直一族であった。孝徳朝の天田郡大領小山上の丹波直古米の十一世の子孫という（鈴木真年『華族諸家伝』錦小路頼言条）。その歴代も康頼の父の名も、不明であるが、上記の重基の行動からして、六国史等に見える人足・有数などが中間に入る者か。祖系を仮冒して東漢氏に附合させた理由は不明だが、医道・薬の関係から大陸の新技術を伝えたとしたのだろう。

康頼より前の人では、天平九年（七三七）に丹後国少毅无位丹波直足嶋が『但馬国正税帳』に見え、『続紀』の延暦二年（七八三）三月に丹後国丹波郡人の正六位上丹波直真養を国造に補しており、延暦四年（七八五）には、正月に外従六位下天田郡大領丹波直広麻呂に、八月に外正六位上丹波直人足に、各々、外従五位下を授けた、と見える。『三代実録』の元慶六年（八八二）四月条にも有数ら兄弟（人足の孫）など一族が見え、『平安遺文』にも、斉衡二年（八五五）に丹波直屎麿、更に丹波直姓の人々が、寛平元年（八八九）に桑田郡の検校有数・郡老門宗・擬大領豊岑・擬大領興世など、延喜十七年（九一七）に船井郡の郡老秀良・郷長永古・擬主帳従七位下常直・擬大領従八位上（欠名）・検校従七位上（欠名）が見える。丹波及び近隣に郡領クラスで長く勢力を保ったと分かる。

一方、丹波史の族人では、左京四条四坊の戸主丹波史東人、戸口丹波史年足が史料に見える（『正倉院文書』天平十七年）。この系統が、醍醐天皇朝の左大史丹波宿祢峰行、一条天皇朝の左大史但波朝臣奉親につながるのかもしれない（大友村主の同族かとみられる大友但波史も近江国志賀郡にあったから、こちらの流れの可能性もあるが）。

近江の東漢氏同族や随従漢人系諸氏

東漢氏の一族や随従の諸村主は、畿内のほか、近江にも多く分布したが、『姓氏録』では近江は記載対象ではなく、分布の実態は窺い難い。ちなみに、白村江の敗戦、百済滅亡とともに来朝した百済王族（余、鬼室などの諸氏）や高級官人たち（答本、沙宅、四比などの諸氏）も、はじめ近江に置かれた。近江のなかでも湖西の志賀郡に東漢氏の同族諸氏が多く繁衍し、大友村主、志賀穴太村主、志賀漢人、志賀忌寸、三津首、錦曰佐、錦部（錦織）村主、大友曰佐、大友漢人、槻本村主、穴太村主、穴太史、穴太野中史、登美史などが居住した。蒲生郡にも渡来系諸氏が多い。

三津首氏からは、平安前期に天台宗の祖・最澄（俗名が三津首広野）を出した。穴太村主も近江にあり、一族は未定雑姓山城にあげ「曹氏宝徳公の後」と記されるが、阿知使主とともに来朝と伝える七姓の一つ（段姓ともされる）の流れであった。大友民曰佐龍人は志賀忌寸を賜姓したが、その後裔が野洲郡に江部荘（現・滋賀県野洲市）に住んで江部氏を名乗り、一族から平清盛に寵愛された白拍子、妓王・妓女の姉妹が出た（『平家物語』）。

大友村主（後に連、宿祢姓）は大族で、近江の漢氏宗族的な地位を占めた。滋賀郡大友郷（大津市西部の坂本・穴太・滋賀里あたり）に起り、祖の帝利は阿智王に従い投化したと伝える。推古十年（六〇二）に、大友村主高聰が百済の僧・観勒に天文遁甲を学んだ（『書紀』）。後裔には、平安前期の六歌仙に数える大友黒主（貞観年間に園城寺神祀別当）や新羅善神堂（園城寺の鎮守社）の祠官家大友氏などが出ており、後者は長く続いた。

新羅善神堂で祀られる**新羅明神**は赤山明神（朱山王）ともいわれ、山東半島先端部に近い登州（現・山東省煙台市域）文登県の赤山で新羅人により祀られた。比叡山の京都側山麓でも、赤山禅院（京都市左京区修学院）で赤

新羅善神堂（大津市園城寺町。園城寺＝三井寺内）

山明神が祀られた。円仁（毛野氏族の壬生君の出。天台座主）により中国からもたらされて天台の守護神となったが、近江の新羅明神は、もともと「滋賀郡の一円に布いた外来帰化族の崇奉した神で、その鎮座は寺の開始に先立つ」とされる（宮地直一・佐伯有義監修『神道大辞典』）。

漢王朝の劉氏は、「火徳の赤帝」たる炎帝の後裔といい、「劉邦が赤帝の子で、白帝の子・秦を滅ぼす」とも言われた（『史記』高祖本紀）。たしかに秦では、二代目の襄公、その次代の文公（ともに前八世紀の侯）、更には献公（前四世紀代）が白帝を祀ったと『史記』封禅書に見える。後漢でも、光武帝が劉秀の時代に「赤龍に乗り天に昇る夢を見た」という。新羅明神に鎮座地を譲ったという火御子が園城寺所蔵の「絹本著色新羅明神像」の図に描かれる。ここで、大友村主は、その先が↓劉氏↓赤山明神・炎帝とつながり、東漢氏との同族性が示唆される。東漢氏祭祀の明日香村檜前の於美阿志神社も、阿知使主夫妻を祭神とするというが、鍛冶の祖神天目一箇神を祀るともいい（『神道大辞典』など）、ここに火神祭祀も窺われる。

承和四年（八三七）十二月には、近江国人の左兵衛権少志志賀史常継、左衛門少志錦部村主薬麻呂、越中少目錦部主寸人勝、太政官史生大友村主弟継らが春良《はら》（一に蕃良）宿祢を賜姓したが、このときに常継らの先祖は後漢の献帝の苗裔だという（『続日本後紀』）。大友史で桑原直姓を賜った者もいた。河内には別系という大友史もあり、百済人の白猪奈世の後裔というが、これも実際には同族か。河内の錦部連（三善朝臣の祖）の例といい、大友村主の河内在住の同族は、祖先を劉氏から百済関係に変更する傾向が見られる。大友村主は河内国高安郡に繁衍した高安漢人・高安村主など高安諸氏（造・連・忌寸・公・宿祢や下村主、毘登戸・史戸など）とも関係があった模様で、これらの祖は高麗の漢城郡（ソウル付近）にあり、光武帝の孫の章帝の後裔、盡達王とか慎近王の後裔とも、高麗の大鈴の後とも称した。

錦部村主《にしこり》（錦村主、錦織村主）の一族は、畿内の河内国では錦部郡や若江郡錦部郷（錦織連足国らが居住）に居り、近江では滋賀郡錦部郷、浅井郡錦織郷などに居た。浅井郡の錦曰佐周興、蒲生郡の錦曰佐名吉等には延暦六年（七八七）七月に志賀忌寸を賜った（『続紀』）。これら「錦・錦部」を共通する諸氏は、漢系で同族とみられる。

ちなみに、河内の錦部郡百済郷の東の川向が同郡板持村で渡来系の板茂連《いたもち》（河内諸蕃で伊吉連同族）が住み、その東北近隣が石川郡大伴村であった。大伴村は、いま富田林市東部の南・北大伴町となるが、平安中期頃には「大友庄」がおかれ、神別の豪族・大伴連の居住も見られない（『姓氏録』に河内神別・大伴連は掲載なし）から、『大阪府の地名』では渡来系の大友史の居住地かとみている。ほぼ妥当な見方であり、この地こそ、大友村主の発祥地とみられる（『河内名所図会』には、南大友の山中に伝大友黒主夫婦の塚があったと記）。近江の志賀郡にも河内の現・富田林市域にも錦織・大友の両地名があり、共に両村主関係者が見られるが、錦織村主の主体は河内に残り、大友村主の主体は近江に移遷したとみられる。『姓氏録』逸文に見える「西大友村主」は、河内在住の大友村主か、西は誤記かであろう。

このほか、近江居住が知られるのは、大石村主（栗太郡大石）、桑原村主（浅井・神埼郡）、飽波村主（犬上郡）などがある。東漢氏一族でも、谷宿祢（録・右京諸蕃）の一派が近江国甲賀郡長野に住んだ。子孫の谷衛好《もりよし》は美濃国席田郡伊地良村に遷し、子の甚太郎衛友ともども秀吉に仕えた。谷衛友は取り立てられて丹波国何鹿郡の山家藩主となり、明治には華族に列した。近江の佐々木一族の出とも称した（佐々木一族池田氏から先祖高衛が入嗣という）。

紀伝道・算道の三善氏一族

三善氏では、平安中期に参議三善清行を出して、中世以降も活動がかなり見える。系譜は二説あり、東漢氏同族の錦織村主の流れと、百済王族から出た錦織首の流れというものである。『姓氏録』の錦部連（河内諸蕃）や三善宿祢（右京諸蕃）では百済王族説をとり、百済の速古大王（肖古王）の末裔とされ、はじめ錦部首（毘登）、後に錦部連となった。韓国人波努志《はのし》（波能志）の後ともいうが、これが後漢献帝の苗裔というのにつながる。

河内国錦部郡百済郷（富田林市域）には産土神として牛頭天王宮があり、いま錦織神社となるが、錦織氏の奉斎とみられる。牛頭天王は普通には素戔嗚尊・新羅明神に通じ、阿知使主一族が「神牛」の教えにより移遷したという伝承にもつながる。

敏達紀に見える日本最初の尼僧の一人、恵善尼（俗名は石女）とその父の錦織壺は、先祖か。天武十年には錦織造小分が連を賜姓、その子らしき進大参錦部連道麻呂が大宝元年（七〇二）の遣唐使大録で後に叙爵と見える。延暦・弘仁年間の後宮には、錦部連姉継・同弟姉（河内国石川郡大岡郷戸主の従六位上錦部連豊人の戸口か）という女官がいて、

錦織神社（大阪府富田林市宮甲田町）

大同三年（八〇八）に一族とともに三善宿祢姓を授かった（姉継は正五位下まで昇叙）。醍醐天皇朝には三**善清行**（生没が八四七〜九一八）が出て、延喜三年（九〇三）頃に朝臣姓を賜った。清行は大学頭・文章博士などを務めて従四位上に昇叙し、延喜十七年（九一七）には参議兼宮内卿まで至り、その翌年に死去し（享年七二）、正二位を贈られた。清行の子には文章博士文江、式部少輔文明や僧侶の浄蔵・日蔵がおり、文明の子・文章博士大学頭道統、その子の大内記・文章博士佐忠が知られるが、この紀伝道系統はそれで消える。

中世以降につながる三善朝臣氏は、貞元二年（九七七）にこれを賜姓した主税助錦宿祢茂明（後に従五位上主税頭兼算博士に昇叙）の後であり、こちらの算道系統は漢の東海王末裔の波能志の後裔で、はじめ錦部村主、後に錦（錦部）宿祢となった（『類聚符宣抄』）。こう見ると、両系統が別族のようにも見えるが、百済王家の系図に三善氏の具体的な出自が知られないこと（錦織技術を百済王族がもったとも思われない）、仁徳紀四一年（この時期は更に遅い時期か）の条に見える石川の錦織首許呂斯の後とみられ、この者が仮に波能志の子孫であれば、一系ないし同族ということになる（ただし、同じ延喜頃の左大史錦宿祢良助が三善朝臣清行の子とするのは無理な系譜接続である。良助も茂明の祖父ではないから、『諸家系図纂』所収の「南家系図」の記事は疑問大）。錦宿祢時佐が貞元二年（九七七）賜姓のときに「三善朝臣は枝葉異なりと雖も、本源是れ同じ」と記される事情もある。

三善茂明の子孫は代々算博士を継いだが、茂明の孫の三善為長（大外記を経て従四位下主税助兼算博士に昇叙）は、越中出身の門人射水為康（射水国造一族の後裔）を養子に迎えた。為康は算道・紀伝道に通じた学者として正五位下算博士・諸陵頭となり、『朝野群載』など多くの編・著作を残した。その子孫で鎌倉前期の主税頭長衡は西園寺公経に仕え、それ以降、子孫が代々西園寺家の家司を務め、室町期まで見える。江戸期の地下官人で妙法院坊官の今小路家は、長衡の後裔とされる（『地下家伝』。康衡の四代孫の今小路行豪が祖という）。

鎌倉幕府の初代問注所執事となった三善康信もこの一族の出とされ、為康の子孫といわれる。康信の後裔としては、町野・太田・飯尾・布施・問注所・椙杜（杉森）・善（膳）など多くの諸氏が挙げられ、鎌倉幕府引付衆あるいは室町幕府奉行衆として、一族が長く活動して史料に見える。萩藩の毛利家中にも椙杜《すぎもり》氏などの藩士が見える。

中世以降の東漢氏系の地方武家

渡来人系統では、中世武家としては惟宗朝臣氏を除くと、有力武家を殆ど出さなかった。鎌倉期に三善康信の後裔一族がかなり見えるが、武家系統の三善氏は、平安後期の上記・三善為康の後裔だから、本来の血筋が越中古族の出自で、実体は渡来人系統とはいえない。

中世の東漢氏系の主な地方武家について概略を記すと次のとおり。

(1)紀伊の相賀氏　紀伊国伊都郡（紀ノ川上流域）の平安中期頃からの武士に相賀庄（橋本市のほぼ西半分を占める庄域で、紀ノ川を南北に挟む。ＪＲ橋本駅の北方の同市胡麻生に、坂上鷹養が勧請したという相賀八幡神社がある）を拠点とした生地《おんじ》（恩地）・

相賀八幡神社（和歌山県橋本市胡麻生）

相賀の一族がおり、坂上姓とされる。その系は必ずしも明確ではないが、長保元年（九九九）七月に伊都郡住の追捕使、坂上重方がおり、従者に内蔵正木がいたと見える。十世紀後半の紀伊守平維時の郎党として、坂上晴澄が『今昔物語』巻二九に登場するが、これらが初期段階の人である。

その後も久安五年（一一四九）の散位坂上大宿祢の親子など、高野山関係の文書に坂上氏の一族が多く見える。陸奥守女子の藤原氏と現地の豪族坂上豊澄が長承元年（一一三二）に高野山の僧・覚鑁《かくばん》へ寄進し、豊澄は相賀庄の庄官として下司職に任じられた。文永三年（一二六六）二月十日の氏長者左近将監坂上盛澄（「高野山文書宝簡集」）など、「澄」を通字として戦国末期、織豊期まで長く続いた。元弘三年（一三三三）七月の「池田荘豊田村地頭職文書紛失状」（湯橋家文書）には、大塔宮祇候人として「生地蔵人師澄」が見え、この一族は南朝方でおおいに活動しており、南北朝期に生地尹澄・安澄父子が楠木一族に属し、一族の正澄・経澄は楠木正行とともに四条畷で討死した。このように南朝に尽力したものの、室町中期には紀伊守護の畠山氏に従って戦国末期まで続いた。

ＪＲ紀伊山田駅（橋本駅の西側の駅。紀ノ川北岸）の北方近隣の橋本市山田・柏原あたりには、戦国末期まで坂上氏一族の居住があり、柏原の西光寺に残る古文書には坂上姓の人々が多数記される。橋本駅付近にあった浄泉寺（跡地が橋本市古佐田）には、田村麻呂が蝦夷征伐進発のときに戦勝を祈願したとの縁起があった。

⑵陸奥の田村氏　陸奥国田村郡に起こる豪族で、坂上浄野の曾孫の古哲に始まるというが、古哲とか内名とかなど伝えられる歴代初期の名前と活動について史料等の裏付けがない。戦国期には伊達政宗の正室を出し、幕藩大名家として続いた。

平姓ないし藤原姓も称するなど、系譜に各種の混乱があり、実際には当地の古族石城国造一族の後裔の可能性が大きいか（具体的には、田村郡門沢邑に居住した称平姓岩城一族の門沢六郎建季の後か。「門沢」は現・田村市船引町門沢の地）。田村氏は大元明王（国常立尊、天御中主神のこと）を奉斎したが、これも渡来系の氏族の行動とはいい難い。

田村一族には、田母神、常盤、船引、小沼、橋本など数多い。平姓で主な通字「季」で見える南北朝期～室町前期の田村庄司一族では、穴沢、阿久津、御代田、八田河、大越、白石、中津川、小沢、常葉、鬼生田、門沢などが見えており、両者を別族とはなし難い。氏の名の「田村」に因んで、田村麻呂を遠祖に架上したものであろう。

(3)美濃の徳山氏　美濃国大野郡徳山（岐阜県揖斐郡揖斐川町北部の徳山あたり）より起る中世豪族である。田村麻呂の甥で、美濃権介・美濃守を歴任した坂上貞守の子孫と称したが、歴代がうまくつながらず、系譜には疑問がある（実系は不明ながら、近隣の杉原氏という同族という所伝もあり、これが正しければ美濃古族の末流か）。

南北朝期には南朝方新田義貞麾下で、美濃守護の土岐氏と対峙するも、後に土岐一族から養嗣を迎えたといい、系を土岐氏につなげた。戦国期に徳山五兵衛則秀（二位法印秀現）が出て、織田信長に臣従してから、柴田勝家、丹羽長秀、前田利家に仕え、さらに徳川家康に通じたことで江戸時代は幕臣として残り、五千石を領して更木陣屋を構えた。

五　西文氏とその同族

同じ漢系とはいえ、大和の東漢氏に対して勢力等で一歩見劣りするのが、河内の西文氏である。博士王仁の後裔として文筆を主に活動したが、この関係も触れておく。

西漢氏とは何か

東漢氏に対して「西漢氏」という語がある。最近までの諸説をみると、その概念には論者に応じてかなりの差異があり、範囲が明確には定まっていない。これを整理しておかないと、本書の論旨も不十分にしか伝わらないから、ここで改めて考えておく。

河内の漢人系諸族をみると、大別して、①王仁後裔の西文氏集団、②王辰爾一族集団、③「魯国白竜王」の後裔という河内漢直（後に河内連、河内忌寸）・台忌寸・山代忌寸・凡人中家などの集団、④東漢氏一族のうち河内（摂河泉）に居た集団、⑤高安村主・河内造など後漢・光武帝の孫の章帝後裔と称し河内に居た集団、⑥後漢・献帝後裔と称し河内に居た諸村主集団、に分かれそうであり、これと⑦「西漢」を名前にもつ西漢人・西漢人部・西漢部などとの隷属関係を考える必要がある（その他雑戸系の諸氏は考慮しない）。

「西漢氏」集団の概念について、これまでの説では、A：①②と⑦、B：①～⑥と⑦、C：③と⑦、D：④⑤⑥と⑦、というのがあったとみられ、この概念把握によって、論究内容が大きく変わってくる。とくに最近、加藤謙吉氏は独自の整理をしてCの立場で論究を展開しており、それが著作の『吉士と西漢氏』で記述されたことから、いっそう混乱が生じているように思われる。歴史辞書等における説明も一様ではない。

従来の見方では、東漢氏に対する概念として西漢氏が用いられたとみられ、それがAの立場ではなかったろうか。すなわち、「西文氏＝西漢氏」という理解が割合多いと思われる。最近までの研究のなかで、①集団と③集団、④集団とは各々別系であるとの認識が進んでおり、どのような立場が妥当かは、とりあえず留保して、西文氏の検討に入ることにする。古代の表記で「西」が河内の意で用いられることがあっても、河内漢直や河内漢連が各々西漢直、西漢連あるいは西漢忌寸・西忌寸と表記された例はないことに留意される。だから、明らかに「西漢」を名乗る氏⑦が、①②③④⑤⑥に対して、どのような関係があったかが問題になる。そして、それが截然と整理できるのだろうか。

王仁吉師の渡来と後裔の動向

西文氏の始祖の王仁は、応神朝に東漢氏に先立ち百済から渡来してきて、千字文と論語（漢字と儒教という意味か）を伝え、当時の皇太子の師となったと伝える。『古事記』では和邇吉師と表記される。『古語拾遺』には、応神朝に百済王が博士王仁を貢ぎ、王仁は河内の文首《ふみのおびと》（書首）の祖となるといい、後磐余稚桜朝（履中天皇朝）には斎蔵に内蔵の蔵部を定め、出納を百済博士王仁にさせた。

これら文筆や官蔵管理の点では、東漢氏と職務を共通にして東西史部（東の大和と西の河内の史部）とされる。東漢氏の活動範囲・職掌が軍事などを含めて広かったのに対し、西文氏の担当分野が比較的狭く、軍事を殆ど含まなかったことなどで、さほどふるわなかった。王仁が伝えたという『千字文』の成立が一世紀ほど後代の梁王朝だったなどとして、王仁の実在性を否定する説も古くから多くあるが、これでは端的な否定論になっていない。

文首氏の一族では、雄略朝に書首加龍が田辺史伯孫の娘婿として『書紀』に見える。嫡流は壬申の乱の功臣・**文祢麻呂**（書根麻呂）で、もとは大海人皇子の舎人から従四位下左衛士府督まで昇進し、死後に正四位上を贈られた。姓は天武十二年に連姓、同十四年には忌寸姓を賜って、慶雲四年（七〇七）九月に死去した。その墓誌も奈良県宇陀市榛原から見つかり、国宝指定がなされた。

武官の要職についた祢麻呂の子、文忌寸馬養は天平宝字元年（七五七）に鋳銭長官、翌年には従五位下に昇叙し、『万葉集』には短歌二首が収められる。この親子の後は、西文氏はふるわない。延暦十年（七九一）四月には、嫡流にあたる左大史正六位上文忌寸最弟《もおと》や播磨少目正八位上武生連真象などが上表して、文忌寸には東文と西文とがあるが、東文のみカバネが宿祢に昇進し、西文は忌寸でとどまり劣るので、同列に扱われるよう願った。自らの系譜を「漢高帝の後の鸞、その後の王狗が百済に至り、百済の久素王の時に聖朝（倭国）が遣使して文人を徴召したので、狗の孫の王仁を派遣した」と述べており、この奏上により一族八人が宿祢姓を賜った。最弟は延暦十六年（七九七）に従五位下浄野（清野）宿祢最弟と見えて縫殿頭を兼任し、従五位上に至った。その後も、平安前期までは夏嗣、二腹、良山、宮雄と浄野宿祢氏（最後の宮雄だけ浄野朝臣と記）から叙爵者が出た。延暦寺の鐘（今亡）の銘には、前丹後守従五位下浄野朝臣夏嗣が撰したものがある（『平安遺文』）。

王仁の後裔一族は河内国の古市郡に主に居住し、大きく西文・武生・蔵の首姓三氏に分かれた。このうち、武生はもと馬史（馬毘登）といい、蔵のほうは、川原椋人・河内蔵人・高安倉人（ともに河内国高安郡）などを従えたとみられている。氏寺の西琳寺（羽曳野市古市町）に関して断片的な記事はあるものの、一族の系図が殆ど伝わらないので、この氏族の解明を難しくしている。早く『書紀』に現れる者として、雄略九年条の古市郡人書首加竜があり（上述）、『西琳寺縁起』には、欽明朝に書首大阿斯高《おおあしこ》（文首阿志古）及び子の支弥高《きみこ》が発願し、書首同姓の栴檀高・羊古・韓会古らが同心して西琳寺を建てた、と見える。

西文氏関係では、百済王族の出と称する**王辰爾**（王智仁）一族の活動もあって、欽明朝以降、勢力が拡がる。この一族は、近仇首王（貴須王）の子孫という知宗君（辰孫王）が応神朝に来朝したといい、その後の午定君の子が王辰爾と味沙・麻呂の三兄弟で、ここから船・白猪（葛井）・津（菅野）の史姓三系が始まるとの系譜を称する（『続紀』延暦九年七月条に見える津連真道らの上表文）。実のところ、王辰爾一族が何時来朝したのか、すなわち「今来漢人」なのか、所伝系譜の是非なども含め不明点が多い。早く応神朝に来朝なら、王仁との関係はどうなのかという問題もある。

西琳寺（大阪府羽曳野市古市町）

諸事情を考えると、先祖が百済王族というのは王姓からも疑問であり、滅ぼされたとみられる百済の辰斯王（貴須王の子）に子孫が残ったとは考えにくい。按ずるに、王仁の一族とは元から同族関係にあって、楽浪郡の王氏の系統を引いた可能性がある（舒明朝の船史王後〔王平。王智仁の孫〕の墓誌銘に見るように、中祖の王智仁首から四代にわたり名に「首」の姓をもつ。一族などの用法から見て、史は首、毘登と同義か）。

王辰爾は、欽明朝十四年に蘇我稲目のもとで船賦《ふねのみつき》を数え録して船長《ふねのつかさ》となって船史姓を賜った。敏達朝には、東西の諸史が読むことができなかった高句麗からの「烏羽の表」の文字を判読したと伝え、優れた文書技術を備えていた。その甥の胆津《いつ》は、蘇我稲目に関係深い吉備の白猪屯倉の経営にあたって田部の丁籍を記録したので白猪史の姓を賜り、辰爾の弟の麻呂は関税を司ったので津史の姓を賜った。大化改新に際して焼失中の蘇我蝦夷宅から国記を運び出したのも、船史恵尺《えさか》（小錦下の冠位。王後の甥で、僧道昭の父）という。

この三氏の一族は、丹比郡野中郷（羽曳野市野々上）の野中寺の南に墓地をもった。津史の後裔に**菅野朝臣真道**が出て、延暦九年（七九〇）に賜姓をうけ、桓武朝末期に参議従三位まで昇った。真道は、「子孫相守り、累世侵されず」

野中寺（大阪府羽曳野市野々上）

と述べるが、秋篠安人らと『続日本紀』の編纂を行ったことで知られる。

白猪史の後は葛井《ふじい》連、藤井宿祢（下級官人で長く続く）となり、葛井連氏が創建した葛井寺（藤井寺市藤井寺）もある。葛井連広成は、備後守などを歴任したが、天平二〇年（七四八）八月には自邸に聖武天皇の御幸を受け、妻の従五位下県犬養宿祢八重と共に正五位上に叙された。『万葉集』には短歌四首が入る。奈良後期の僧で律師慶俊（法華寺の大鎮）は葛井氏、前期の僧・道昭は丹比郡の船連の出で、行基の師僧とされる。正五位下春宮亮の葛井宿祢道依の娘・藤子は、平城天皇に宮人として仕え阿保親王（在原朝臣行平・業平兄弟の父）を生んだ。

これら西文系六氏は近住して族的結合をもち、歌垣奉仕も共同で行い（『続紀』宝亀元年三月条）、氏寺の**西琳寺**を共に経営した。西琳寺俗別当としては、平安中期の延喜十六年（九一六）の浄野宿祢、永延元年（九八七）の文宿祢があり（「西琳寺縁起」）、同後期の散位文清明・明昭親子（康平六年（一〇六三）に交替）まで史料に見える。こうした事情だから、両系は祖先の具体名という系譜を異にするものの、事績伝承は同様であって、本来は同族で、血縁集団として一括して良い（井上光貞氏にほぼ同旨。王仁の後裔か同族の流れかは不明）。

葛井寺（大阪府藤井寺市藤井寺）

王仁系の後裔は割合早く消えるが、王辰爾の族裔から菅野朝臣・御船宿祢・宮原朝臣も出て、それぞれ中世頃まで官人で続いた。うち、御船宿祢は、延喜年間に右大史御船宿祢有方、天慶年間に左大史御船済江、天暦～貞元年間に大外記御船宿祢傅説（『類聚符宣抄』には貞元二年に賜菅野朝臣姓。このほか、先人の弘方・有世も外記で見える）、十世紀末頃には主計大允昌光が『類聚符宣抄』『権記』などに見える。宮原氏では、大外記宮原宿祢村継が天長年間に見える。その子孫は、平安後期に紀州在田郡に下向土着して湯浅党の一員として活動したが、分かれて信州佐久郡に根づき村上氏に属した一派もあった（更に江戸初期に越中国射水郡に移遷した一族もあって、長く系図を伝えた）。

菅野氏の後では、真道の娘の人数が従三位尚蔵まで昇ったが、男子の高世（周防守、古今集歌人）や永岑（主殿頭）は五位にとどまる。承和八年（八四一）に大外記に任じた継門（真道の孫か）以降、貞観の助道、元慶の惟肖《これゆき》（詩文にすぐれ『扶桑集』に入る）の大外記など外記・内記、大史・少史などの官に任じる者が多く、平安中期の清方・正統・忠輔・敦頼・重忠（これらはともに大外記）までが『外記補任』『二中歴』に見える。

大隅守菅野重忠は、寛弘四年（一〇〇七）七月に大宰府で大蔵光高に射殺される事件も起きた（『権記』など）。その後も、大外記、主税頭に任じた実国がいる。また、承和十年（八四三）の日本紀講書を行った菅野朝臣高年（当時は散位正六位上。後に従五位下で図書頭、内匠頭、因幡介を歴任）も一族におり、その娘は藤原南家の参議菅根の母となった。

西文氏の祖先と同族とみられる諸氏

西文氏の祖先伝承では、漢の高帝（高祖劉邦）の後で鸞が先祖といい（系図では、高祖劉邦の子の燕霊王劉建の流れを引く北鸞王鸞の後裔）、鸞の後の王狗のとき百済に移遷して、百済の久素王（近仇首〔貴須〕王のこと。応神朝とほぼ同時期か少し前）の時に大和王権が遣使して文人を求めたので、久素王は狗の孫・王仁を派遣した、と見える（『続日本紀』『姓氏録』）。

王仁一族の氏には「王」が使われることから、これが本来の氏であって、劉氏ではなく（一伝には百済にいたとき劉を王に改めたというが、不審）、高句麗に滅ぼされた楽浪郡の漢人系の王氏とみる説があり、百済の臣下に王氏も見えるから、これが妥当とみられる。

楽浪王氏の歴史については先に見たが、紀元三一三年の楽浪郡滅亡などの要因で百済へ亡命した楽浪王氏の一族後裔が王仁かとみられ、百済へ遷住後の四世紀後葉頃以降に列島に渡来した。王仁に関する伝承は、現在の朝鮮半島に存在せず、文献史料も考古資料もなかった（一九七〇年代に農業運動家の金昌洙の妄想が契機で、全羅南道霊岩郡の郡西面東鳩林里山に王仁遺跡が造られた）。

朝鮮系の王氏はほかにもあり、太原王氏で魏司空・王昶《ちょう》の後裔と称したのが、大学頭従五位下山田史御方（『懐風藻』に入り、『万葉集』にも三方沙弥として合計七首）や従五位上相模権介の山田宿祢古嗣（大外記などを歴任した能吏）で知られる山田宿祢などの諸氏である。

高句麗遺民後裔の王氏もあった。『姓氏録』左京諸蕃の王氏は、八世紀の天文博士従五位下王仲文（陰陽道、筮卜の大家で、もとは僧・東楼）の後とされるが、これも楽浪王氏一族の流れか。『藤氏家伝』には、余真人・王仲文・谷那康受らが陰陽としてあげられる。

また、王氏ではなく張氏であるが、『姓氏録』に後漢霊帝の後と称する右京・諸蕃の**若江造**がおり、奈率張安力から出たと見えるから、百済経由で渡来した。氏の名は河内国若江郡に因み、大同・弘仁頃に典薬允・侍医・内薬正を歴任した名医若江造家継が著れる。この祖先は『万葉集』巻第五に薬師（大宰医師）の張氏福子と記載の方士が推定され（佐伯有清説）、『藤氏家伝』下に吉田《きちだ》連宜（もと百済の吉氏）等と共に見えるから、百済遺民の流れか。子孫は平安中期・後期には衛門府生などであり、宿祢姓も賜った（『除目大成抄』長暦三年の讃岐少掾若江宿祢頼倫）。張氏が後漢霊帝の後と称した事情は不明も、仮冒である。

行基とその一族

飛鳥・奈良時代の高僧・行基（生没が六六八～七四九）は、王仁後裔の西文氏一族、高志連（古志連）の出とされる。父が高志史才智（一に赤猪）、母は蜂田首虎身（呉の孫権後裔という系譜をもつ）の娘の古爾比売《こにひめ》とされ（『大僧正舎利瓶記』など）、河内国（後の和泉）大鳥郡蜂田郷家原に生まれた。生家跡は、後に行基が家原寺として居住した場所（現・大阪府堺市西区の家原寺町）と伝える。高志連は、宇爾子首（文首の祖）の弟、阿浪子首の後裔で、馬史（後に武生連）と同族の古志史の後とみられている。和泉国人の外従五位下高志毘登若子麻呂ら五三人は、天平神護二年（七六六）十二月に高志連の賜姓を受けたが（『続紀』）、行基の近親一族であろう。『姓氏録』には河内と和泉の諸蕃に古志連をあげて、「文宿祢同祖。王仁の後なり」と記される。

家原寺（堺市西区）

ちなみに、古代の家原氏（連、宿祢、朝臣など。主税頭氏主が著名）は、平安前期を中心に三善朝臣とほぼ同様な分野でかなりの活動が見える。居住地は和泉国大鳥郡・河内国大県郡にあり、賜姓時に後漢光武帝後裔と称したから、王仁後裔と関係ある同族かもしれない。

行基は、天武天皇十一年（六八二）に十五歳で出家し、飛鳥寺（官大寺）で法相宗などの教学を学び、集団を形成して近畿地方を中心に貧民救済・治水・架橋などの社会事業に活動した。その師が道昭であった（河内国丹比郡の船氏の出。入唐し玄奘の教えを受けた）。

吉田靖雄氏は、『続日本紀』の行基関係記事を読むと、「行基の活動は彼ひとりが担ったのではなく、僧俗の門弟集団によって支えられていたこと」が分かるとする（「行基集団と和泉国」）。この論考では、高志連の本拠が高石神社（高石市高師浜）あたりとみており、行基の十大弟子のなかに高志氏の神忠がいたことを記す。高石神社は延喜式内社で、王仁を祀ると『和泉名所図絵』に見える（今の祭神は異なり、少名彦名命・天照大神などを祀る）。

高石神社（大阪府高石市高師浜）

高志連の後裔は永く和泉国大鳥郡に残って、中世に石津・西村などの苗字を出した。小西行長の家（和泉国堺の商家、小西隆佐の子）もこの一族の出ではなかろうか。行基の弟の後裔という高志宿祢姓の柏村氏が山城の石清水八幡社家の相撲預祢宜に見える。

「西漢氏」概念の整理

古代の史料には、「西漢」を氏の名前にもつ西漢人・西漢部はきわめて少ない。しかも、どれも系譜や中央氏族への隷従関係は不明である。わずかに備中国に西漢人・西漢人部が天平十一年（七三九）の「備中国大税負死亡人帳」（正倉院文書）の都宇郡建部郷、賀夜郡阿蘇郷に見える程度である（賀夜郡の西漢人部は、史戸阿遅麻佐の戸口だから、東漢氏関連の河内の高安造、高安忌寸関係か）。

平安時代前期の儒学者で、従五位上・助教兼大学助の西漢人宗人は、備中国下道郡出身であり、大学博士・御船宿祢氏主から『周礼』など三礼を学び、嵯峨上皇などに近侍して、直講に抜擢され、仁寿二年（八五二）には**滋善宿祢**を賜姓し、左京に移貫した。このように、西漢人が吉備に多かったのは、蘇我氏主導の白猪屯倉経営に積極的に関与した白猪史の影響かとも思われる（同屯倉に「白猪部」の分布があったが〔平城宮跡出土木簡で、備前国の邑久郡片上郷・児島郡三家郷〕、この管掌は白猪臣かもしれない）。その場合には、王辰爾一族を含む広義の西文氏のほうが西漢氏に関係をもったとみるのが自然である。

一方で、『続紀』天平勝宝八歳（七五六）七月条に、河内国石川郡人の漢人広橋・漢人刀自売ら十三人に山背忌寸を賜姓したと見えており、太田亮博士が言うように、彼らが西漢人族とされそうでもある。石川郡山代郷は、河内連同族とみられる山代忌寸が本拠とした。摂津未定雑姓の川内漢人も実際には渡来系で同族とみられるが、火明命後裔という突飛な神別系譜を『姓氏録』に載せる。豊後国海部郡の大宝二年（七〇二）頃の戸籍断簡に見える川内漢部の十数名は、同戸籍に一緒に茨田連族の人々も見えることから、祖先が河内国茨田郡枚方里の漢人で、播磨国揖保郡枚方里を経て到来したとみられる（『播磨国風土記』）。茨田郡枚方里は同郡の佐太郷か茨田郷に属したとみられ、佐太郷に東漢氏一族の佐太直、茨田郷郡里には同族の郡直、近隣の交野郡国覔邑《くにまぎ》にも同族の国覔直（これらはいずれも東漢中腹の諸氏）が居り、火撫直や井上直も同国居住という。茨田郡枚方里に起こる平方村主が、阿知使主随行伝承の村主群のなかに見える事情もある。

これら茨田郡関係者が播磨・豊後まで移遷したとすると、川内漢人とは東漢氏関係の河内に居た人々ということにもなる。吉備の西漢人も、播磨から更に遷った可能性もあろう。宝亀五年（七七四）の備前国津高郡菟垣村（現・岡山市北区御津宇垣）の陸田売買文書には、漢部阿古麻呂・漢部古比麻呂ほか数名の漢部と税長の書直麻呂、郷長の寺広床の名が見える事情もあって、吉備には東漢氏の勢力も伸びていた。

以上のように見ると、西漢人、川内漢人の位置づけがますます混乱するが、総括して言うと、河内漢直との関係は殆ど認められない（出土木簡に見える川内漢人衆万呂、西漢人益人及び「造東寺司解案」に見える河内漢部隅田については、探索の手がかりがない。あるいは摂津の川内漢人に関係する者もいたか。六国史には、西漢人宗人のほかは、雄略七年条の西漢才伎の歓因知利、斉明五年〔六五九〕条の韓智興従者の西漢大麻呂しか見えず、彼らはともに実体不明である）。だから、「西漢氏」という場合には、上記の「西漢氏」関係諸説の①②とその関係者とする平野邦雄氏の把握が穏当なところであろう。

魯国白竜王の後裔諸氏

白竜王の後裔諸氏の系図は、鈴木真年採集の『百家系図稿』巻十に無題で見える。この系図は、魯国王の白竜王馮弘から始まり、その十二世孫の紀主・紀麻呂兄弟の世代（両者と従兄弟の福長は、天長十年（八三三）に凡河内忌寸から清内宿祢を賜姓）まで及ぶ。当該系図の原典は不明で、後裔も記されないから所伝者は不明だが、内容的に信頼性が高そうである。

その概略を記すと、白竜王馮弘（北燕の昭成帝）の孫の安君が雄略朝十四年に身狭（牟佐）村主青に随行して来朝したという（今来漢人）。馮弘の国・北燕は北魏により滅ぼされ、亡命先の高句麗により馮弘はその子孫ともども西暦四三八年に殺害されたが、その子の楽令公馮邈の子という安君が雄略十四年（四七八年頃にあたるか）に来朝したと系図に見え、こうした年代には問題がない。馮邈は北魏に行って、後に戦で柔然に敗れて投降しており、その兄・馮朗の子女には北魏の馮太后（文成文明皇后。母は楽浪王氏）や馮熙（太師。その娘も北魏の皇后）がいる。馮弘が亡命の時、馮邈の弟・馮業は三百人を率いて海に逃げ、南朝の宋に降って懐化侯に封じられており、その子孫で隋・唐に仕えた系統が知られる。

身狭村主青らは、『書紀』では「呉国」に遣使を二度した（雄略八年出発～同十年帰国、同十二年出発～同十四年帰国）と記される。この呉は高句麗ではなく、南朝の宋（四二〇～七九に統治）とみられ、『宋書』の記事に照らすと、遣使は、実際には後ろの一度だけかもしれない。倭王武が宋最後の皇帝、順帝のときに遣使したことは、『宋書』にも見える（夷蛮伝に四七七年、順帝紀では四七八年に記事がある）。馮安君が馮業の一族であったことは、ありうるとみられ、その地から倭に来朝したものか。

来朝した安君の曾孫に河内漢直贄《にえ》（推古十八年紀に見え、新羅使に応対）が出て、その従兄弟には山背画師の祖となった末賢（「天寿国曼陀羅繍帳」の絵師で、東漢末賢と記される。左京諸蕃・山代忌寸の祖）も見える。この一族が河内郡あたりで郡領となり、河内連、河内忌寸や清内宿祢、また台忌寸・清江宿祢などに発展していくが、「西漢氏」として東漢氏に対峙するような大勢力だとは、とても思われない（このほか、本書で取り上げた渡来系諸氏の系図は各種、拙著『古代氏族系譜集成』に記載しており、適宜、参照されたい）。加藤謙吉氏の「西漢氏」についての見方には、全面的に反対ということである。

『姓氏録』には河内諸蕃に百済王族出身という河内連（川内直県が天武十年に連を賜姓）も掲載するが、百済王系図には河内連の分出を示唆する記載も見えず、三善朝臣や西文氏が漢系、次いで百済系という形で、その両方を祖系と主張した例や「直→連」というカバネ変更と考え併せると、百済系という河内連の実系も、本来は白竜王の後裔かとみられる。

こうして見ていくと、「西漢氏」はたいへん紛らわしい概念である（あえて用いる場合には、水野正好氏の『古代を考える　近江』掲載論考を踏まえると、上記⑥の後漢献帝後裔と称する諸村主〔主に錦織村主・大友村主〕を指す、とみるのが妥当かもしれない）。だから、あまり用いないほうが無難であろうが、仮にこの用語を用いる場合には、まず西文氏などとの関係を明確にするほうが妥当であろう。白竜王後裔の諸氏集団のほうは、「河内漢氏」と表記するほうが具体的に限定ができてよい（河内漢氏の配下ないし関係氏族も、加藤謙吉氏のように広く考え、「西漢氏配下の漢人・漢人部・漢部」と把握するのは疑問である）。

まとめ

漢氏について一応の総括

漢氏や関係諸氏についても検討が進むうち、書くべきことが次第に多くなった。秦氏とともに取り上げたことで本書の分量も増えたので、結果的に平安期以降の記事量をやや抑制せざるを得なくなった。それでも、両氏族を併せ取り上げ対照的に見ることで、それぞれの特色が浮かび上がると思われ、この辺の記述を優先した次第である。

東漢氏は、同じ漢系と称される西文氏、白竜王後裔の河内漢直一族と混同されがちだが、それぞれがまったくの別系・別氏であり、関係資料をよく整理のうえ検討されねばならない。そうでなければ、混合して混乱した記述になりかねない。これが、諸先学の様々な論究を見て、まず感じる。同様に、渡来系氏族の諸氏・族人の認定も、諸先学の見方のなかには多くの疑問があり、本書では気づいたところをあげつつ記述してきた。

東漢氏の祖系については、戦後の歴史学界では、古くから伝える後漢霊帝の後裔説を簡単に否定し、音のアヤが通じる安羅とか百済の出自だとして、それ以上の祖系探究の努力を怠ってきた。「擬制血縁」とか系譜・所伝の後世の造作をさほどの論拠なしに安易に言う立場では、古代人の物語・系譜の創作能力を過大評価していると言わざるをえない。

本書で改めて研究してみて、その所伝・習俗などから考えると、東漢氏について後漢最後頃の霊帝からの直系の系図が続くことは確認できないものの（この辺はまず無理そうだが）、その近い一族らしい劉氏の後裔で、山東半島から帯方郡、さらに百済へとつながる流れがあったのではなかろうか。一方、西文氏のほうは、漢高祖の流れと称しても、実際には山東半島から来て楽浪郡で勢力を長く保持した楽浪王氏の流れで、王仁後裔とするのが自然であり、後来という王辰爾一族（百済王族の後裔と称）もその同族だとみられる。

秦氏・漢氏両氏族のとりまとめ

ほぼ同時代の五世紀初頭前後に、韓地の百済あたりから日本列島に渡来してきたという秦・漢両氏族は、いろいろな意味で対照的である。

漢氏が大陸伝来の技術や知識で中央豪族や大王に仕える官僚的・都市的性格をもつのに対し、秦氏は膨大な属民の人口を抱えて各地に土着的に勢力を扶植し、開発に努める土豪的・田園的性格が濃厚であった、と平野邦雄氏や水谷千秋氏はみる。大化前代の史料に見える両氏族を考えて、こうした見方は総じて妥当しよう。

習俗や神社祭祀という面でも、両氏族には大きな差異がある。秦氏は鳥トーテミズムを伝え、通婚した姻族の祭祀も取り入れて居住地に稲荷大社などを祭祀し、その祠官家も世襲して永くつとめた。漢氏のほうは、あまり顕著なトーテムをもたず（月星祭祀は感じられるが）、関係する神社が少ないため、本拠には後裔が中世まで残らなかった。それでも同族と称する大友村主氏が新羅明神・赤山神を祀ることで（錦織村主の牛頭天王祭祀もこれに通じる）、中国の劉氏から出たことが祭祀で示唆される。この点を見ても、秦氏は漢氏よりも氏族としての起源が古かったと窺われる。

水谷千秋氏も、秦氏が神祇信仰と深い関わりをもつことに対して、倭漢氏は結びつきが顕著とはいえないとする。それでも、漢氏でも古来の祭祀・習俗を保持したことに留意される。古墳の築造なども、その基礎に蓄財の差異があるとしても、秦氏は日本古来の氏族同様に主に後期古墳の築造につとめたが、漢氏ではそれが殆ど見られない模様である。

様々な意味で、秦氏は漢氏よりも氏族起源が古く、上古からの習俗・祭祀をよく伝えていた。これは、朝鮮半島南部に長く居たことを窺わせる。だから、両氏族の間に同じ渡来系として「強い対抗意識」があったなどという、立証のできない心情的な要素で秦氏の氏の名の由来などを説明するのは、合理的ではなく、客観性に欠ける。秦氏が嬴姓で、その名残が日本古代の史料に「秦嬴姓」として見えるが、漢氏の「劉」は氏の名であって、祁姓や劉氏では日本や半島関係の古代史料に見えない。朝鮮半島では、後に別系統の劉氏は名乗られて存在したが、古代には秦氏という氏の名は名乗られなかった模様である。

秦氏・漢氏は、漢土・朝鮮半島の様々な文化・技術を倭地にもたらした。そのなかに土木・建築、鍛冶・製鉄や織物などの先進技術があった。この辺が記紀等の記録から分かる。なかでも、漢氏のほうでは、文書・漢語関係の技能にすぐれており、一族に東文氏（文直）や西文氏（文首）があるから、秦氏よりも中国本土に近い楽浪・帯方郡あたりに比較的遅くまで住んでいて、四世紀前葉の高句麗による両郡滅亡により、主に百済の領域に散在して居たという所伝を裏付ける。秦・漢両氏族とも、奈良期・平安中期頃まで内蔵・大蔵な関係の官人を輩出したから、ともにこうした財務管理能力があった。漢氏一族は、秦氏に比べ武力・軍事関係の色彩も強く、来朝当初から大和朝廷内の諸反乱にも関与し、壬申の乱や恵美押勝の乱などでもおおいに活躍した。

両氏族の渡来時期は、関係者の動向などを見ても、秦氏のほうが漢氏よりも一世代分、数十年くらい時期が早い。秦氏が仲哀・応神朝に渡来してきて、仁徳朝頃から氏族分岐を始めたのに対し、漢氏のほうは応神・仁徳朝に渡来してきたというのが史実だとしても、若干の雌伏期間をおいて五世紀末頃の顕宗〜継体朝から氏族分岐を始めたという差異がある。渡来当時の氏族規模も、秦氏のほうが大きく、大和の葛城地方に納まりきれず、ほどなく茨田堤の築造にかり出された事情もあって、河内さらには山城に大部分が遷住した。漢氏のほうは、多数の一族枝氏を分出しても、終始、高市郡桧前を主としてその近隣・近国にとどまった。後者から分岐の氏の規模が、時代が進むだけ細小化することにもある。こうした居住地の関係もあってか、漢氏は今来漢人（新漢人。秦・漢両氏に遅れて五世紀後葉以降に渡来）を配下に組み込んで、勢力を更に拡大させた面もある。

肝腎の両氏の祖系の問題については、秦の始皇帝と胡苑なる者との関係、及び後漢の霊帝と石秋王劉延なる者との関係が、ともに現存史料では確認できない（実際にも各々が「親子」というより、近親・一族という関係かもしれないが、胡苑・劉延の実在性すら不明）。とはいえ、多くの同族諸氏・属民の集団が中国から朝鮮半島、さらには日本列島まで随行した事情からは、各々の祖先が両皇帝の近親一族という可能性も示唆される。ともあれ、朝鮮半島に古代の史料が乏しく、とくに伽耶地域には殆どないことが原型探索を困難にしている。

おわりに

渡来系の秦氏・漢氏について著述を行うことには、古代資料が総じて乏しい事情から、あまり新味が出せないのではないか（書く意義に乏しいか）という懸念も、当初にあった（最近、韓国木簡の出土も報じられるが、総数がまだ四、五百枚程度で、日本の四十万枚ほどの出土に比べると少ないし、どこまで史料として用いうるか疑問もある。今後の発掘におおいに期待するのだが）。検討を重ねるうち、様々な面で従来からの両氏族への理解や研究に関し、疑問の数々を次第に感じ出した。要は、戦後古代史学の主流をなしてきた津田史学流の記紀否定的な考え方が両氏族の研究に関しても大きな影を落としており、それが研究内容として疑問である。この辺をきちんと書きたいという気持である。熊襲を「球磨＋曽於」と考えるような安易なコジツケをする傾向が津田史学にはあり、同種の思考が秦氏及び漢氏の出自・故地の議論にも見られて、これが「科学的合理的な研究」なのかと愕然とする。

この種の史学の思考法をもつ方々には、狭窄な視野での造作論、安易な史料切捨論、擬制血族論が総じて見られる。そして、これらの基礎に立っての様々な想像論の展開には、具体的な資料に基づく立証が殆どなく、従って大きな疑問がある。科学的な思考方法が進んだはずの戦後でも、現実を無視した空虚な立論が歴史学界に多いことにも通じる。渡来系（帰化人）の氏族についても、渡来時期や故地、出身氏族などの事情に応じて、様々な色彩があり、具体的な史料・資料に基づいた合理的総合的な検討が、是非とも必要である。中心人物だけに焦点を当てずに、一族・随従関係者や活動舞台について総合的に見る必要もある。そのなかで、渡来系氏族といえども、習俗・祭祀という面の検討が重要なことを改めて実感して、できるかぎり探索し、その辺を本書に書き込んできた。

ここまで秦氏・漢氏を中心に渡来系諸氏を検討し、総覧してきて、古代の日本を造ってきた大きな力や多数の人々の流れを如実に感じる。日本のみならず、中国・朝鮮半島の多くの研究者や様々な資料・情報の提示に対しても、最後に改めて深く感謝する次第である。

資料編

1　中国諸王朝の遠祖の系譜（第3図）
2　嬴姓秦氏系図試案（第4図）
3　秦氏一族から出た姓氏と苗字
4　祁姓劉氏系図試案（第5図）
5　東漢氏一族から出た姓氏と苗字

第3図　中国諸王朝の遠祖の系図伝承（案）

※神話に基づき、一部に推定・試論を含む。長幼の順は不定。①…⑤は『史記』の五帝。

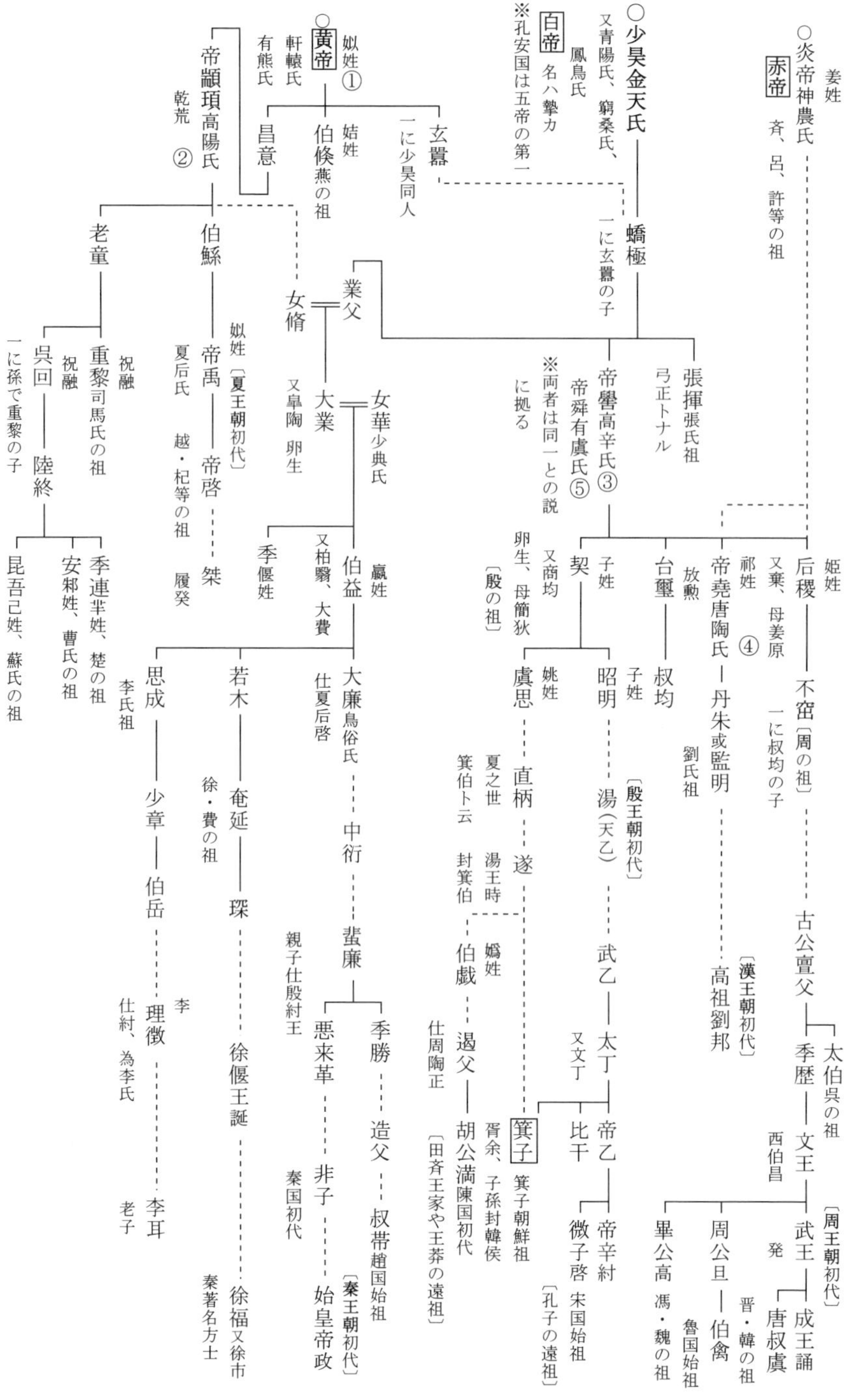

第４図　嬴姓秦氏系図

※外地部分は所伝を踏まえたもので、確認がとれるものではない。一部に推定・試論を含む。

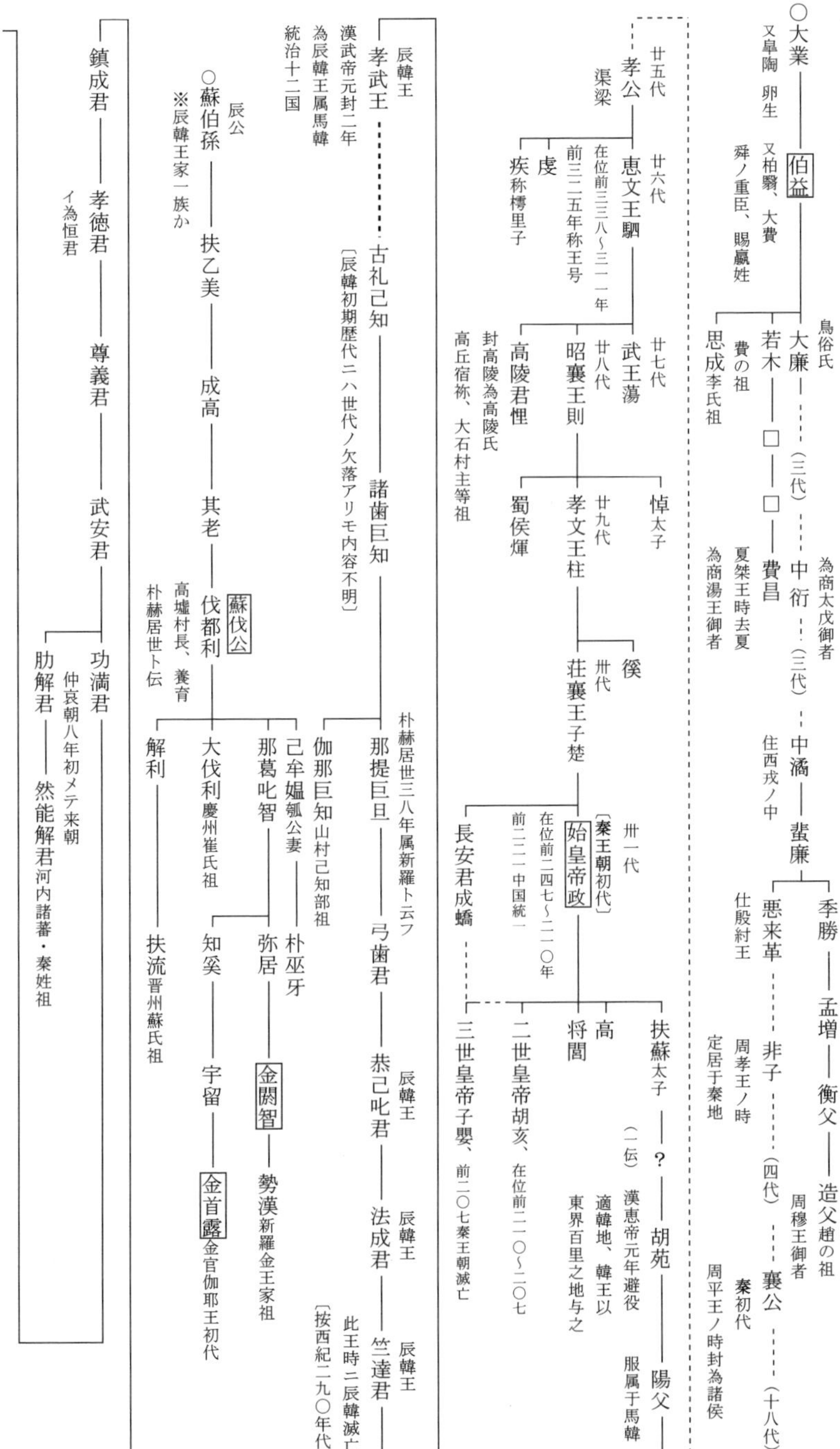

- 弓月君（又融通王　応神朝十四年自百済投化）
  - 真徳君（右京・秦忌寸祖）—布止古……（六代）……浄麻呂（賜高尾忌寸姓）寺
  - 浦東君（又普洞君）
    - 酒君（秦造酒　雄略朝為大蔵長官）
      - 忍君（秦公　摂津・秦上、秦人祖）
      - 意美造（秦造　兄弟母ハ鴨祝大伊乃伎女　外祖譲与山背国葛野県　秦下ノ流）
        - 宇志造
          - 丹照造
            - 河勝造（小徳冠大華上　推古朝創建蜂岡寺）
            - 和賀造
              - 牛万呂—弁正—朝元（朝原忌寸祖）
              - 熊時（原宿祢等祖）
          - 国勝造
            - 内満（壬申ノ乱参陣）—友足（壬申ノ乱近江方被斬）
            - 大牟良（物集連、秦造祖）
        - 志勝造（大蔵秦公　住紀伊郡深草里）
          - 大津父造（秦大蔵造、秦中家忌寸等祖）
          - 宇庭造（秦勝、秦忌寸祖）
        - 知々古造（秦井手忌寸、井手公祖）
        - 馬甘造（讃岐ノ秦公、秦子祖）
    - 丹意媛（鴨祝阿波伎妻）
  - 雲師君（河内・大里史祖）
  - 武良君（摂津・秦人、簀秦画師祖　和泉・秦忌寸、秦勝祖）

- 綱手（贈大錦上）
- 石勝（改賜秦連、秦忌寸姓）
  - 牛万呂（葛野郡大領）—嶋麻呂（秦下　従四位下）
    - □□—宅守（賜太秦公忌寸姓）
    - 女子（藤原小黒麻呂妻）
  - 百足
    - 足国
      - 智万呂
      - 伊波太気
        - 道足—女子
        - 足長（賜秦宿祢姓）
          - 智奈理
            - 氏継
              - 永厚＊（賜惟宗朝臣）〔＊は賜姓者〕
                - 具範—広孝
                  - 貴重
                  - 国重
                    - 国時
                    - 盛時
                  - 利国
                  - 為重—為基
                - 永範
              - 永生＊
            - 真仲
              - 真治＊
              - 真長＊
            - 勝嗣
          - 乙足
      - 蓑守（又石竹）
        - 都伎麻呂
          - 子麻呂—国成
            - 永家＊—安光
              - 仲式（陰陽師）
                - 千成
                - 文高—倫成
                - 貞高
                  - 貞久
                  - 貞清（播磨ノ中山祖）
              - 直式
            - 永宅＊
          - 広刀自
        - 公足—伊勢万呂
          - 勝成
            - 善子（賜伊統朝臣姓）
            - 安雄（同右）
          - 池守
            - 越雄＊—公高
            - 広雄＊（日向ノ宗ノ祖）
            - 女子＊
    - 大宅女
  - 広庭—大魚
    - 首麻呂
    - 真成—長足
      - 浜麻呂
      - 武足—氏重—長用
        - 公長—良佐
          - 兼時
            - 兼重
              - 近行
              - 近重—兼方（衛府官人秦宿祢氏祖）
            - 兼武
          - 公武
        - 公広
- 田来津（依知秦造　※父ニ疑問）—押分—国万呂（浅井郡ノ依知秦公祖）

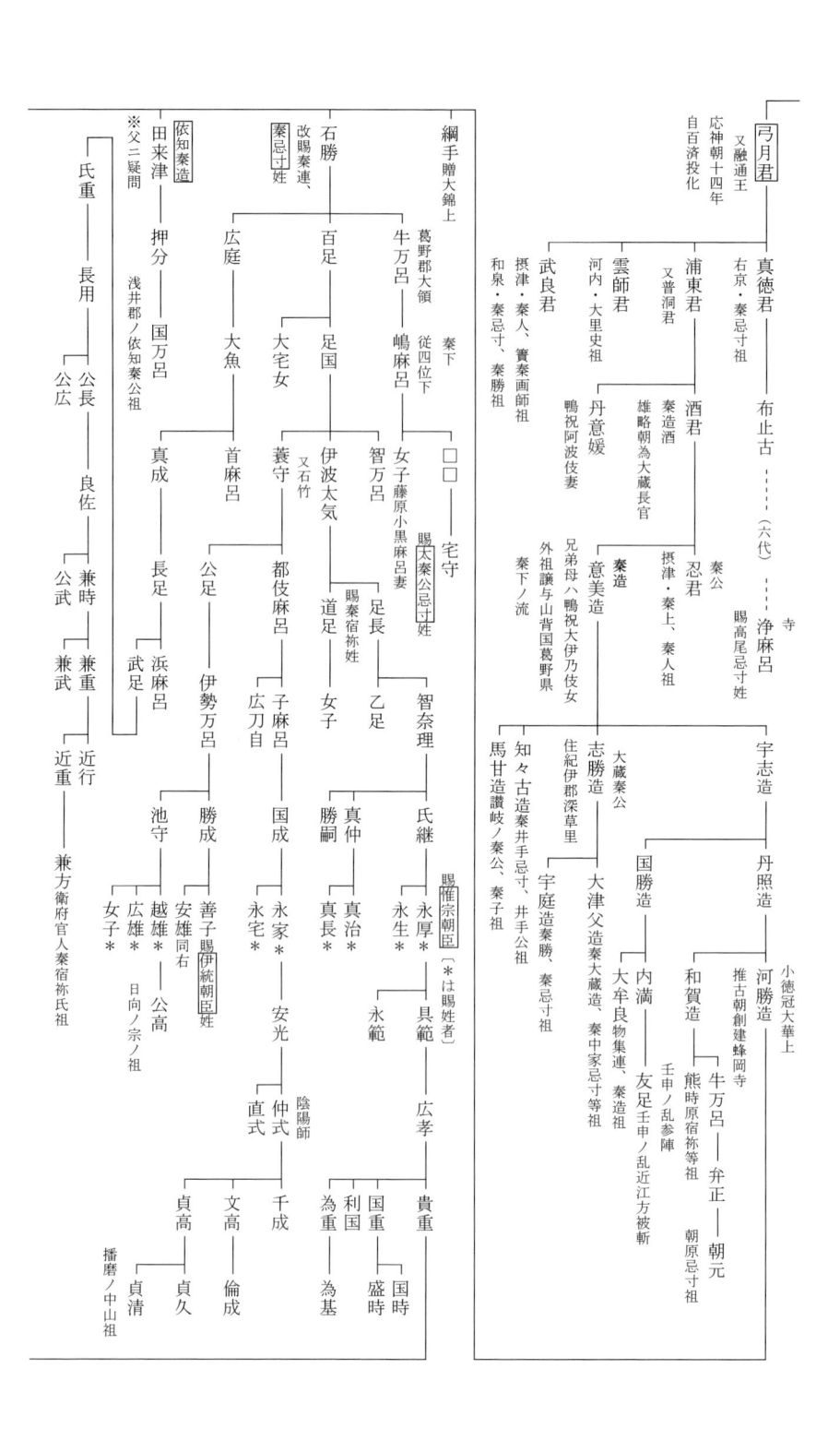

- 物主—春足—浄万侶—鹿野麿—人君—福当麿
  - 文成
    - 直宗＊（秦公）—公方—公平—輔正—博愛（神保祖）
    - 〔賜惟宗朝臣姓〕
    - 直主＊—直仲
  - 富成
    - 直宗＊（秦公）
      - 善経—致明
        - 允亮
          - 道亮
          - 道成
        - 允仲（賜令宗朝臣姓）—範仲
          - 仲賢—仲行—行範
          - 範光
            - 以行
              - 光兼
              - 以成
            - 範末—範賢
        - 允政（賜令宗朝臣姓）
          - 政信
            - 仲信
              - 信忠—信幸
              - 信弘—信長—信安
              - 信隆
                - 信澄—信之
                - 信房—重国（対馬ノ宗祖）
            - 信広
              - 信孝
              - 広吉
          - 資行
          - 政子
      - 善貞
    - 女子（左近将曹秦忌寸長用妻）
  - 孝近
    - 孝言（大学頭）
      - 宗言
      - 基言
        - 広世
        - 広言
          - 忠康
          - 忠季（若狭島津・堤祖）
          - 忠久（島津祖）
      - 長言—長俊—宣俊—宣光
      - 孝忠
        - 孝長
        - 孝能
          - 孝親（安芸守護）
          - 孝尚—孝泰—行孝—孝兼
    - 助言（典薬少允）〔医家流〕
      - 俊雅—俊通
        - 季俊
          - 清直—基弘—基政—基教—俊経
          - 行俊—国重—吉国—光吉
            - 光雅
            - 光之—光方
        - 俊忠
        - 保通—時通—経俊—良俊—時俊
          - 広俊—康俊
          - 貞俊
      - 有基—綱基
      - 俊兼—助兼
  - 順言—順助—公俊
  - 重忠
    - 貞成—忠行
    - 基重—重実
    - 基忠—忠業
    - 忠言—忠清
  - 重貞

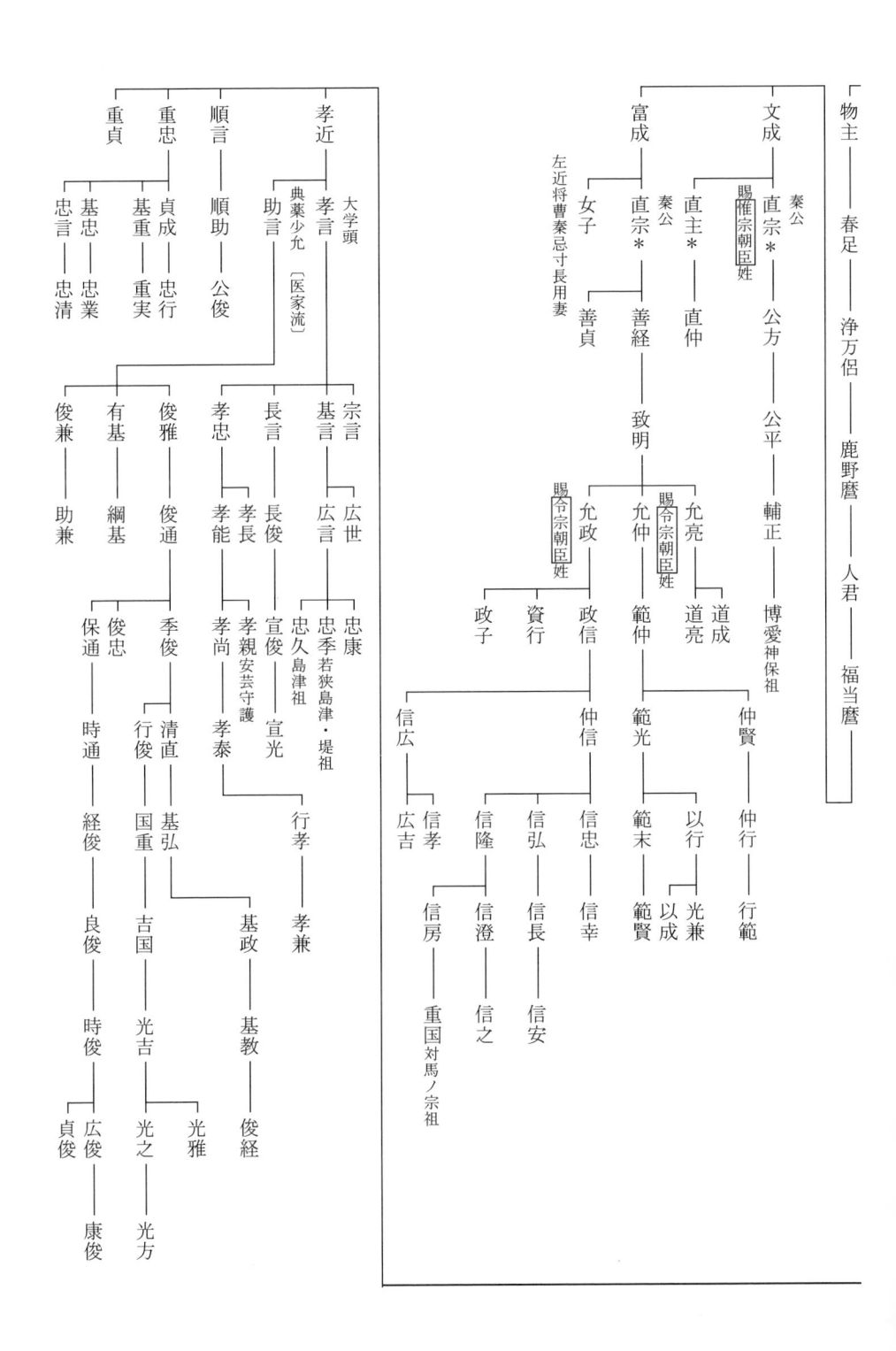

3 秦氏一族から出た姓氏と苗字

○秦系氏族の姓氏及びそれから発生した主な苗字は次の通り。

(1)弓月君一族の後裔……応神朝に投化。

秦公（録・河内）、秦造（録・左京）、秦連、秦忌寸（秦伊美吉。録・左京、右京、山城、大和、摂津、河内、和泉。下司―丹波国山国住。なお、散楽の金春、竹田は、大和国十市郡に起り、秦河勝後裔と称するも、別族の可能性もあるか〔その場合、結崎、観世と同じ服部連の流れか〕）、太秦公、太秦公宿祢（録・左京）、太秦宿祢（上と同じか。東儀、薗、林―摂州天王寺伶人。岡―大和国〔河内か〕の百済川東岡村林寺村にありという。また、蒲生家臣に近江国蒲生郡木津邑の岡より起る岡氏あり。薩摩で太秦姓を称した牛屎一族については疑問が大きく、実際には隼人族の薩摩君関係か）、太秦公忌寸、賀美能宿祢、秦下、秦前（秦下、秦前は秦忌寸と併用）、大秦連。

秦宿祢（録・河内。三上―京人御随身。長曽我部―三上支流で土佐に住、元来は当地の古族裔に三上から入嗣ありか、その一族は三輪氏族参照。久武―三上同族、土佐住人。横山―三上同族。土山―京官人で近衛府官人。仲村、岩橋・湯橋―紀伊人。大平―伊賀国阿拝郡人。羽田―信濃国小県郡人。桑原―同州諏訪郡人。堀井―備前に住。祓川―秦中家忌寸裔、山城国伏見の稲荷社祢宜。以下は同族で稲荷社祠官に、西大路、平田、針小路、大西、安田、東大西、新大路、新小路、松本、森、毛利、南松本、吉田、沢田、中津瀬、鳥居南、橋本、市村など。稲荷社下級社人の秦姓長谷川・山田も同族か)、惟宗朝臣(平井―筑前大宰府執事職。飾西、中山、志婆―播磨国飾磨郡人。薩隅の島津、対馬の宗は中世に繁衍したが、これら武家大族は別掲)、伊統朝臣、伊統宿祢、令宗朝臣。

朴市秦造、依智秦公(依知秦公。湯次―近江国浅井郡人。西野、東野、大矢田、酢村、田根、川道―同上族)、依智秦宿祢。依知秦前公、依知勝も同族か。

朝原忌寸、朝原宿祢、朝原朝臣(村田―石見出雲人、刀工鍛冶工)、時原宿祢、時原朝臣(西院―山城国葛野郡人)、秦物集、物集(録・山城未定雑姓)、物集連(録・左京未定雑姓。物集〔物集女〕―山城国乙訓郡人)、物集忌寸。

大蔵秦公、秦大蔵造、秦大蔵連、秦大蔵忌寸、秦長蔵連(録・左京)、秦中家忌寸、井手、井手公、秦井手、秦井手忌寸、秦子(秦許)、秦原公、秦上(河内国茨田・讃良郡の太秦姓を称する西嶋・大津父・茨木・平田一族はこの流れの秦忌寸か)、秦人(録・右京、摂津、河内)、辟秦、秦勝(録・和泉)、簀秦画師、寺、寺宿祢、高尾忌寸(録・右京、河内。高尾―河内、近江人)、高尾宿祢(高尾―備後人)、秦冠(録・山城)、大里史(録・河内。小松―土佐国香美郡人、称平姓)。

秦姓(録・河内)、秦直、秦長田、秦倉人、秦首(秦毘登)、秦羸姓、秦調曰佐、秦高椅、高橋忌寸(高椅忌寸)、秦栗栖野、弖良《てら》公(録・右京未定雑姓。寺と同族か)、広幡、秦人広幡、広幡公(録・山城未定雑姓)、広幡造、奈良忌寸、秦達布連、秦田村公、秦常、秦常忌寸、秦川辺、秦河辺忌寸、秦曰佐、秦佐比。寺史も同族か。国背宍人(録・山城未定雑姓)も秦同族とされるが、物集の同族か(疑問な面もあり、あるいは本来別族で和邇氏族か)。古代では国瀬(無姓)、中世の乙訓郡東久世庄の国人、久世・植松・片岡・簗山は族裔か。

系譜不明であるが、清科朝臣も秦一族か。また、韓国人都留使主の後裔とする朝妻造(録・大和諸蕃)

も弓月君とともに来朝したものか、と太田亮博士が記す。朝妻手人・朝妻金作はその族か。系統不明だが播磨国赤穂郡郡領に秦造がおり、寺田はその後裔。

特に惟宗朝臣一族は諸国に分布したが、島津、執印、宗、神保が大族で、ここに記す。

●島津―中世藤原氏を称し、後には又源氏を称す、武家華族。薩隅に大繁衍して奥州家・相州家・薩州家などの有力一門のほか、一族の苗字が多い。島津支族は若狭、越前、播磨、近江、信濃、甲斐等にもあり。主な苗字としては、

伊集院、町田、今給黎、知覧、宇宿、宮里、給黎、阿蘇谷、山田、伊作〔伊佐〕、新納、樺山、北郷、河上〔川上〕、迫水など―以上は薩摩・大隅に居住の島津一族。

中沼〔長沼〕、角田―信濃国水内郡人。堤〔津々見〕、若狭、多田、三方、井崎〔伊崎〕―若狭国三方郡等住の島津一族。野々山―信濃、三河人。上田―信濃人。

●執印―薩摩国高城郡の新田八幡宮祠官。鹿児島、国分、中島、平野、市来、羽島、吉永、光富、橋口、河上、五代、河俣―以上は執印一族で、薩摩国鹿児島郡等に居住。島津と執印一族とは比較的近い同族関係にあった。

●宗―対馬の守護、幕藩大名で称平姓。一族は島内各郡主として繁居したが、天文十五年、本宗以外の支庶流（三十超の家）が宗を名乗ることを禁じられ別の苗字を名乗った。庶流には、柳川、高瀬、佐須（のち杉村）、久和、内山、古里、網代、大石、長田（のち幾度）、佐護、久須、長野、大江、島本、瀬戸、仁田、川本、大浦、木寺、仁位〔仁伊〕―以上が対馬の宗一族。宗の支族は肥後国山本郡に分る。

●神保―近江国甲賀郡神保庄ないし上野国多胡郡より起り（後者が妥当で、その場合実際の出自は渡来

系ではなく、毛野の族裔か)、越中紀伊に住。その一族に花田、多胡。

(2)己知部系……欽明元年投化し大和国添上郡山村郷等に居住。太田亮博士は、己知部の投化は紀臣族の珍勲臣に従ったものとみており、居住地などからみて妥当な見方か。

己智(己知、巨智、許知、許智。録・大和)、道祖首、三林公(録・大和)、山村忌寸(録・大和)、山村許知、山村宿祢(京官人で九条家侍の山村氏は末流か。山村は江戸期の下雑色、また大和国城下郡にもあり)、桜田連(録・大和)、紀朝臣(山村忌寸の賜姓)、巨智臣、巨智宿祢。己知一族は播磨にもあり、添上郡山村郷の仕己知も同族か。

奈良許知(楢許智)、大滝宿祢、奈良訳語(奈羅訳語、楢曰佐)、長岡忌寸(録・大和。長岡—山城国筒城郡人。山村、市村、井村、宮崎、宮島、徳田、小川、田宮、中村、水取、大富、木村、久保、吉村、内田—以上は長岡の一族)、古曰佐。

磐城村主(石城村主。漢系石寸村主同族との伝承もある)、荷田宿祢(ただし、男系では穴門国造一族の後。羽倉—山城国稲荷社造宮預、東、西、京、北の四家あり。安田—山城国下久我住。伏見—堺町人。石城—摂津人)、磐城宿祢(筒井、佐脇—甲州人)。

(3)高陵氏高穆後裔……高陵高穆は秦王族高陵君参の後といい、漢土から建安年間に百済に入り、子孫はのち二派に分れ、一派は大石村主となり、もう一派は高丘宿祢となった。

大石村主(生石村主。録・左京の大石は村主姓脱漏か。近江国栗太郡大石村を本拠とした大石党は、秀郷流藤原氏の裔と称も、太田亮博士の指摘のように、大石村主の後裔か。一族に同国甲賀郡の小石。大名家浅野氏家老の大石内蔵助良雄一族も同流で、一族に小山）、大山忌寸（録・右京）、大石宿祢（堀川―京官人、醍醐家諸大夫。後に紀姓から入る）、高丘連、高丘宿祢（録・河内。高岡―京官人、河内国梶ケ島村に帰農し名主）。百済人木貴の後の大石林（録・右京）、百済人庭姓蚊爾の後の大石椅立（録・右京）も同族か。

第5図　祁姓劉氏系図

※外地部分は所伝を踏まえたもので、確認がとれるものではない。一部に推定・試論を含む。

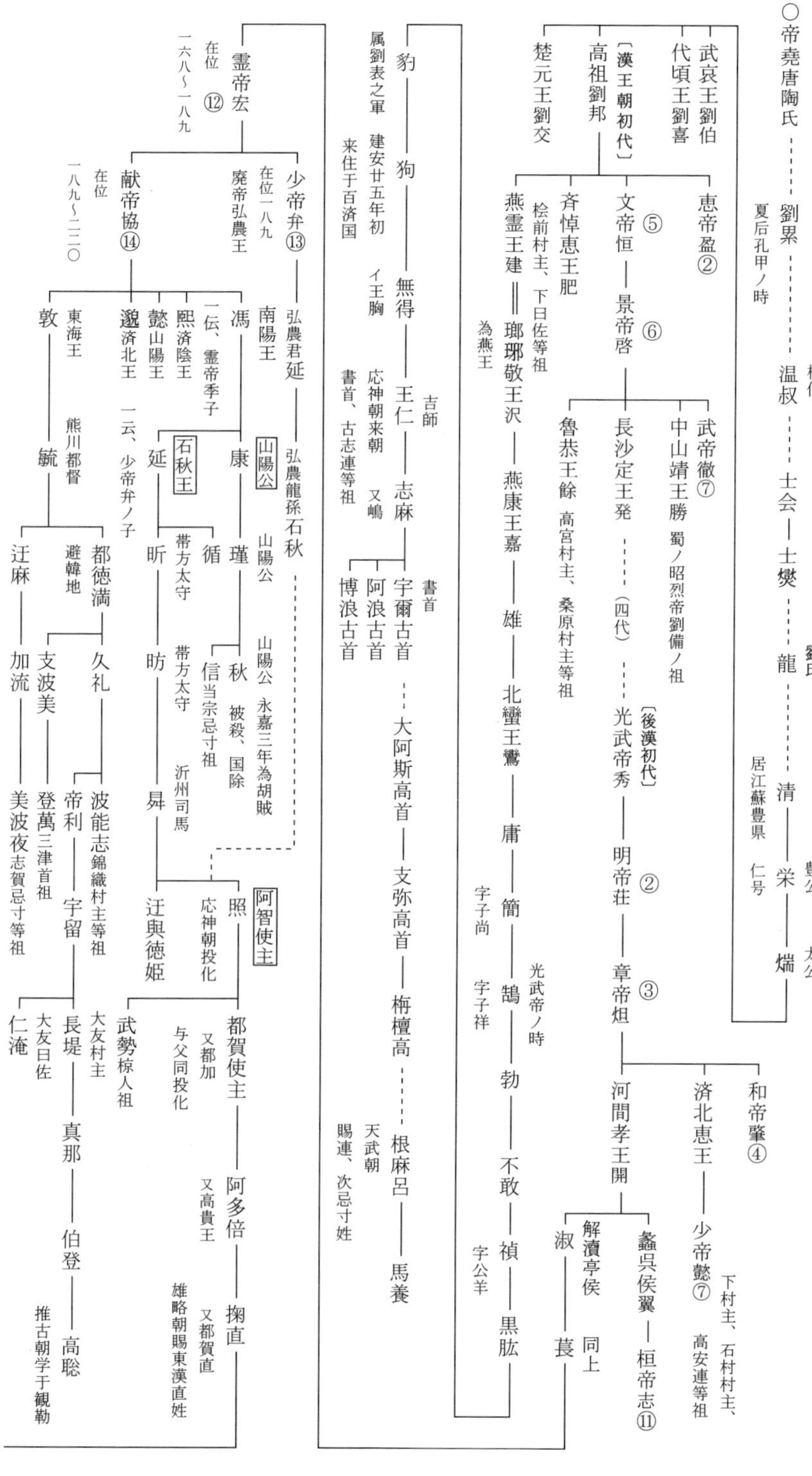

- 兄腹 山木直
  - 賀提直
    - 糠児直（民直）
      - 徳太直
        - 小鮪（民忌寸）
          - 比良夫
            - 大梶 ― 総麻呂 民宿祢祖
            - 真楫 ― 古麻呂 内蔵朝臣祖
          - 黒人
        - 大火
    - 宮直 川原民直
  - 弟山直
    - 色夫直（平田直）
      - 宇志直（谷直）
        - 塩手（谷忌寸祖）……（二代）…… 法麻呂（谷宿祢）
        - 竹良
      - 駒直
    - 磐井直

- 中腹 志努直
  - 阿素奈直 田部忌寸祖
  - 志多直
    - 鞠古直（火撫直）於忌寸祖
    - 馬手直（倉門直）
    - 熊古直（呉原直）
    - 阿利直（石占直）
      - 米沼直 石占忌寸祖
      - 高佊直（国覔直）
        - 湯麻呂
          - 甕 ― 八嶋（国覔忌寸）― 池足 ― 五百枝 ― 真嗣 ― 浜雄 ― 峯世 ― 安成 ― 吉宗
      - 谷麻呂直 井上忌寸祖
  - 阿良直
    - 兎子直
      - 小君直（佐太直）
        - 椋人
          - 鳥麻呂 ― 百足
            - 岩滝 ― 味村（佐太忌寸）― 黒麻呂 ― 広村
              - 道継
              - 道成（兄弟賜姓滋原宿祢）
            - 老（佐太忌寸）― 弓張
          - 酒足 ― 間人
      - □□（長直）― 阿利麻 ― □□ ― 奥麻呂（長忌寸）― 娘子
    - 鹿子直（河原直）― 毛人 ― 若狭 ― 男足 ― 智麻呂（播磨風土記、揖保郡）
  - 刀祢直
    - 根猪直（蔵垣直）― 宇摩 ― 玉足 ― 麻呂 ― 子人（椋垣忌寸）― 家麻呂（高市郡大領）
    - 大人直（畝火直）― 小牛 ― 男足 ……（三代）…… 清永 ― 女子（坂上田村麻呂母）
    - 佐留直（荒田井直）― □□ ― 比羅夫 ― 能麻呂 ― 益麻呂
  - 鳥直（酒人忌寸祖）

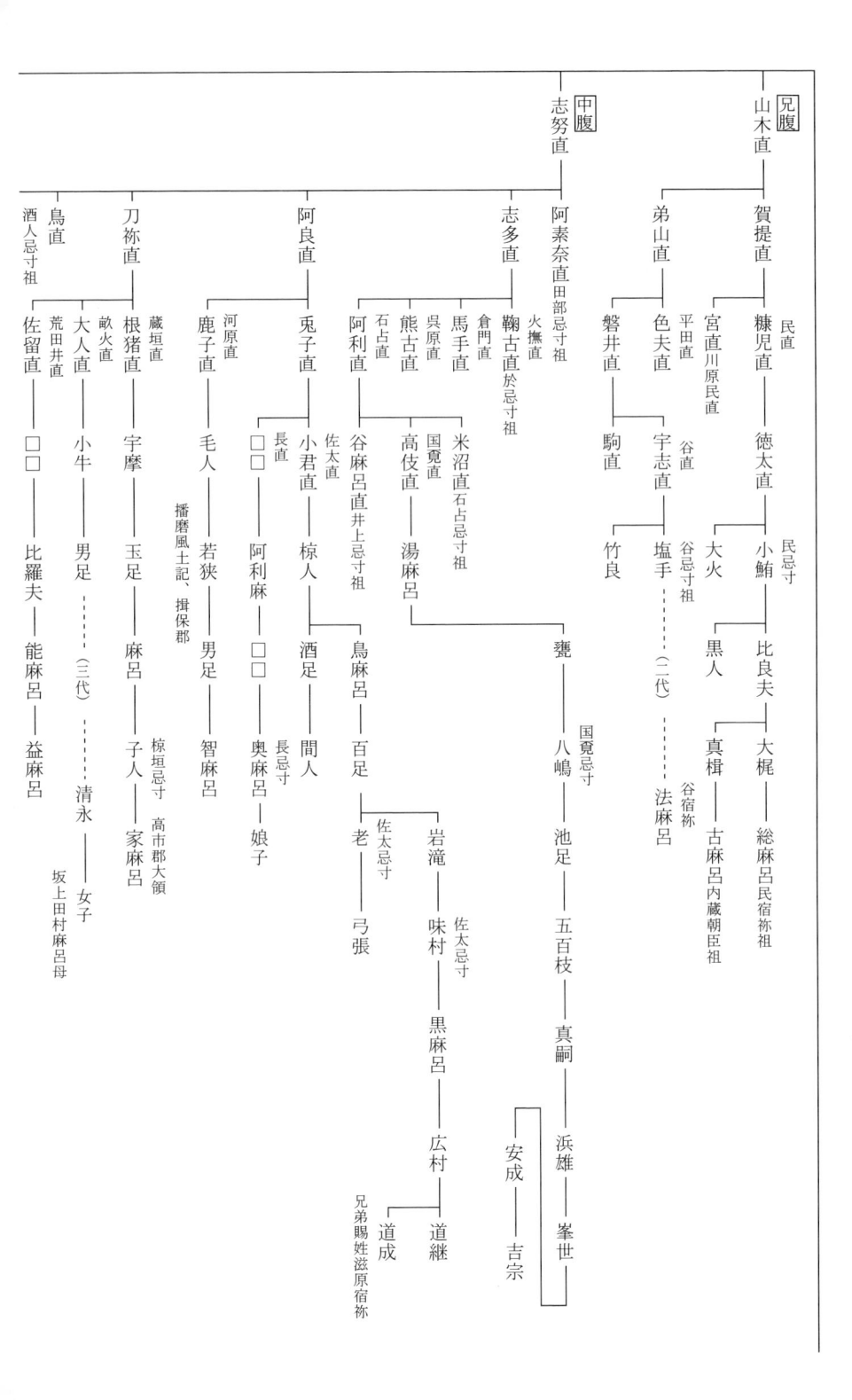

- 爾波伎直［弟腹］
  - 加志乃直
    - 黒古乃直
      - 都黄直（山口直）
        - 大口直
          - □□
            - 大麻呂（山口忌寸）
              - 人万呂（内蔵朝臣祖）
            - □□
              - 中宗（山口朝臣等祖）
      - 東人直（桜井宿祢・内蔵宿祢祖）
    - 子麿直（調直）
      - 足人
      - 木開直
        - 老人（調忌寸）
  - 角古直
    - 久爾直
      - 古閉直
        - 広限（大蔵忌寸）
          - 国足
            - 老
              - 広足
                - 横佩
                  - 雄継（内蔵朝臣）
            - 泉
              - 麻呂
                - 子足
                  - 浄明
                    - 善行（大蔵朝臣）
                      - 邦明
                        - 弼邦
                    - 厚行
                      - 邦良
                  - 真勝
                    - 広勝（大蔵宿祢）
                      - 常直
                      - 顕直
                        - 春実（大蔵朝臣　鎮西諸氏祖）
                        - 時実
              - 家主
                - 臣足
                  - 道長
                    - 岑雄
                      - 礼頼
                        - 礼実
                      - 師傳
                        - 具傳
          - 沢足
            - 山守
              - 岡継
                - 福継
                  - 継長（内蔵朝臣）
      - 福因直
        - 成覚（文直）
          - 古麻呂
            - □□
              - 人上
        - 麻呂
          - 財
            - 角足
              - 吉人（木津忌寸）
      - 縣直（書直）
        - 智踰（沙門）
        - 智徳（書忌寸）
          - 塩麻呂
            - 馬養
              - 熊人
        - 薬
          - 釈加
    - 真咋直
      - 孝日（丹波史）
      - 氷田（池辺直）
        - 徳那

- 駒子直
  - 子麻呂直（坂上直）
    - 申田直
      - 熊毛
        - 宗大
      - 忍熊（坂上忌寸）
  - 糠手直
    - 香留直
      - 麻豆伎直
        - 足嶋（東漢草直）
          - 五百嶋
            - 子虫（高市郡少領　蚊屋宿祢）
              - 浄足
                - 広嶋
                  - 安相
                    - 孝公（貞観）
        - 木間（蚊屋忌寸）
  - 弓束直（坂上直）
    - 首名直（大義冠　推古朝）
      - 老（坂上忌寸　大錦上）
        - 大国
          - 郡守
          - 犬養
            - 苅田麻呂（坂上大宿祢　従三位左京大夫）
              - 石津麻呂
                - 清河
                  - 広能
                    - 高臣
                      - 経行
              - 広人
                - 河内麻呂
                  - 作良
                    - 秀生
              - 田村麻呂（大納言正三位）
              - 鷹養
                - 氏勝
                  - 滝守
                    - 女子（陸奥守藤原高扶妻）
              - 真弓
                - 光真
                  - 安居
              - 鷹主
                - 貞守
              - 又子（桓武夫人、高津内親王母）
              - 登子（右大臣藤原内麻呂妾）
            - 山野
            - 越足
      - 国麻呂
  - 小桙（三河国坂上忌寸祖）
- 葦久佐直（白石忌寸祖）

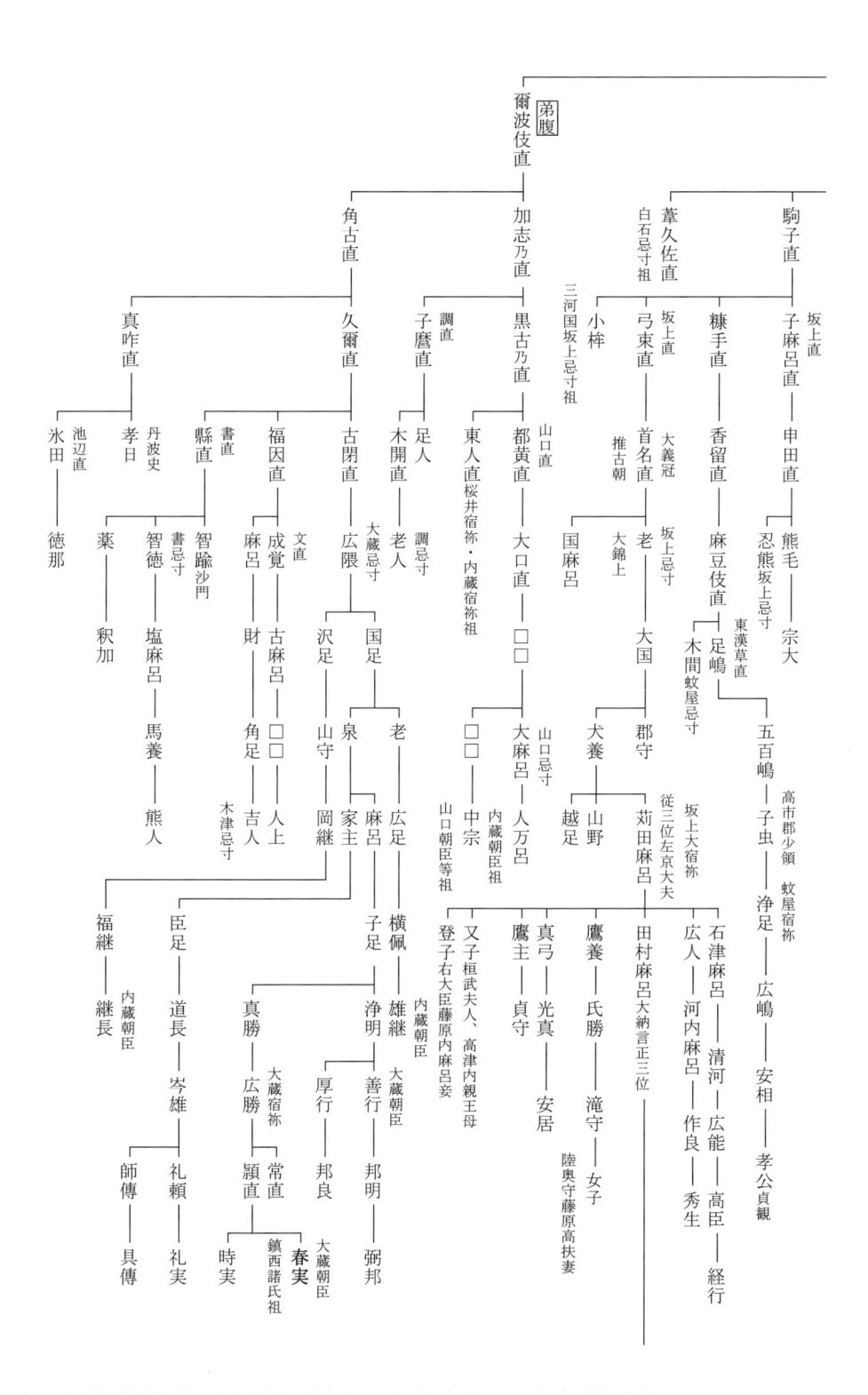

- 大野―氏高―樹並
- 広野―峯雄―峯益―行松―高時―公統―有行
  - 有行―有遠―清遠（一伝二田村ノ祖）
  - 有行―頼遠―経清
- 春子（桓武夫人　葛井親王母）
- 浄野
  - 当宗―良助
  - 当宗―良宗
  - 当岑―是重―中興
    - 中興―陳平
    - 中興―安平
  - 当道
    - 当道―好蔭―是則―望城
      - 望城―兼範
        - 兼範―貞範―重則―重言―重包
          - 重包―弘澄
          - 重包―則澄（建暦頃）―貞重（承久討死）
            - 貞重―貞守（佐山祖）
            - 貞重―貞舎（矢嶋祖）
        - 兼範―則敏
      - 望城―厚範
        - 厚範―範親―定成（実中原俊光子）＝範政（明法博士）―明兼（同上）
          - 明兼―兼成（同上）
            - 兼成―明定（明法博士）―明胤
            - 兼成―明基（東鑑、文治元年）―明政（同上）
              - 明政―明能（明法博士）
              - 明政―明盛（同右　明政孫カ）
                - 明盛―明実
                - 明盛―明綱
                  - 明綱―明治
                  - 明綱―明清（建武頃）
                    - 明清―明景
                    - 明清―明胤（櫛笥大夫判官）
                - 明盛―明澄（明法博士）―明成（大判事　姉小路大夫判官　建武頃）―明宗―明雄（大判事）―明世（大判事　文安頃　町口祖）
          - 明兼―兼俊（同上）
        - 厚範―優俊―俊範
          - 俊範―俊光―範守
          - 俊範―重俊―業俊
    - 当道―恒蔭
  - 当常
  - 当澄
- 御井子（従三位）
- 正野
  - 正野―貞雄―正仁―正実（鎮守府軍監）
    - 正実―維正（士師貫首　居河内国）
      - 維正―正任（士師太郎）
        - 正任―正貞（小太郎）
          - 正貞―維貞（山田）
          - 正貞―正雄（村治冠者）―正清―信正―正友（士師四郎）―正兼（倉四郎）
            - 正兼―正元（村治）
            - 正兼―正季（呉庭総社天王神主　村治、庄屋等祖）
          - 正貞―維雄（井上）
        - 正任―維通（広瀬　居大和国広瀬郡）
      - 維正―頼正（高田）
      - 維正―正雄（庵原）―正秀
    - 正実―正通―通光
    - 正実―維親（鈴木）―維見―維秀
  - 正野―実雄
- 滋野
- 継野―遠道
- 継雄
- 広雄―高直―安主（紀伊ノ生地、相賀祖）
- 高雄
- 高岡
- 高道
  - 高道―茂樹―公経―経国―維時―貞時（文章得業生　検非違使）―時通―経通―職実―実重―重盛（源義親同心被誅）―清重（号中原）
    - 清重―清業（建久頃）―章清（後鳥羽院北面）―康清―光清（村瀬祖）（後嵯峨院北面）
    - 清重―清尚―仲清（榎並）
  - 高道―義樹

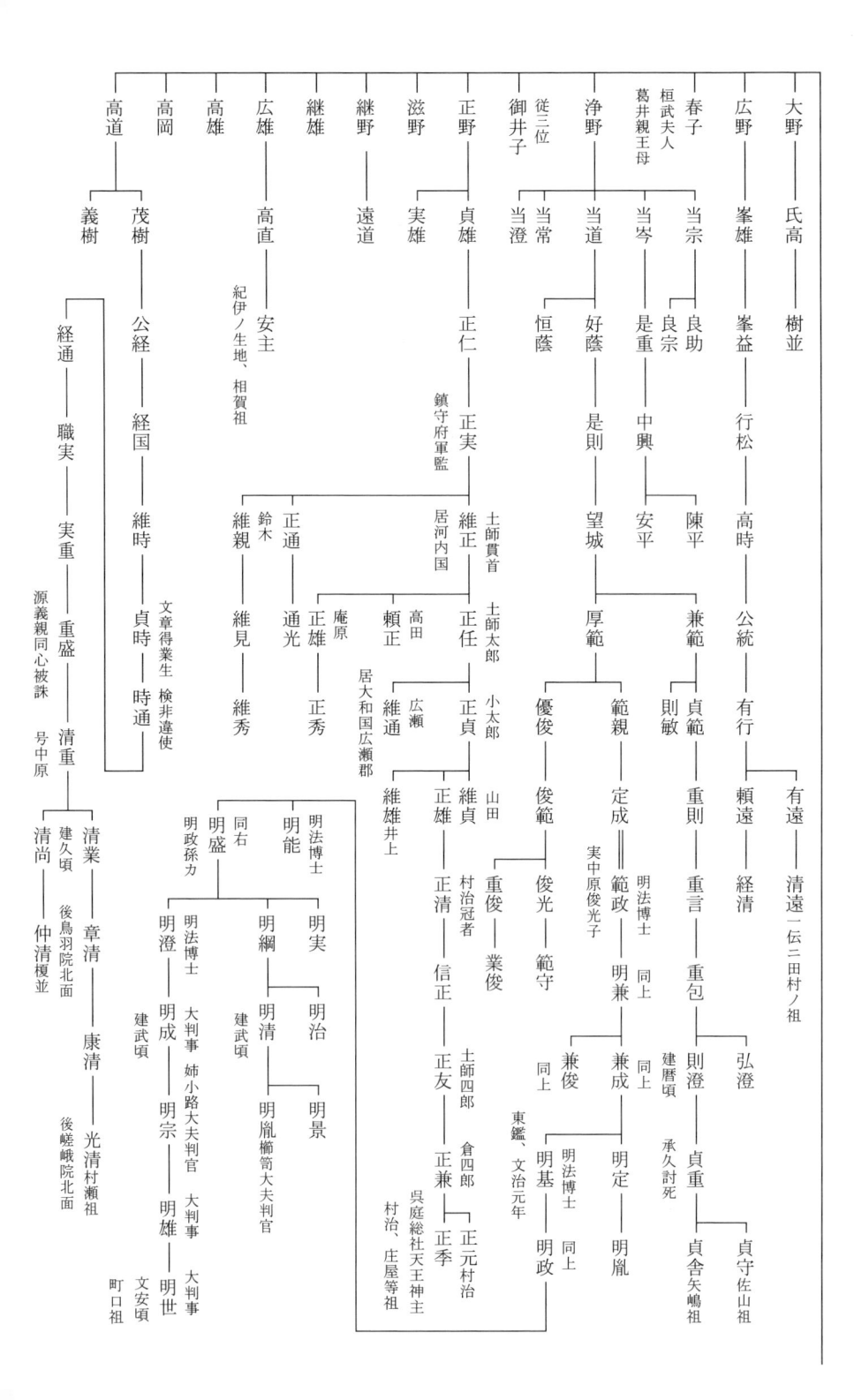

5東漢氏一族から出た姓氏と苗字

○漢系氏族の姓氏及びそれから発生した主な苗字をあげると次の通り。

(1) 後漢霊帝裔と称する阿智使主後裔

●**兄腹（山木後裔）**

民直、民忌寸（民伊美吉。伊勢国奄芸郡も住）、民宿祢、漢人部、桧前直、桧前忌寸（録・摂津）、桧前宿祢（あるいは尾張氏族か）、川原民直、内蔵朝臣（蔵朝臣）、新家忌寸、桧原宿祢（録・右京）。

平田直、平田忌寸（枚田忌寸）、平田宿祢（録・右京。平田―大和下総に住）、長尾直、長尾忌寸（長尾―美濃人）、田井直、田井連、田井忌寸、谷直、谷忌寸、谷宿祢（録・右京。谷―近江国甲賀郡に住、後美濃に遷して武家華族、称源姓佐々木一族）、栗栖直（録・和泉）、栗栖忌寸、栗栖宿祢。

東文部忌寸、文部谷直、文部谷忌寸、文部谷宿祢、春淵朝臣、路直、路忌寸、路宿祢（録・右京）、文部路忌寸、文部長忌寸、小谷直、小谷忌寸、軽忌寸、夏身忌寸（伊賀国名張郡。田川―伊勢人。横田、夏見―近江国甲賀郡人）、夏見朝臣、井門直、井門忌寸、蓼原忌寸、高田忌寸、高田宿祢、国覓《くにまぎ》忌寸（陸奥国新田郡）、韓国忌寸、狩忌寸、文部岡忌寸。

●**中腹（志努後裔）**

坂上直、坂上忌寸（三河国にもあり）、坂上大忌寸、坂上大宿祢（録・右京。族人多く、後掲）、

坂上連、坂上朝臣、草直《かや》（東漢草直）、蚊屋忌寸、蚊屋宿袮。

　田部直、田部忌寸、酒人忌寸、白石忌寸、火撫直（録・河内、和泉）、黒丸直、於直、於忌寸、於宿袮、斯佐直、倉門直、倉門忌寸、荒田尾直、荒田尾連、荒田尾忌寸、石村直、石村忌寸（磐余伊美吉。石村―大和国人）、林直、林忌寸、呉原直、呉原忌寸（呉原伊美吉）、石占直、石占忌寸（録・摂津）、国覔直（河内国交野郡）、国覔忌寸（田村―紀伊国伊都郡枯川住、那賀郡熊野社神主にもあり）、国覔朝臣、井上直、井上忌寸、井上宿袮、郡直、郡忌寸、佐太直、佐太宿袮（録・右京）、佐太忌寸、滋原宿袮、長直、長忌寸、榎井直、榎井忌寸（大和国吉野郡）、忍坂直、忍坂忌寸、河原直、河原忌寸、与努直、与努忌寸、蔵垣直、蔵垣連、蔵垣忌寸、畝火直、畝火連、畝火宿袮（録・右京）、荒田井直、荒田井連（荒井―尾張人）、荒田井忌寸。

　坂上大宿袮は京官人、紀伊のほか、陸奥、摂津等でその後裔（ないしは後裔と称するもの）が存続した。その族人としては、
　町口、姉小路―京官人で検非違使、明法道。山口、小島―紀伊人。山本―京人、今出川家諸大夫。岡田、村瀬、榎並、佐山、田村―京官人。矢嶋―近江国野洲郡人。徳山―美濃国大野郡徳山邑より起る（疑問ありか）。根本―陸奥住。相賀、生地、島、大平、山西、畑山、杉原、北川―紀伊国伊都郡人。土師、山田、村治、井上、倉、辻、庄屋、末呉庭―摂津国豊嶋郡人。須々木〔鈴木〕―肥前人。高田―尾張人。広瀬―大和国広瀬郡人。

　摂津国住吉郡平野荘に起る坂上一族は、田村麻呂の子の広野の後裔と称（あるいは摂津古族の後か）。産土神杭全神社（平野郷社。祭神は素盞嗚尊）の神主坂上民部家を宗家とし、七名家には末吉（藤原姓とも称）、土橋、辻花〔辻葩〕、成安、西村、三上、井上をいい、一族に平野、泥堂、野堂、森、安

奈など。田村—陸奥国田村郡人で武家華族。平姓も称するなど、系譜に混乱があり、実際には当地古族の石城国造族裔の可能性が大きいか。

●**弟腹（爾波伎後裔）**

山口直、山口忌寸（山口伊美伎）、文山口忌寸、山口宿祢（録・右京。山口—紀伊住人）、山口朝臣、桜井宿祢（録・右京。桜井—大和信濃常陸にあり）、内蔵忌寸、内蔵宿祢（録・右京）、内蔵朝臣、調忌寸、調宿祢（調月—紀伊人。黒木、木屋、川崎〔河崎〕、星野、樋口—筑後国上妻郡人で、調朝臣、藤原姓とも源姓とも称した）。

大蔵直、大蔵忌寸、大蔵宿祢（桧前—大和人）、大蔵朝臣（族人多く、後掲）、谷忌寸、文直（書直）、文連、文忌寸（録・右京。大和国吉野郡、紀伊国伊都郡にもあり。上田—紀伊国伊都郡人。大和国山辺郡の南殿氏は王仁後裔と所伝）、文宿祢、文部、倭漢忌寸木津、木津忌寸（録・左京。木津、沢渡—近江人）、池辺直（録・和泉。池辺—和泉国和泉郡人、称源姓）、文池辺忌寸、丹波史（綾部、里村—丹波人）、但波宿祢、但波朝臣。

大蔵朝臣氏では、純友乱時の追捕使として九州に下向した大蔵春実、その孫で刀伊入寇時の種材の業績等により、大宰大監職など大宰府官人として定着し、筑前、筑後、豊前、豊後等北九州や薩摩に一族が繁衍した。その主な苗字としては、

原田—筑前国怡土郡人。秋月—筑前国夜須郡秋月より起る、武家華族。高橋—筑後国御原郡高橋住、武蔵に分る、筑前の高橋氏はのち立花と改めて武家華族。吉松—筑前恵蘇宮宮司。早良、美気〔三池〕、田尻、江上、三原〔御原〕など一族が多く、筑前、筑後、肥前、肥後等に住。板井、久保、

副田、成恒—豊前人。長嶋、延時、吉原—薩摩人。鶴谷—播磨人。なお、豊後の日田、財津は、大蔵朝臣姓を称するが、宇佐宿祢姓からの仮冒とみられる。薩摩の加治木一族の大蔵姓も疑問。

●都賀使主兄弟の武勢の後裔等…椋人（蔵人。録・右京、摂津）、葦屋漢人（録・摂津）、葦屋椋人。

⑵ **後漢献帝後裔**と称する諸氏……阿智使主と同族で、阿智使主に随行して来朝した。ただし、献帝の四世孫、山陽公後裔という当宗忌寸の祖の来朝はこれと異なる時期か。

当宗《まさむね》忌寸（録・左京、河内）、当宗宿祢。

大友村主（大友—近江人、新羅明神社司）、大友曰佐、大友宿祢、志賀史、志賀忌寸（録・摂津。滋賀—近江人。江部—近江国野洲郡江部庄より起る。中世野洲郡の大族永原、飯村、福谷一族は族裔か）、三津首（三津川—近江人）、志賀宿祢、三津宿祢、錦曰佐、蕃良宿祢（春良宿祢）、志賀穴太村主（録・右京未定雑姓。宮瀬—紀伊大和人、本姓の劉も名乗る）、志賀部（福井—紀伊国粉川住）、大友民曰佐、穴太村主（穴大主寸）、穴太宿祢、穴太曰佐、槻本村主（槻本—近江、加賀に住）、槻本連（安威、増井。宇山—因幡人、尼子氏重臣）、安墀宿祢、大友槻本連、広原忌寸（録・河内）、長野村主、永野忌寸（長野忌寸）、永野宿祢。また、大友史（未、河内。百済人白猪奈世後裔）、大友部史、大友但波史、大田史、野中史、穴太野中史、穴太史、賤原史も同族か。

錦織村主（録・右京）、錦部村主（錦村主。録・山城）、錦織造、錦部連（錦織連。録・和泉、河内）、惟良宿祢、錦宿祢（錦部宿祢）、三善宿祢（錦織首、錦織毘登も同族か）、三善朝臣（今小路—京人、妙法院坊官。町野—近江国蒲生郡町野邑より起り、筑後等に分る。問注所、安本、平川—筑後国生葉郡人。太田、富部—備後国太田荘に起る。椙杜〔杉森〕—周防国玖珂郡椙杜郷に住。飯尾—

駿河、紀伊に住。善〔膳〕—住上野国勢多郡膳邑。布施—大和、上野に住。一宮、矢野、備後、南川、大沢、横堀、大川、水沼、阿久沢—以上は飯尾、善の同族。佐波〔沢〕、野萱、満田、井元〔井本〕、吾郷、奥山、明都賀《あかつか》—石見国邑智郡人。赤穴〔赤名〕、中川、田中、来島、和田、手倉、花栗—出雲国飯石郡赤穴庄に起る。小浦、松原—能登に住）。

⑶**後漢章帝裔と称する慎近王**峌**の後裔**……阿智使主に随従して投化したとする伝承と神功皇后への新羅朝貢時に陪従して投化したとする伝承を持つ二種の集団に分かれる。

河内手人、下村主（録・左京、右京。同上族だが、烏氏の改姓もあり）、春滝宿祢、春井連（録・河内）、河内造（録・河内）、武丘史（録・河内）、石寸村主（石村村主）、坂上忌寸（石村〔岩村〕、杉本—相模国高座郡人。軍荼利〔軍多利〕—同郡御石明神神主）、史戸（毘登戸。録・摂津）、八戸史（録・河内）、高安造（録・河内）、高安連（高安—河内人、越中に分る）、高安宿祢、常澄連、常澄宿祢、内蔵朝臣（高安連の改姓）。また、高麗国人大鈴の後という高安下村主（録・右京）、狛国人小須須の後という高安漢人（録・摂津）、阿智王の後という高安忌寸（録・未定雑姓河内）、また高安倉人も同族とみられる。これらの祖先が高麗郡漢城に住んだという所伝があった。

桑原村主（録・左京）、桑原史（録・摂津）、桑原直（録・大和、山城）、桑原連（桑原—大和人。岡見—丹波人）、桑原宿祢、大友桑原史、桑原史戸。上毛野同族と称する桑原公、都宿祢、都朝臣の実際の出自は、この同族か。

⑷**漢高祖の子、斉悼恵王肥の後裔**と称する諸氏……上記⑶の系統とは別のように伝えるが、河内手人という共通した姓氏が見られ、太田亮博士の示唆のように、同系統ではなかろうか。系譜的にも、ともに漢王室の末裔というのは疑問であろう。

玉作、高道連（録・河内）、高道宿祢、高道朝臣、真苑宿祢、河内手人、下曰佐（下訳語。録・河内）、桧前村主（録・右京）。

⑸**漢高祖の子、燕霊王建の後裔と称する王仁吉師後裔**……応神朝に投化、河内国古市郡古市郷一帯に住し、一族は西文（カフチノフミ）氏と呼ばれた。実は楽浪王氏の後裔か。

書首（文首）、文連、文忌寸（録・左京）、文宿祢（録・左京）、浄野宿祢（清野宿祢。清野、栗栖―河内人）、浄野朝臣、馬史（馬毘登）、武生連、武生忌寸、武生宿祢（録・左京）、厚見連、桜野首（録・左京）、栗栖首（録・右京。栗栖史）、古志史（越史、高志毘登）、古志連（高志連。録・河内、和泉。大鳥、石津、西村、小西―和泉国大鳥郡人。土井、辻、高志〔高石〕、上村、沢村―和泉国大鳥郡人、同族か）、高志宿祢（柏亭〔柏村〕―石清水祠官、相撲祢宜）、蔵史（蔵毘登）。文河内首、文牟史も同族か。

⑹**漢景帝の子、魯恭王餘の後裔と称する諸氏**……葛城襲津彦により本朝に導かれるが、阿智使主一族に陪従して応神朝（ないしは仁徳朝）に投化したものもあるか。

高宮村主、高村宿祢（録・右京）、春原連、高村忌寸（高宮―近江人）、高村宿祢。篁朝臣はこの裔かという。なお、桑原村主など、「桑原」を冠する一族諸氏が同族とする所伝もあるが、疑問である（下村主・高安連らの同族とみられ、称後漢章帝裔の諸氏を参照）。

(7)出自不明の漢系

室原首（真年翁は、この「後裔ヲ家原ト云フ」と記すが、大和国城下郡室原が起源なら疑問）、室原造。家原（後漢の光武帝後裔と称し、和泉国大鳥郡家原邑、河内国大縣郡家原邑に居住。その場合、上記西文氏一族で古志連と同族か。光武帝後裔と称する下村主、史戸の同族の可能性もあるか）、家原連（田所―和泉国和泉郡上泉郷の国府五社井上清水八幡の祠官家）、家原宿祢（家原―和泉国大鳥郡人）、家原朝臣（以上、同族）。

真神宿祢（録・大和。福徳王後裔）、原首（録・摂津。同上族）、豊岡連（録・大和。漢高祖裔と称する伊須久牟治使主後裔）、豊岡宿祢、浄上連（もと壹難氏）。

(8)阿智使主随従者の姓氏…他姓、出自不明等があるが、十七県人民のなかには同族の劉姓の人々も混る。渡来伝承に基づき、本来は朝鮮系としたほうがよい姓氏も掲げた。

●七姓

曹姓（一説、段姓という。魏の曹操後裔と称）―高向村主、高向漢人、高向史（高向毘登）、高向調使、評首、民使主首。

李姓―刑部史、刑部造（録・河内。李牟意弥の後裔で、李氏朝鮮王家と同祖）。

郭姓―坂合部首、佐太首。

朱姓―小市、佐奈宜。

多姓—桧前調使、漢人部。多利須須との関係で、これも魏の曹操後裔と称したものか。
卓姓（皀姓と記すは誤記）—韓鍛冶卓素の後裔、百済人ともいう。大和国宇太郡の佐波多村主（天《て》蓋《がい》〔手掻〕—大和人、のち備前備中に住。文珠—大和・美濃人。関—尾張人）、長幡部、御池造（録・右京諸蕃。百済国扶余地卓斤国主、施比王の後裔で、天平宝字五年に卓杲智らに賜姓。三池—筑後国御井郡人、剣工。保昌—大和国高市郡人、剣工）。
高姓—桧前村主（この氏は漢高祖の子、斉悼恵王肥の後裔と称する右京諸蕃の氏と同じか）。

●十七県人民

出自不明分について次に掲げるが、『姓氏録』逸文に阿智使主随従とされる氏のなかには、牟佐村主青が呉国（中国南朝だが、朝鮮半島も含むか）から連れてきたという氏や別時期に渡来のものも混入している可能性がある。

佐波多村主、平方村主、飽波村主、兎寸村主、俾加村主、茅沼山村主、飛鳥村主、大友村主、長田村主、田村村主、忍海村主、佐味村主（佐味—大和人）、甲賀村主、播磨村主、今来村主、金作村主、尾張ノ次角村主と摂津・参河・近江・播磨・阿波等の漢人村主。

なお、系譜が多少とも分明なものには、高向村主、石村村主、高宮村主、大石村主、錦部村主、桑原村主、白鳥村主、額田村主、牟佐村主、鞍作村主、石城村主、長野村主がある。その他、随従諸氏の関係では、大和の漢人（録・未定雑姓大和。漢人累〔劉累のことか〕の後という）、摂津の川内漢人（録・未定雑姓摂津。火明命の後裔と称も仮冒）、近江国犬上郡の飽波漢人、備中国下道郡人の西漢人、滋善宿祢（同上族）や漢部宿祢など。

【著者】

宝賀　寿男（ほうが・としお）

昭和21年（1946）生まれ。東大法卒。大蔵省を経て、弁護士。古代史、古代氏族の研究に取り組み、日本家系図学会会長、家系研究協議会会長などを務める。

著書に『古代氏族系譜集成』（古代氏族研究会）、『巨大古墳と古代王統譜』（青垣出版）、『「神武東征」の原像』（青垣出版）、『神功皇后と天日矛の伝承』（法令出版）、『越と出雲の夜明け』（法令出版）、『豊臣秀吉の系図学』（桃山堂）など。

「古代氏族の研究」シリーズは、①『和珥氏―中国江南から来た海神族の流れ』、②『葛城氏―武内宿祢後裔の宗族』、③『阿倍氏―四道将軍の後裔たち』、④『大伴氏―列島原住民の流れを汲む名流武門』、⑤『中臣氏―卜占を担った古代占部の後裔』、⑥『息長氏―大王を輩出した鍛冶氏族』、⑦『三輪氏―大物主神の祭祀者』、⑧『物部氏―剣神奉斎の軍事大族』、⑨『吉備氏―桃太郎伝承をもつ地方大族』、⑩『紀氏・平群氏―韓地・征夷で活躍の大族』、⑪『秦氏・漢氏―渡来系の二大雄族』、⑫『尾張氏―后妃輩出の伝承をもつ東海の雄族』、⑬『天皇氏族―天孫族の来た道』、⑭『蘇我氏―権勢を誇った謎多き古代大族』、⑮『百済氏・高麗氏―韓地から渡来の名族』、⑯『出雲氏・土師氏―原出雲王国の盛衰』、⑰『毛野氏―東国の雄族諸武家の源流』、⑱『鴨氏・服部氏―少彦名神の後裔諸族』

古代氏族の研究⑪

秦氏・漢氏－渡来系の二大雄族

2017年　12月　8日　初版発行
2024年　3月13日　第2刷発行

著　者　宝　賀　寿　男
発行者　靍　井　忠　義

発行所　有限会社　青　垣　出　版
〒636-0246 奈良県磯城郡田原本町千代３８７の6
電話 0744-34-3838　Fax 0744-47-4625
e-mail　wanokuni@nifty.com

発売元　株式会社　星　雲　社
（共同出版社・流通責任出版社）
〒112-0005 東京都文京区水道１－３－３０
電話 03-3868-3275 Fax 03-3868-6588

印刷所　株式会社　ＴＯＰ印刷

printed in Japan　ISBN 978-4-434-24020-1

「神武東征」の原像〈新装版〉
ISBN978-4-434-23246-6

宝賀 寿男著

神武伝承の合理的解釈。「神話と史実の間」を探究、イワレヒコの実像に迫る。新装版発売

Ａ５判３４０ページ　本体2,０００円

巨大古墳と古代王統譜
ISBN978-4-434-06960-8

宝賀 寿男著

巨大古墳の被葬者が文献に登場していないはずがない。全国各地の巨大古墳の被葬者を徹底解明。

四六判３１２ページ　本体1,９００円

奈良を知る

日本書紀の飛鳥
ISBN978-4-434-15561-1

靍井 忠義著

６・７世紀の古代史の舞台は飛鳥にあった。飛鳥ガイド本の決定版。

四六判２８４ページ　本体1，６００円

日本書紀を歩く①

悲劇の皇子たち
ISBN978-4-434-23814-7

靍井 忠義著

皇位継承争い。謀反の疑い。非業の死を遂げた皇子たち２２人の列伝。

四六判１６８ページ　本体1，２００円

日本書紀を歩く②

葛城の神話と考古学
ISBN978-4-434-24501-5

靍井 忠義著

『日本書紀』に書かれた神話やエピソードを紹介、古社や遺跡を探訪する。

四六判１６６ページ　本体1，２００円

日本書紀を歩く③

大王権の磐余《いわれ》
ISBN978-4-434-25725-4

靍井 忠義著

磐余は地理的にも時代的にも纒向と飛鳥の中間に位置する。大王権を育んだ。

四六判１６８ページ　本体1，２００円

日本書紀を歩く④

渡来人
ISBN978-4-434-27489-3

靍井 忠義著

書紀が伝える渡来人たちの群像。日本の政治・経済・文化の中核となった。

四六判19８ページ　本体1，３００円

日本書紀を歩く⑤

天皇の吉野
ISBN978-4-434-29858-5

靍井 忠義著

吉野は天皇にとって特別な地だった。神仙境では修験道や天誅組も起こった。

四六判２３８ページ　本体1,４００円